LE
VOYAGEUR
FRANÇOIS.

Tome XI.

LE
VOYAGEUR
FRANÇOIS,
OU
LA CONNOISSANCE
DE L'ANCIEN
ET DU NOUVEAU MONDE,

Mis au jour par M. l'Abbé DELAPORTE.

TOME XI.

Prix 3 liv. relié.

A PARIS,
Chez L. CELLOT, Imprimeur-Libraire,
rue Dauphine.

M. DCC. LXX.
Avec Approbation, & Privilege du Roi.

LE VOYAGEUR FRANÇOIS.

LETTRE CXXII.

L'Isle de Saint-Domingue.

A PEINE eûmes-nous quitté l'isthme de Panama, pour nous rendre à Saint-Domingue, qu'il s'éleva des vents contraires, qui traverserent notre navigation. La route en devint plus longue; mais j'avois heureusement l'histoire de cette isle, dont la lecture m'occupa utilement pendant le voyage; j'eus même le tems d'en faire l'abrégé que je vous envoie; il vous apprendra ce qu'étoit autrefois Saint-Domingue, appellée *Hayti*, lorfque Chriftophe Colomb y aborda. Il la nomma *Hifpaniola*, ou petite Efpagne, croyant y trouver quelque reffemblance avec ce royaume, tant par les arbres & les plantes qui bordent les côtes, que par les poiffons qui fe pêchent dans les mers voifines. Il eft à propos, Madame, de vous faire connoitre ce premier conquérant du nouveau monde, en vous parlant du pays dont il a fait la découverte. Ses premieres expéditions ont eu des fuites fi intéreffantes, qu'elles font dignes de votre curiofité.

Ce fameux navigateur avoit été fi peu connu jufqu'alors, qu'on ne s'eft jamais accordé, ni fur fon extraction, ni fur le lieu de fa naiffance. On croit communément qu'il étoit de Genes; & plufieurs l'ont fait naître de la lie du peuple. D'autres lui affignent une nobleffe ancienne, & le difent originaire de Plaifance. Ce qu'il y a de certain, c'eft qu'il paffa fur mer la plus grande partie de fa jeuneffe, & qu'ayant fait naufrage, il fe fauva, à l'aide d'une planche, fur les côtes de Portugal. Il époufa à Lisbonne la fille d'un célebre marin, qui lui procura quelque fortune ; mais rien ne le flatta plus dans cette alliance, que de trouver, dans les papiers de son beau-pere, des cartes, des manuscrits, & une relation de voyage, dont la lecture alluma en lui le desir le plus vif de faire des découvertes. C'est donc à celles des Portugais dans l'ancien monde, que nous devons le nouveau ; si pourtant c'est une obligation que cette conquête de l'Amérique, si funeste pour ses habitans, & peut-être même pour ses conquérans. Quoi qu'il en soit, cette espece de création nouvelle est le plus grand événement de notre globe, dont une moitié avoit toujours été ignorée de l'autre.

On prétend que les anciens avoient déja eu quelque idée de l'existence d'un nouvel hémisphere : on cite Platon, qui parle d'une isle nommée *Atlantide*, placée au-delà des colonnes d'Hercule, près de laquelle est un vaste continent. On cite encore un livre d'Aristote, qu'Aristote n'a peut-être jamais connu, & où il est dit qu'un vaisseau Carthaginois ayant pris sa route entre le couchant & le midi, osa pénétrer dans une mer inconnue ; qu'il y découvrit une terre spacieuse, arrosée de grandes rivieres, & couverte d'immenses forêts ; qu'une partie de l'équipage s'y établit ; que les autres étant retournés à Carthage, le sénat crut devoir ensevelir dans l'oubli un événement, dont on pouvoit craindre les suites ; qu'il fit donner secrettement la mort à ceux qui étoient revenus dans le vaisseau ; & qu'à l'égard des premiers, on n'en avoit plus entendu parler.

Quelques auteurs ont écrit que l'Océan contenoit des pays fertiles, & d'une vaste étendue, où les hommes & les animaux sont beaucoup plus grands, & vivent plus long-tems que dans le nôtre ; qu'ils y ont des usages & des loix contraires à ceux des autres peuples, & une incroyable quantité d'or & d'argent, moins estimés parmi eux, que le fer ne l'est en Europe. Quelques-uns ont dit que les enfans de Noé s'étant établis en Sibérie, passerent de-là en Canada sur la glace ; & qu'ensuite leurs descendans nés en Amérique, allerent peupler le Pérou. Selon d'autres, ce sont les Chinois & les Japonois qui ont envoyé des colonies dans le nouveau monde. C'est ainsi que les savans ont toujours raisonné sur ce que des hommes de génie ont inventé.

Moins frappé de ces conjectures, que des entreprises des Portugais, Colomb conçut qu'on pouvoit encore faire quelque chose de plus grand; & par la seule inspection d'une carte de notre univers, il jugea qu'il devoit y en avoir un autre; qu'on le trouveroit en voguant toujours vers l'occident, & que la plus grande partie du globe, qui étoit encore inconnue, ne devoit pas être occupée uniquement par des mers. Son courage fut égal à la force de son esprit, & d'autant plus grand, qu'il eut à vaincre les préjugés de ses contemporains, & à essuyer les refus de tous les princes.

Il crut devoir d'abord communiquer ses vues à sa patrie; mais les Génois, refroidis pour les voyages de mer, par le tort que les découvertes des Portugais causoient à leur commerce, rejetterent ses propositions comme des fables, le traiterent de visionnaire, & perdirent la seule occasion qui pouvoit s'offrir à eux de s'aggrandir; car avec moins d'argent, de monde & de vaisseaux qu'il ne leur en faut pour conserver la Corse, la suite a fait voir qu'ils auroient pu conquérir de très-grands empires.

Colomb s'adressa à Don Juan, roi de Portugal; & cette ouverture fut d'autant mieux reçue à la cour de Lisbonne, que son mérite y étoit plus connu. Ce prince l'amusa quelque tems; & quand il crut avoir bien saisi son idée, il fit préparer un vaisseau, dont il confia la conduite à un autre capitaine. Celui-ci parcourut la mer inutilement, & revint pleinement persuadé que le projet étoit chimérique. Dans l'indignation de se voir ainsi trompé, Colomb résolut de quitter le Portugal, & d'offrir ses services à une autre puissance.

Il ne pouvoit guere s'adresser à la France, où les affaires étoient en confusion, & la marine négligée sous la minorité de Charles VIII. Le roi d'Angleterre refusa d'adopter un projet qui entraînoit une dépense assurée, & n'offroit que des espérances incertaines. L'empereur Maximilien n'avoit ni port pour une flotte, ni argent pour l'équiper. Chriſtophe n'eſpéra donc qu'en la cour d'Eſpagne : il préſenta ſon plan à Ferdinand & à Iſabelle ; mais il eut à combattre tout ce que l'ignorance, l'opiniâtreté & l'envie purent lui oppoſer. Après huit années de ſollicitations, ſa patience étoit totalement épuiſée : il avoit pris congé de la reine de Caſtille, dans le deſſein d'aller en France éprouver la fortune, lorſqu'Iſabelle le rappella, & conſentit au bien que le citoyen de Genes voulut lui faire. Elle y fut engagée par ſon confeſſeur, qui lui fit les plus vives inſtances, pour qu'elle acquieſçât à la demande de cet étranger. Cette cour étoit pauvre ; & c'eſt preſque toujours le défaut d'argent, qui fait échouer les grandes entrepriſes. Il fallut que le confeſſeur avançât une partie des frais ; deux négocians nommés Pinzon, acheverent de fournir le reſte des ſommes néceſſaires pour cette expédition ; & Chriſtophe Colomb fut nommé amiral de l'Océan, avec tous les appointemens, privileges & prérogatives attachés au pavillon Eſpagnol.

Le nouvel amiral preſſa ſon armement

ment, composé de trois navires, & mit à la voile au mois d'août de l'année 1492. Après six semaines de navigation, plusieurs de ceux qui montoient ses vaisseaux, commencerent à pleurer amerement, s'imaginant que peut-être ils ne reverroient jamais la terre. Colomb, qui craignoit que leur découragement ne se communiquât au reste de l'équipage, les rassura, en leur faisant espérer toutes sortes de richesses. Ils avoient fait dix-huit lieues ce jour-là; il n'en compta que quinze, résolu de déguiser ainsi son journal durant tout le voyage, pour qu'ils se crussent toujours moins éloignés de l'Espagne.

Ces petits artifices étoient nécessaires pour calmer leur esprit : mais ils ne furent pas toujours suffisans ; car la crainte de périr sur mer, en cherchant un pays qu'on ne trouveroit jamais, excita plus de murmures parmi ses gens, qu'il n'avoit essuyé de refus des princes de l'Europe. Les uns étoient pénétrés de frayeur, en considérant qu'ils étoient au milieu d'un abîme sans fond & sans bornes, toujours prêt à les engloutir. D'autres se mirent à cabaler contre leur chef, qui, par une imagination extravagante, avoit, difoient-ils, entrepris d'élever fa fortune aux dépens de leurs travaux & de leur vie. Ils fe fuggérerent réciproquement, qu'ayant été affez loin pour faire connoître leur courage & leur perfévérance, il étoit tems qu'ils retournaffent dans leur famille. Enfin la terreur & le défefpoir les poufferent à une telle fureur, que quelques-uns propoferent de jetter l'amiral dans les flots, & de dire qu'il y étoit tombé par accident. Colomb comprit la grandeur du péril; mais feignant de ne rien entendre, il employoit tantôt les careffes & les repréfentations pour les adoucir, tantôt les menaces & l'autorité pour les intimider. Enfin la révolte devint fi éclatante, que n'efpérant plus rien de la févérité ni de la douceur, il prit le parti de faire aux plus furieux une propofition qui fufpendît leurs emportemens: il leur promit que fi dans trois jours la terre ne paroiffoit point, il s'abandonneroit à leur vengeance. Cette déclaration les toucha; mais ils jurerent que s'ils ne voyoient rien de certain, ils reprendroient la route de l'Europe.

Leurs majestés catholiques avoient promis une pension de trente écus d'or à celui qui appercevroit la terre le premier ; mais pour prévenir les acclamations tumultueuses, elles avoient ordonné que quiconque auroit crié trois jours avant qu'on la découvrît, ne seroit plus admis à la récompense, quand même l'événement prouveroit ensuite la vérité de la découverte. Colomb assuré par le vol des oiseaux, par des branches d'arbres, & quelques fruits qui flottoient autour du navire, que la terre n'étoit pas éloignée, exhorta ses gens à être vigilans pendant la nuit, parce qu'il étoit persuadé qu'ils la verroient le lendemain. Vers les dix heures du soir, se trouvant dans la chambre de poupe, il apperçut une apparence de lumiere, & la fit observer à plusieurs personnes, qui jugerent que c'étoit une chandelle allumée dans la cabane de quelque pêcheur. Cette vue augmenta leur précaution ; & ils découvrirent enfin la côte, dont ils n'étoient qu'à deux lieues. La pension adjugée à l'amiral, lui fut payée pendant toute sa vie, sur les boucheries de Seville.

Les premiers rayons du jour firent reconnoître une isle longue d'environ vingt lieues, plate & couverte d'herbes. Alors tous les gens de l'équipage se jettant à genoux devant Colomb, réparerent par des transports d'allégresse, d'admiration & de respect, les chagrins qu'ils lui avoient causés; & l'excès de leur joie fut porté jusqu'à l'adoration. En continuant d'approcher, on vit la côte bordée de sauvages nuds, qui donnerent de grandes marques d'étonnement, prenant les vaisseaux Espagnols pour des créatures vivantes. Ils étoient eux-mêmes une espece d'hommes nouvelle pour les Castillans; car aucun d'eux n'avoit de barbe. Ils furent aussi étonnés du visage des Européens, que des vaisseaux & de l'artillerie; & ils regarderent d'abord ces nouveaux hôtes, comme des monstres ou des dieux, qui venoient du ciel ou de l'océan.

L'amiral se fit conduire à terre dans sa chaloupe bien armée, l'épée à la main, & l'étendard déployé. Chacun s'empressa de débarquer, se mit à genoux pour rendre graces à Dieu, & baisa la terre, en répandant des larmes de joie. Colomb s'étant relevé, nomma cette isle *Sansalvador*, & en prit possession pour la couronne de Castille, avec les formalités, la pompe & le cérémonial d'un vainqueur qui fait son entrée dans un pays de conquête. Les insulaires voyant qu'on écrivoit dans cette cérémonie, s'imaginerent que ces étrangers employoient contre eux quelque sortilége, & prirent la fuite. On en arrêta quelquesuns, qui furent comblés de caresses & de présens. On leur laissa ensuite la liberté de rejoindre leurs compagnons; ce qui les rendit si familiers, qu'ils revinrent en plus grand nombre : ils approcherent des Espagnols, les uns tenant des perroquets, les autres du coton filé, qu'ils donnoient en échange pour des grains de verre, des sonnettes, & autres bagatelles semblables. Ils avoient si peu de connoissance des armes européennes, qu'ils prenoient les sabres par le tranchant, sans soupçonner qu'ils en pussent recevoir aucune blessure ; & ils étoient si avides de posséder quelque chose qui vînt des Castillans, qu'ils recueilloient jusqu'à des morceaux de pots cassés & de vieille faïance ; non qu'ils y attachaſſent beaucoup de valeur ; mais ils avoient appartenu à des hommes qu'ils croyoient deſcendus du ciel.

Cependant l'amiral, voyant que cette iſle n'étoit point la terre qu'il cherchoit, retint ſix ou ſept de ces Indiens pour lui ſervir d'interpretes, & mit à la voile pour aller à la découverte d'un pays plus riche & plus étendu. Il trouva diverſes petites iſles, auxquelles il donna différens noms, tels que *la Conception, Fernandine, Iſabelle*, &c. Il s'arrêta dans celle de Cuba, en prit poſſeſſion au nom de ſes maîtres, & arriva enfin dans celle d'Hayti, aujourd'hui *Saint-Domingue*.

Les Eſpagnols ne furent pas moins ſurpris de ſa grandeur, que de la multitude de ſes habitans. Son circuit eſt d'environ trois cens cinquante lieues, & ſa poſition très-avantageuſe : placée au millieu de quantité d'autres iſles, on diroit qu'elle leur donne la loi. Elle étoit alors diviſée en cinq royaumes, & en quelques ſouverainetés moins puiſſantes, dont les ſeigneurs portoient le nom de *caciques*.

Ce titre, que les Castillans trouverent en usage à Saint-Domingue, signifioit prince ou seigneur. Ils ont continué de l'employer dans le même sens, pour tous les monarques & souverains particuliers de leurs nouvelles conquêtes, à la réserve des empereurs du Mexique, & les incas du Pérou. Le nombre des habitans d'Hayti montoit à près de deux millions; & dans les guerres qu'ils eurent dans la suite avec les Castillans, on nous représente ces derniers, combattant contre des armées de cent mille hommes rangés sous les étendards d'un seul chef.

Le commun de ces insulaires étoit d'une taille médiocre, mais assez bien proportionnée. Ils avoient le teint basané, les traits du visage hideux & grossiers, les narines fort ouvertes, les cheveux longs, & nulle sorte de poil sur le reste du corps. Ils se donnoient aussi, & regardoient comme un agrément, cette forme de tête qui leur ôtoit presque tout le front. Les enfans n'étoient pas plutôt nés, que les meres la leur serroient entre deux planches; & cette méthode, qui tenoit le crâne replié, le rendoit si dur, que les Espagnols cassoient quelquefois leurs épées en frappant sur la tête de ces malheureux. Les hommes alloient nuds, & n'avoient pas même beaucoup de soin de se couvrir le milieu du corps. L'usage des femmes étoit de porter une espece de juppe, qui ne leur descendoit pas au-delà des genoux : les filles étoient entierement découvertes.

La vie de ces Indiens se passoit dans une parfaite indolence ; & si la nécessité les tiroit quelquefois de leur inaction, c'étoit pour la chasse ou pour la pêche. Ils employoient dans le premier de ces exercices, une espece de petits chiens muets, dont les Espagnols ont fort vanté l'industrie ; mais le plus souvent, ces barbares se contentoient de mettre le feu aux quatre coins d'une prairie, dont l'herbe, desséchée par le soleil, s'enflammoit aisément ; & dans l'instant ils la trouvoient pleine de gibier à moitié rôti.

Ces peuples mangeoient peu ; & leur nourriture ordinaire étoit des racines & des coquillages. Ils employoient une partie du jour à danser, & l'autre à dormir. Ils étoient doux, simples & humains, sans apparence d'esprit & de mémoire, comme sans malignité & sans fiel. Ils ne sçavoient rien, & n'avoient nulle envie d'apprendre. Quelques chansons leur tenoient lieu de livres, & renfermoient toutes leurs connoissances historiques. Quand elles étoient accompagnées de danses, un des acteurs régloit le chant & les pas, les hommes d'un côté, les femmes de l'autre, ou les deux sexes mêlés ensemble. Chacun prenoit un tuyau en forme d'Y, dont il se mettoit les deux branches dans les narines, & tiroit, par le nez, la fumée de feuilles de tabac étendues sur des brasiers moitié allumés. L'yvresse suivoit aussi-tôt; & l'on demeuroit assoupi dans le lieu où l'on étoit tombé. Les songes qui arrivoient alors, étoient regardés comme des avis du ciel. Remarquez en passant, Madame, que l'instrument dont ils se servoient pour fumer, se nommoit *tabaco*; faut-il chercher ailleurs l'origine du mot de *tabac*?

Ces insulaires ne connoissant aucunes bornes dans leurs débauches, étoient presque tous attaqués de ce mal cruel & immonde, que les Castillans reçurent d'eux, & qu'ils communiquerent au reste de l'univers. Oui, Madame, ce venin terrible & destructeur, qui empoisonne les sources de la vie, qui corrompt la masse générale des humeurs, sappe les fondemens de l'organisation, enleve un infinité d'individus, dégrade l'espece, & se transmet, comme un funeste héritage, jusqu'aux races futures ; cette maladie si commune, n'est ni ancienne, ni née parmi nous. Elle étoit propre de l'Amérique, & particuliérement de Saint-Domingue, comme la peste & la petite vérole sont originaires de la Numidie. Ce n'est point un vice qui se soit naturellement développé dans l'un des deux sexes, ni qui puisse être produit par l'habitation d'un homme & d'une femme qui n'ont point de mal. Les approches les plus fréquentes & les plus multipliées n'ont rien de dangereux, quand on est sain de part & d'autre. Il n'est donc pas la suite de l'excès dans les plaisirs ; cet excès n'avoit jamais été puni ainsi par la nature, dans l'ancien monde ; & aujourdhui, après un moment d'oubli, la plus chaste union peut être suivie du fléau le plus cruel, le plus honteux, le plus opiniâtre & le plus durable, dont le genre humain soit affligé. Les Asiatiques, dont le climat est très chaud, & qui ne peuvent se rassasier de volupté, n'étoient point infectés de ce poison. Il est donc très décidé, que c'est aux compagnons de Christophe Colomb, & conséquemment à la découverte du nouveau monde, que nous devons la grande maladie, qui est une des principales causes de la dépopulation de l'ancien. Avant cette époque, il n'en étoit pas question dans notre continent : Hypocrate, Celse, Gallien, Pline, en un mot, tous les médecins, tous les naturalistes, tous les historiens, tous les poëtes anciens & modernes, jusqu'à la fin du quinzieme siecle, n'ont rien dit de ce mal hideux & terrible, qui, en portant le poison & la mort dans le sein des conquérans de l'Amérique, la venge encore si cruellemet de tous les maux que l'Europe a pu lui faire. Il se manifesta d'abord dans le royaume de Naples, se communiqua à l'armée Françoise, & passa chez toutes les nations Euro-

L'Isle de S. Domingue. 23
péennes. Les Italiens l'appellerent, &
l'appellent encore le mal François,
parce qu'ils crurent que nous l'avions
apporté chez eux, lorfque le roi Charles VIII fit le fiége de Naples. Les françois au contraire le nomment, avec plus
de raifon, le mal de Naples, du lieu
où ils le connurent pour la premiere
fois. Il fit des progrès fi rapides, qu'en
moins de trois ans, tout notre hémifphere s'en reffentit : car un des principaux caracteres de ce levain contagieux, étoit, dit-on, de fe communiquer alors, encore plus facilement
qu'il ne fait aujourd'hui. On prétend
que, pour reffentir les effets de ce mal
Américain, qui n'eft malheureufement
que trop francifé, il fuffifoit, quand
on avoit chaud, de toucher quelqu'un
qui en fût maléficié. L'amant imprudent, qui cueilloit un baifer fur les levres
de fa maîtreffe, qui, à table auprès
d'elle, fe faififfoit des morceaux qui
avoient approché de fa bouche, ou
lui déroboit le verre dans lequel elle
avoit laiffé un refte de liqueur, ne
fongeoit pas qu'il s'enivroit de plaifirs
empoifonnés. On cite un jeune homme,
qui n'ayant fait que porter le doigt

dans un sanctuaire redoutable, & de là à son nez, sans s'être lavé la main, gagna la.... & perdit le nez.

Également surpris & satisfaits de cette merveilleuse activité de la nature, les médecins se félicitèrent de cette source nouvelle & abondante de richesses pour leur art. S'ils perdirent cette lepre fameuse, effacée par vétusté & anéantie par le tems, ils en furent bien dédommagés par l'acquisition d'un autre mal, plus rapide dans ses progrès, plus varié dans ses symptômes, plus terrible dans ses effets, plus funeste dans ses suites, plus aisé à se communiquer, plus difficile à se guérir. L'existence de ce novel ennemi de la race humaine multiplia les ressources de leur profession, étendit les limites de leur empire, augmenta le nombre de leurs sujets & de leurs victimes. Voilà, avec l'or & les remedes du nouveau monde, ce que leur a valu sa découverte.

Les emportemens de l'incontinence, dans l'isle d'Hayti, n'étoient modérés par aucune loi qui réglât le nombre des femmes. Chacun n'avoit d'autre frein que ses facultés; & le premier degré

degré du sang étoit le seul que la nature fit respecter. Entre les femmes du même mari, il y en avoit une qui jouissoit de quelque distinction, mais sans aucune supériorité sur ses compagnes. A la mort de l'époux, quelques-unes se faisoient ensevelir toutes vives dans le même tombeau; mais ces exemples étoient rares & volontaires.

Quoique les habitans d'Hayti ne connussent point, comme nous, le prix de l'or, parce qu'ils n'y attachoient pas la même valeur, ils ne laissoient pas de le recueillir avec soin. Il paroît même qu'ils le regardoient comme quelque chose de sacré; car ils n'alloient à cette recherche, qu'après s'y être préparés par le jeûne & la continence. Colomb avoit entrepris de faire imiter cet exemple aux Espagnols, en les obligeant de se confesser & de communier avant que d'aller aux mines; mais il ne put leur faire goûter cette pratique.

La forme du gouvernement de ces Indiens étoit despotique; cependant les souverains n'abusoient pas de leur pouvoir. La plus sévere de leurs loix regardoit le vol : le coupable étoit empalé, fans qu'il fût permis d'intercéder en fa faveur. Cette rigueur avoit produit la plus grande confiance dans le commerce de la vie.

Les prêtres de l'ifle Efpagnole exerçoient l'office de médecins, & faifoient entrer beaucoup de fourberie dans la maniere dont ils traitoient leurs malades. Après diverfes cérémonies, ils fuçoient la partie infirme ; & feignant d'en tirer une épine qu'ils avoient eu foin de mettre dans leur bouche, ils la donnoient comme la caufe du mal. Plufieurs avoient la malignité d'attribuer la maladie à quelque particulier, & le mettoient, par-là, dans la nécessité d'avoir recours à leur protection.

La religion de l'ifle n'étoit qu'un tiffu mal afforti des plus groffieres fuperftitions. Elle repréfentoit fes dieux fous différentes figures, qui avoient tout à la fois quelque chofe de bizarre & d'affreux. Les plus fupportables étoient celles de quelques animaux, tels que des crapauds, des tortues, des couleuvres & des crocodiles. Si cette variété d'idoles persuadoit aux habitans, qu'il y avoit plusieurs dieux, il n'étoit pas moins naturel qu'un tel excès de difformité les leur fît regarder comme des êtres redoutables : aussi l'objet de leur culte n'étoit-il que de les appaiser. Comme ils n'avoient aucun temple, leur usage étoit de les placer à tous les coins de leurs maisons, d'en orner les meubles, & de s'en imprimer l'image en divers endroits de leur corps. Il n'est pas surprenant que les ayant sans cesse devant les yeux, ils les vissent souvent dans leurs songes : c'est ce qui a fait dire aux crédules Espagnols, que le démon se montroit à eux, & rendoit des oracles. Une de ces prédictions annonçoit que des étrangers viendroient un jour de l'orient, pour détruire leur pays. Cette tradition, mise en chant, servoit dans certains jours destinés à de tristes cérémonies.

Si nous portons nos regards sur les diverses contrées de l'Amérique, nous trouverons que les peuples de cette vaste partie du monde ont tous été les dupes & les victimes de semblables prophéties. Vous avez vu les Mexicains farouches se soumettre, sans résistance, à des vainqueurs plus farouches encore. L'empire de Montezuma devient la proie des Espagnols, en qui l'on imagine reconnoître des conquérans annoncés par les oracles du pays, & par une foule de phénomenes qu'on croit appercevoir dans le ciel. Vous avez vu la même attente, vague & indéterminée, dans les habitans de la nouvelle Albion : les Européens y sont traités comme des dieux ; on leur offre des sacrifices, qui montrent visiblement qu'on les prenoit pour des divinités cruelles, qui venoient pour exterminer. Les François furent reçus comme les envoyés du soleil, par les peuples du Mississipi. Vous verrez la prévention des Péruviens, nourrie par la même superstition, adorer une troupe de Castillans sanguinaires & avares, qui bientôt deviennent les bourreaux & les destructeurs d'une nation, que ses souverains rendoient la plus heureuse de l'univers. Ces princes eux-mêmes souffrent paisiblement qu'on les égorge, par une soumission aveugle aux décrets prétendus de la providence, & à je ne sçais qu'elle prophétie, dont ils croient voir l'accomplissement. D'indignes usurpateurs profitent de ces dispositions, pour les asservir & les immoler à leur avarice. Ces infortunées victimes, se livrent, avec simplicité, à leurs tyrans, & leur pardonnent leurs excès sans murmurer, parce qu'ils ont été prédits par des oracles.

Ceux qui ont recherché l'origine de cette opinion générale des peuples de l'Amérique, croient l'avoir trouvée dans la tradition universellement répandue, de la venue d'un Dieu sur la terre à la fin des tems. Ce dogme s'étant corrompu dans cette partie du monde, comme dans presque toutes les autres, se convertit en une attente vague, qui fut la source de toutes les calamités de ses malheureux habitans. C'étoit de l'orient que devoient venir ces prétendus députés du ciel, annoncés par leurs prophetes; non qu'ils eussent connoissance de nos contrées, ni qu'ils les crussent habitées; mais c'est du côté de l'orient, que le soleil se montre d'abord; c'est là qu'il commence ses révolutions, & semble ressusciter la nature; faut-il chercher une autre cause du respect de toutes les nations pour ce point remarquable de l'univers ? Cet astre, image de la divinité, sembloit, en parcourant le ciel, indiquer la route de ces envoyés de Dieu : doit-on s'étonner, si l'orient a été pour ces peuples, le pole de leurs espérances ou de leurs craintes, & l'origine des grands événemens ?

Je suis, &c.

Sur la route de Saint-Domingue, ce 5 Juin 1750.

LETTRE CXXIII.

Suite de Saint-Domingue.

Vous venez de voir, Madame, ce qu'étoient les habitans de l'isle d'Hayti à l'arrivée des Castillans. Colomb aborda dans un port qu'il appella *Saint-Nicolas* ; mais les Indiens prirent la fuite à son approche. Ne pouvant établir aucun commerce avec eux, il continua sa route, en suivant la côte vers le nord, & arriva dans un autre lieu qu'il nomma *la Conception*. Les insulaires ne marquerent pas plus de dispositions à s'approcher des Espagnols : l'alarme se répandit même dans toutes les parties de l'isle ; par-tout on ne voyoit que des côtes abandonnées, & des campagnes désertes. Quelques matelots ayant pénétré dans un bois, y trouverent une jeune femme qu'ils amenerent au vaisseau. On l'habilla proprement ; & sans lui faire d'insulte, on la conduisit à sa troupe, chargée de présens. Le lendemain on vit un grand nombre d'habitans qui prenoient volontairement le chemin du port : quelques-uns portoient sur leurs épaules, la femme qu'on leur avoit renvoyée ; son mari l'accompagnoit, pour faire ses remercîmens à l'amiral. Colomb apprit d'eux, que plus loin, vers l'orient, il trouveroit une contrée abondante en or ; c'est ce que cherchoient les Espagnols.

Quelques jours après, un cacique vint les trouver avec pompe, porté dans une espece de palanquin, & escorté de deux cens hommes aussi nuds que lui. Il monta, sans hésiter, sur le bord de l'amiral, entra dans la chambre sans cérémonie, accompagné de deux de ses principaux officiers, & s'assit aux pieds de Colomb. Il fut reçu avec respect ; on lui présenta du vin ; & dès qu'il en eut gouté, il en envoya à ses gens qui étoient restés sur le pont. Il donna à l'amiral une cienture travaillée, & deux pieces d'or fort minces, reçut en échange d'autres présens qui parurent lui être agréables, & fit entendre au chef des Espagnols, que toute l'isle étoit à son commandement. Sur le soir il fut mis à terre, comme il avoit paru le desirer; & on le salua d'une décharge de plusieurs canons, dont le bruit lui inspira, ainsi qu'à sa suite, moins de plaisir que de frayeur. Cependant il fut si content de cette réception, qu'il ordonna à ses gens de régaler ces étrangers ; & il retourna dans le lieu de sa résidence, faisant porter devant lui les présens de l'amiral, avec autant de pompe que d'ostentation.

Tous les habitans de cette partie de l'isle entrerent dans les sentimens de leur souverain; & voyant l'ardeur des Castillans pour avoir de l'or, ils leur apporterent tout ce qu'ils avoient de ce précieux métal. A la vérité, leur passion n'étoit pas moins ardente pour les bagatelles qu'on leur distribuoit en échange, & sur-tout pour les sonnettes, dont le bruit les récréoit singuliérement. Ils approchoient, comme à l'envi, du vaisseau, en levant des lames d'or sur leur tête, & paroissant craindre que leurs offres ne fussent point acceptées. Un d'entr'eux, qui en tenoit à la main un morceau du poids d'un demi marc, étendit l'autre main, pour recevoir une sonnette ; donna son or, & se mit à fuir de toutes ses forces, dans la crainte que le Castillan se croyant trompé, ne le rapellât, ou ne courût après lui.

L'agrément que trouverent les Espagnols dans la nature & les productions de l'isle, ainsi que dans le caractere de ce peuple, & l'amitié du cacique (il se nommoit Guaçanariq) les détermina à s'y établir. Ils y furent d'autant plus encouragés, que ce dernier, bien loin d'en prendre ombrage, les y exhortoit fort, & les regardoit comme des alliés utiles, qui possédant le feu du ciel, le serviroient contre ses ennemis. L'amiral feignant de ne se rendre qu'à ses instances, fit bâtir un fort, le fournit de provisions, de munitions, d'armes, & de canons, & y mit une garnison de trente-six hommes, qu'il recommanda aux bontés & à la faveur du cacique. Il résolut ensuite de retourner en Europe, pour informer leurs majestés catholiques de ses découvertes, & des pays qu'il avoit joints à leur empire.

Il partit en effet quelque tems après ; & durant sa route, il fut assailli d'une si furieuse tempête, que le naufrage

parut inévitable. L'auteur que j'abrege, rapporte une lettre où Colomb rend compte au roi d'Espagne, de quelques circonstances de cet événement. « Il y
» avoit des momens, dit-il au monarque,
» où je croyois que pour le châtiment
» de mes péchés, la justice de Dieu
» ne vouloit pas me laisser jouir de
» ma gloire. Cependant je ne pouvois
» me persuader que mes découvertes
» ne vinssent un jour à votre connois-
» sance ; & pour vous en informer
» moi-même, j'avois écrit pendant la
» tempête, quelques lignes sur un par-
» chemin, avec le nom des terres que
» j'avois acquises à votre couronne, la
» route qu'il falloit tenir pour y aller,
» & le tems que j'avois employé à
» mon voyage. J'informois votre ma-
» jesté des coutumes des habitans, de
» la nature du pays, & de la colonie
» que j'y avois laissée, pour vous en
» conserver la possession. J'avois fer-
» mé le parchemin de mon cachet ;
» je l'avois enveloppé d'une toile ci-
» rée, & mis dans un baril bien bou-
» ché, avec une inscription à votre
» majesté. Je l'avois jetté dans la mer,
» espérant que si nous avions tous péri

B vj

» dans les flots, quelque navigateur
» qui l'auroit trouvé, vous l'eût ap-
» porté ».

Heureusement la tempête n'eut pas de suite fâcheuse ; & Colomb aborda à Lisbonne. Les seigneurs de cette cour eurent ordre d'aller au devant de lui, & de l'accompagner jusqu'au palais, où le roi lui fit un accueil honorable ; mais cette réception, quelque flatteuse qu'elle fût, n'approche point de celle qu'on lui fit en Espagne, où son retour fut célébré par les transports de la joie la plus vive & la plus universelle. Sans attendre les ordres supérieurs, les boutiques furent fermées à Palos ; toutes les cloches sonnerent ; & les chemins étoient couverts de gens de tous états, qui s'assembloient en troupes pour le voir, pour applaudir à ses succès, & contempler, avec une admiration respectueuse, cet homme extraordinaire, qui s'étant ouvert, par des routes inconnues jusqu'alors, l'entrée d'un nouveau monde, avoit, pour ainsi dire, doublé les œuvres de la création. L'amiral, en sortant du vaisseau, reçut des honneurs qu'on n'avoit jamais vu rendre qu'aux têtes couronnées. Les Indiens dont il étoit accompagné, les raretés du pays, & l'or fur-tout qu'il ne manquoit pas d'étaler aux yeux des fpectateurs, avoient auffi beaucoup de part à leurs acclamations. Cette multitude d'objets étrangers, que l'imagination & la vanité portoient au-delà du naturel, fembloit les tranfporter dans ces nouvelles régions, d'où ils fe flattoient de voir bientôt couler des richeffes inépuifables dans le fein de leur patrie. Les cris de joie redoubloient à chaque inftant ; & jamais homme n'eut un jour plus glorieux, ni un triomphe plus innocent ; Colomb n'avoit point détruit des nations ; & il venoit d'en découvrir de nouvelles.

Leurs majeftés le reçurent de la maniere la plus folemnelle. Elles étoient affifes fur de riches tapis, & fous un dais de drap d'or, dans l'audience publique qu'elles lui donnerent. Elles fe leverent, lorfqu'il approcha pour leur baifer la main, l'obligerent de s'affeoir en leur préfence, & le traiterent comme un grand de la premiere claffe, qui avoit rendu le plus important fervice à l'Efpagne, & le plus contribué à la grandeur de leur regne. Pour donner une forme solide à toutes ces marques d'honneur, Colomb fut gratifié de nouvelles lettres-patentes, qui augmentoient, éclaircissoient & confirmoient les privileges qu'il avoit déja obtenus. On étendoit sa vice-royauté & son amirauté, sur tous les pays qu'il avoit découverts & pourroit découvrir. Le titre de *dom* lui fut accordé, ainsi qu'à ses freres & à ses enfans. Il pouvoit ajouter à toutes ces qualités, celle de bienfaicteur de Ferdinand & d'Isabelle.

Tous les grands, à l'exemple des deux souverains, s'accorderent à le combler d'honneurs. Dans les festins qu'ils lui donnerent tour à tour, non-seulement ils lui firent prendre la premiere place, mais il y eut ordre de ne rien lui présenter, dont on n'eût fait l'essai auparavant. Enfin Colomb étoit regardé en Europe, ainsi qu'il l'avoit été en Amérique, comme un homme unique, envoyé du ciel, pour réunir deux hémispheres, que des espaces immenses & des mers sans bornes tenoient séparés depuis leur création. C'étoit à qui s'intéresseroit à ses entreprises, à qui s'embarqueroit sous ses ordres; car il fut résolu qu'il retourneroit avec un puissant ar-

SUITE DE S. DOMINGUE. 39
mement, pour soutenir la colonie qu'il venoit de fonder, & pour faire de nouvelles découvertes.

Ce fut alors que, pour prévenir les différends qui pouvoient naître entre les couronnes d'Espagne & de Portugal, le pape fit ce fameux partage, nommé la *ligne de marcation*, par lequel il régloit leurs bornes respectives, & leur accordoit volontairement des pays, dont, bien loin d'avoir la possession, il n'avoit pas même la connoissance. Par-là fut jugé, d'un seul trait de plume, sur une carte géographique, le plus grand procès de l'univers. Cette ligne imaginaire, tirée d'un pole à l'autre, coupoit en deux parties égales, l'espace qui se trouve entre les isles Açores & celles du Cap Vert. Ce qui étoit à l'occident, fut donné à l'Espagne; & le Portugal demeura en possession de toutes les terres qu'on pourroit désormais conquérir à l'orient. Il est vrai que dans la suite, le voyage de Magellan dérangea la ligne du pape: les isles Mariannes, les Philippines, les Moluques se trouvent à l'orient des possessions Portugaises: il fallut donc tracer une autre ligne, qu'on appela de *démarcation*. Vous savez cette plaisanterie de François I. Les « rois d'Espagne & de Portugal, disoit » ce prince, ont partagé entr'eux le nou- » veau monde, sans m'en laisser une » part; je voudrois qu'ils me fissent voir » le testament d'Adam, qui leur donne » ce droit ». Toutes ces lignes furent encore dérangées, lorsque les Portugais aborderent au Bresil; elles ne furent pas plus respectées par les François, les Anglois, les Hollandois, les Danois, qui allerent s'établir, les uns dans les Indes orientales, les autres en Amérique.

Les bulles du pape qui marquoient les limites réciproques des deux couronnes, arriverent dans le tems que Colomb se disposoit à sa seconde expédition. Il prépara toutes choses avec tant de diligence, qu'en très-peu de tems, dix-sept vaisseaux de différentes grandeurs, furent prêts à mettre à la voile. On engagea un grand nombre d'artisans & de laboureurs pour le service de la colonie; & le desir de l'or, ainsi que le succés de la premiere entreprise, attira tant de volontaires, qu'on fut obligé d'en renvoyer plusieurs. L'amiral se borna à quinze cens personnes, parmi lesquelles on comptoit beaucoup de noblesse, contre l'ordinaire de ces sortes d'émigrations, presque toujours composées d'un ramas de canailles & de brigands, dont on cherche à purger l'état & les prisons, ou de mauvais sujets dont on a envie de se défaire. On mit aussi sur les vaisseaux, des chevaux, des ânes & d'autres animaux, qui multiplierent tellement, que de ces premieres races sont sorties toutes celles qui, dans la suite, ont peuplé le nouveau monde.

Après s'être pourvu de tout ce qui peut servir aux progrès d'un nouvel établissement, Colomb partit de Cadix en 1493, & dirigea son cours au sud-ouest. Il découvrit de nouvelles isles, qu'il nomma la *Dominique*, parce qu'il y aborda le dimanche, *Marie-Galante*, du nom de son propre navire, & la *Guadaloupe*, de celui d'un couvent d'Espagne, dont il connoissoit quelques religieux.

Arrivé à Saint-Domingue, il vit la colonie dans un état lamentable. Ce n'étoit que ruine & désolation : la forteresse étoit brulée, & personne ne paroissoit sur la côte. Après quelques recherches, on trouva les corps de plusieurs Espagnols morts depuis peu de tems; & l'on apprit que les autres étoient ou tués ou dispersés. L'éloignement de l'amiral avoit causé ce désastre: la division introduisit le désordre; le libertinage y mit le comble. Egalement avares & débauchés, ils s'étoient répendus dans les lieux voisins de leur fort, se jettant avec fureur sur l'or & sur les femmes des Indiens, dont leur cruauté & leur violence leur fit des ennemis irréconciliables. Un cacique en surprit quelques-uns qui enlevoient ses femmes, & les massacra. Ce fut le signal du soulevement général; & l'on ne fit plus de quartier à ceux qu'on put découvrir. Le succès enfla le cœur des insulaires, qui s'apperçurent enfin que ces hommes, qu'ils croyoient si invincibles, n'étoient ni invulnérables, ni immortels.

Dégoûté d'un lieu qui avoit été le théatre de tant d'horreurs, & trouvant dans le voisinage un endroit plus commode, Colomb y bâtit une ville qu'il appella *Isabelle*, du nom de la reine. Il y avoit un très-bon port; & à la distance d'une portée de flèche, couloit une riviere qu'on pouvoit aisément faire passer au milieu de la ville. De l'autre côté étoit une grande plaine, dont on apprit que les mines d'argent de Cibao n'étoient pas éloignées. La nouvelle place fut percée de rues tirées au cordeau, avec un lieu convenable pour un marché. L'amiral y fit conduire de l'eau par un canal artificiel, sur lequel on construisit un moulin.

Il tardoit à Colomb d'étendre le domaine & la gloire de leurs majestés catholiques par d'autres découvertes. Cette entreprise demandant une longue absence, il établit un conseil dans la colonie, dont un de ses freres fut nommé président ; & il se disposa à de nouvelle courses. Il s'avança vers une grande isle, une des plus belles qu'il eût vues dans cette mer ; & l'approche d'une quantité innombrable de canots lui apprit qu'elle étoit très-peuplée. Il la nomma *Sant'Yago*, d'où, comme je l'ai dit ailleurs, est venu dans la suite le nom de *Jamaïque*.

Il retourna ensuite à l'isle Espagnole, où il trouva les Indiens soulevés, & assemblés au nombre, dit-on, de plus de cent mille hommes. Deux cens Castillans, avec vingt chevaux & autant de dogues, défirent cette multitude de barbares, qui, n'ayant que leurs bras pour se défendre, furent étrangement surpris de voir tomber, parmi eux, des files entieres, par le prompt effet de nos armes à feu. Trois ou quatre de ces gens étoient enfilés à la fois, avec les longues épées des Espagnols, & d'autres foulés aux pieds des chevaux, ou saisis par de gros mâtins, qui leur sautant à la gorge, avec d'horribles hurlemens, les étrangloient d'abord, les renversoient, & les mettoient en pieces. Bientôt le champ de bataille demeura couvert de corps morts. D'autres prirent la fuite; & cette victoire intimida tellement tous les insulaires, qu'en moins d'un an, l'isle fut entiérement soumise à la couronne de Castille. L'amiral lui imposa un tribut qui devoit être levé tous les trois mois : chaque habitant, voisin des mines, étoit taxé à une petite mesure d'or, & les autres à vingt-cinq livres de coton. Ceux qui avoient satisfait à l'impôt, recevoient une marque d'étain ou de cuivre, qu'ils étoient obligés de porter à leur cou, pour les diſtinguer de ceux qui manquoient au paiement. Ce réglement ayant été fait du conſentement de toutes les parties, ces peuples devinrent ſi tranquilles, ſi pacifiques, que les Eſpagnols pouvoient traverſer tout le pays en ſûreté, & étoient reçus par-tout avec autant d'amitié que de conſidération.

Colomb profita de cet état de ſoumiſſion, pour retourner en Europe, rendre compte de tout ce qu'il avoit fait, & ſe juſtifier ſur pluſieurs accuſations calomnieuſes ; car ſi le doute s'étoit changé, pour lui, en admiration à ſon premier voyage, l'admiration ſe tourna en envie au ſecond ; & au troiſieme, l'envie le perſécuta juſques dans les fers. Il n'avoit point à ſe plaindre du roi, ni de la reine, qui ne ceſſoient de le combler d'honneurs & de biens : ils lui offrirent même dans l'iſle Eſpagnole, un terrein à ſon choix, de cinquante lieues d'étendue, avec le titre de duc ou de marquis ; mais il n'accepta point cette grace, dans la crainte d'exciter la jalouſie des grands, qui n'étoient déja que trop déchaînés contre lui. Il partit avec le double dessein, de porter de nouveaux secours à sa colonie, & de conquérir d'autres pays.

Ce fut à ce troisieme voyage, qu'il découvrit le continent, & vit la côte où l'on a bâti Carthagene. Il débarqua d'abord dans une isle qu'il appella *la Trinité*, à cause de trois montagnes qu'on y voyoit de fort loin. Il apprit des Indiens, que la contrée la plus voisine de l'isle se nommoit *Paria* ; & ils marquerent un grand desir de se lier d'amitié avec les Castillans. Cette découverte se fit avant qu'Americ Vespuce, négociant de Florence, eût voyagé, en qualité de géographe, sous le commandement de l'amiral Ojéda ; mais cet Americ ayant écrit à ses amis, qu'il avoit apperçu le premier un nouvel hemisphere, on le crut sur sa parole ; & il jouit de la gloire peu méritée, d'avoir donné son nom à la plus grande moitié de notre globe. Cette gloire appartient incontestablement à celui qui ayant eu le génie & le courage d'entreprendre le premier voyage, a montré le chemin au reste du monde.

Content d'avoir touché le continent, Colomb reprit ſa route vers Hiſpaniola, & entra dans le port de Saint-Domingue, où ſon frere avoit bâti la ville de ce nom, les uns diſent en mémoire de ſon pere, qui s'appelloit Dominique, les autres parce que la principale égliſe du lieu étoit dédiée à ce ſaint : les François ont étendu ce même nom à toute l'iſle.

Il n'eſt pas hors de propos, Madame, de vous faire obſerver que c'eſt à une aventure amoureuſe, que Saint-Domingue doit ſon origine. Michel Diaz, jeune Aragonois, s'étoit battu contre un Caſtillan, & lui avoit fait une bleſſure dangereuſe. Dans la crainte du châtiment, il s'étoit ſauvé vers la partie méridionale, où régnoit une princeſſe qui prit dans la ſuite le nom de Catalina. Elle vit le jeune Eſpagnol, & conçut pour lui tant d'inclination, qu'elle réſolut de ſe l'attacher par ſes bienfaits & par ſes careſſes. C'eſt le premier exemple, ſi ſouvent répété depuis, d'une femme de Saint-Domingue, dont l'amour a fait la fortune d'un aventurier d'Europe. Après l'avoir traité, pendant quelque tems, avec toutes les familiarités d'une amante, elle lui proposa d'engager les Castillans à s'établir sur ses terres, remplies de mines d'or. Le pays, d'ailleurs, étoit agréable & fertile ; & Diaz ne balança point à saisir cette occasion de se reconcilier avec sa nation. Il en parla au président du conseil, frere de l'amiral, qui reçut ses offres avec joie, & bâtit une ville, devenue dans la suite la capitale de l'isle, & comme la métropole de toutes les colonies que les Espagnols fonderent dans le nouveau monde.

A son retour, Colomb trouva les Castillans divisés, mécontens & prêts à se révolter. Les ennemis qu'il avoit dans la colonie, étoient secondés par ceux que son mérite & son élévation lui avoient suscités à la cour ; les uns & les autres ne cherchoient que des prétextes pour le perdre. Un grand nombre de rebelles avoient demandé à retourner en Espagne ; & cette permission leur ayant été accordée, ils avoient également réussi à le rendre odieux au peuple, & suspect à leurs majestés. Ils se plaignoient que les Colombs les avoient réduits à la plus extrême

trême misere, en leur refusant le salaire qu'ils avoient mérité dans les pénibles travaux des mines. Si le roi paroissoit dans les rues, ils le poursuivoient pour demander leur paie avec de grands cris ; & quand ils voyoient les deux fils de l'amiral, qui étoient alors pages de la reine, « voilà, s'é-» crioient-ils, les enfans de ce traître, » qui n'a découvert de nouveaux pays, » que pour y faire périr toute la no-» blesse de Castille «. Enfin ils le représentoient comme un étranger cruel, avare, insolent, qui ignorant les loix & les coutumes de la nation, n'avoit, ni la dignité, ni la modération nécessaires pour soutenir le rang auquel il étoit élevé. Le roi, moins affectionné pour lui qu'Isabelle, ne put le défendre contre ce soulevement universel ; & la reine même, après avoir fait plus de résistance, fut entraînée par la force du torrent.

En conséquence, leurs majestés se déterminerent à envoyer un inspecteur à Hispaniola, avec pouvoir d'informer contre l'amiral, & de l'envoyer en Espagne, s'il le trouvoit coupable. On choisit, pour cet office, François

de Bovadilla, avec le titre de gouverneur général, & ordre de tenir es provisions secrettes, jusqu'au jour de sa réception à Saint-Domingue. Il y arriva pendant que Colomb étoit occupé ailleurs à appaiser quelques troubles; & ne trouvant personne pour s'opposer à sa conduite, il prit possession du palais de l'amiral, & convertit tous ses effets à son propre usage. Il manda à Colomb de le venir trouver sans aucun délai; & pour donner plus de force à ses ordres, il lui envoya la lettre du roi, conçue en ces termes « : Nous avons ordonné
» à dom François de Bovadilla, porteur
» de la présente, de vous expliquer
» nos intentions : nous vous comman-
» dons d'y ajouter foi, & d'exécuter
» tout ce qu'il vous dira de notre
» part «.

L'amiral partit sur le champ; & dès l'instant qu'on le vit subordonné au nouveau gouverneur, les mécontens s'empresserent à venir déposer contre lui. Les accusations portoient, qu'il les avoit maltraités dans la fondation des villes & des forts, en les assujettissant à d'indignes travaux, qui en avoient fait périr un grand nombre; qu'en leur refusant les choses les plus nécessaires à la vie, il leur avoit imposé, pour des fautes légeres, des châtimens trop rigoureux, souvent injustes, & quelquefois déshonorans; qu'il n'avoit pas voulu consentir que les insulaires fussent baptisés, parce qu'il aimoit mieux les voir esclaves que chrétiens; enfin, qu'il avoit fait la guerre aux Indiens, sous de vains prétextes, pour avoir occasion de les réduire à la servitude.

Déterminé à écouter tout ce qui pouvoit concourir à la perte de l'accusé, Bovadilla reçut comme des convictions, les imputations les plus fausses; & passant de l'injustice à la tyrannie, il le fit mettre dans les fers, & lui donna une garde, avec défense expresse de le laisser parler à personne. Il n'osa pousser l'audace, jusqu'à faire conduire au supplice un grand officier de la couronne; mais se contentant de rendre contre lui un arrêt de mort, il prit le parti de l'envoyer en Espagne, avec l'instruction de son procès, dans l'idée que le nombre des dépositions feroit confirmer la sentence. Le capitaine du vaisseau que montoit l'amiral, touché de sa situation, de son mérite & de sa vieillesse, offrit de lui ôter ses chaînes; mais Colomb le refusa, assurant que désormais il les garderoit chez lui, comme un monument de la reconnoissance des hommes, & de la récompense qu'on obtient au service des rois. Il les conserva en effet pendant toute sa vie, & ordonna qu'après son trépas, elles fussent enterrées avec lui dans le même tombeau.

Le peuple, qui entendit que Colomb arrivoit, courut au rivage, pour voir débarquer ce génie tutélaire de l'Espagne. On le tira du vaisseau; mais il avoit les fers aux pieds & aux mains. L'ingratitude étoit aussi grande que les services. Chacun en parut consterné; & Isabelle en fut honteuse. Elle ne vit pas, sans indignation, qu'on avoit abusé de son autorité, pour se porter à des violences, dont elle se crut déshonorée. Elle répara cet affront autant qu'elle le put, donna ordre que l'amiral fût mis en liberté, & lui écrivit sur le champ, pour marquer son mécontentement de ce qu'il avoit souffert, & de la conduite odieuse de Bovadilla. Elle invitoit Colomb à venir à la cour, avec promesse d'une ample & prompte satisfaction.

Il y fut reçu avec des témoignages extraordinaires d'estime, de compassion & de faveur. Comme il avoit plus de confiance aux bontés de la reine qu'à celles du roi, il lui demanda une audience secrette, dans laquelle s'étant jetté à ses pieds, il y demeura quelque tems, les larmes aux yeux, & la voix étouffée par des sanglots. Cette princesse le fit relever; & Colomb lui dit les choses les plus touchantes sur l'innocence de ses intentions, sur le zele qu'il avoit toujours eu pour le service de sa majesté, & sur la malignité de ses ennemis, que la jalousie de son élévation portoit à lui chercher des crimes.

La reine, attendrie de son discours, lui dit avec beaucoup de douceur: « Je suis très-touchée du traitement » qu'on vous a fait; & je n'omettrai » rien pour vous le faire oublier. Je » n'ignore pas les services que vous » m'avez rendus; & je continuerai à » les récompenser. Je connois vos en-

» nemis ; & j'ai pénétré les artifices
» qu'ils emploient pour vous détruire ;
» mais comptez sur moi. Cependant,
» pour ne vous rien dissimuler, j'ai
» peine à me persuader que vous n'ayez
» pas donné lieu à quelques plaintes ;
» elles sont trop universelles, pour
» n'être pas fondées. La voix publique
» vous reproche, dans une colonie
» naissante, une sévérité peu conve-
» nable, & capable d'y exciter des ré-
» voltes, qui peuvent ébranler des
» fondemens encore mal affermis.
» Mais ce que je vous pardonne le
» moins, c'est d'avoir ôté, malgré mes
» défenses, la liberté à un grand nom-
» bre d'Indiens. Votre malheur a voulu
» qu'au moment où j'ai appris votre
» désobéissance, tout le monde se
» plaignît de vous, & que personne
» ne parlât en votre faveur. Je n'ai donc
» pu me dispenser d'envoyer un com-
» missaire, pour prendre des infor-
» mations, avec ordre de modérer une
» autorité, dont on vous accusoit d'a-
» buser. Je reconnois que j'ai fait un
» mauvais choix dans la personne
» de Bovadilla ; j'y mettrai ordre ; &
» je ferai de lui un exemple, qui ap-

» prendra aux autres à ne point paſſer
» leur pouvoir. Cependant je ne puis
» vous promettre de vous rétablir ſi-tôt
» dans votre gouvernement : les eſprits
» y ſont trop aigris ; il faut leur don-
» ner le tems de revenir. A l'égard de
» votre charge d'amiral, mon inten-
» tion n'a jamais été de vous en ôter
» la poſſeſſion, ni l'exercice : laiſſez
» faire le reſte au tems ; & fiez vous
» à moi ».

Cette affaire ayant été examinée avec ſoin, on reconnut la malignité des accuſations ; & Colomb en fut déchargé avec honneur ; mais on le retint encore quatre années en Eſ-pagne, ſoit qu'on craignît qu'il ne prît pour lui, ce qu'il avoit découvert ; comme l'inſinuoient ſes ennemis ; ſoit qu'on voulût ſeulement avoir le tems de s'informer de ſa conduite. On nomma un nouveau gouverneur de l'iſle Eſpagnole, qui eut ordre de ré-parer le tort qu'avoient ſouffert les Colombs, de faire reſtituer à Bova-dilla ce qu'il leur avoit pris injuſte-ment, & de le renvoyer inceſſamment en Europe. Cette commiſſion fut don-née à dom Nicolas Ovando, commandeur de l'ordre d'Alcantara; & il fut résolu que l'amiral entreprendroit de nouvelles découvertes.

Ovando s'embarqua pour Hispaniola, & Colomb pour le continent de l'Amérique. Ce dernier étoit déja près de la côte de Paria, lorsqu'il s'apperçut qu'un de ses vaisseaux ne soutenoit point la voile. Il prit le parti de se rendre à l'isle Espagnole; mais Ovando, qui n'avoit point encore eu le tems de renvoyer Bovadilla, fit dire à Colomb, que dans la crainte que sa présence ne causât quelques troubles, il ne pouvoit lui permettre d'entrer dans le port. Vous pouvez vous rappeller que pareil affront arriva à Cortez: il eut, comme Colomb, la douleur & l'humiliation de se voir fermer l'entrée d'un pays, dont il venoit de faire la conquête.

Le refus du gouverneur mortifia l'amiral; mais apprenant que les vaisseaux qui devoient transporter Bovadilla & ses autres ennemis en Espagne, étoient sur le point de se mettre en mer, il sacrifia son chagrin au bien public: par un sentiment de générosité digne de son caractere, il fit avertir Ovando, que, s'il vouloit s'en rapporter à son expérience, on étoit menacé d'une tempête prochaine, qui devoit l'engager à différer le départ de cette flotte. Son avis fut méprisé; & les vaisseaux mirent à la voile.

A peine eurent-ils doublé le cap le plus oriental de l'isle, qu'un des plus grands ouragans qu'on eût vus dans ces mers, ensevelit sous les flots vingt-un navires chargés d'or, sans qu'on pût sauver un seul homme : jamais l'océan n'avoit englouti tant de richesses. Ce fut dans cette fatale occasion, que périt ce fameux grain d'or, qui pesoit plus de cinq cens marcs, & que le hazard avoit fait découvrir. Deux Espagnols s'étant associés pour faire travailler aux mines, un de leurs esclaves, qui déjeûnoit sur le bord d'une riviere, s'avisa de frapper la terre d'un bâton. Il sentit quelque chose de fort dur, qui excita sa curiosité; il écarta la terre, & vit un morceau d'or, qui lui fit jetter un grand cri. Ses maîtres accoururent, & furent frappés d'un égal étonnement. Tranſ-portés de joie, ils firent ſur le champ tuer un cochon, le ſervirent à leurs amis ſur ce prodigieux grain d'or, qui fut aſſez grand pour le tenir tout entier, & ſe vanterent d'être plus magnifiques en vaiſſelle, que les plus riches potentats de l'univers. Le gouverneur de Saint-Domingue l'acheta pour leurs majeſtés catholiques. Il peſoit trois mille ſix cens écus d'or ; & les orfévres jugerent qu'il n'y en auroit que trois cens de diminution dans la fonte.

Le vaiſſeau où étoient Bovadilla & toutes les perſonnes qui avoient montré le plus de haine & de paſſion contre l'amiral, fut un des premiers qui périrent. Jugez de la conſternation qu'un accident ſi funeſte répandit dans les deux mondes, ſur-tout lorſqu'on fut informé que Colomb, qui avoit ſu ſe mettre à couvert de la tempête, en avoit prévenu le gouverneur. On ne manqua pas de regarder cet événement comme une punition du ciel, & le châtiment de l'injuſtice commiſe envers ce grand homme.

On fut confirmé dans cette opinion, lorsqu'on apprit que le navire, sur lequel on avoit chargé tous les débris de la fortune des Colombs, quoique le plus foible, fut presque le seul qui aborda heureusement en Europe.

Ce qui put adoucir à l'amiral le refus d'entrer dans son ancien gouvernement, fut l'espérance de trouver de nouvelles terres, & de se former, pour ainsi dire, un nouveau domaine. Il côtoya, & soumit à la couronne de Castille, les provinces orientales du Mexique, où il jetta les fondemens de plusieurs colonies. Il entreprit un établissement à Véragua; mais les malheurs de la mer, les armes des Indiens, & les fréquentes révoltes de ses gens l'obligerent d'abandonner ce dessein. Dans ces circonstances il écrivit à Ferdinand une lettre chagrine, dans laquelle il rappelloit à ce monarque, les pays qu'il avoit découverts, les périls qu'il avoit essuyés, les services qu'il avoit rendus, les pertes qu'il avoit faites, les malheurs qui lui étoient arrivés. Il lui peignoit le triste état de sa situation actuelle

invitant le ciel & la terre à gémir sur son infortune, & à pleurer ses disgraces ". Je n'ai eu jusqu'à présent, di-
» soit-il, que des sujets de larmes ;
» & je n'ai pas cessé d'en répandre.
» Que ceux qui ont de la charité,
» de la bonne foi & de la justice,
» mêlent les leurs avec les miennes.
» Après vingt ans de services, après
» des fatigues inouies, je ne sais pas
» si je possede un pouce de terre ; je
» n'ai pas une maison à moi, dans
» toute l'étendue des états de votre
» majesté ; ma seule ressource pour la
» nourriture & le sommeil, c'est-à-
» dire, pour les besoins les plus com-
» muns de la nature, sera désormais
» d'habiter les hotelleries publiques.
» Accablé, comme je le suis, d'années &
» de maladies, je proteste que ce n'est
» point le desir de la fortune, qui m'a
» fait entreprendre ce dernier voyage,
» mais le pur zele, & la sincere in-
» tention de servir votre majesté jusqu'à
» l'entier épuisement de mes forces ».

Ainsi écrivoit au roi d'Espagne, l'homme de son royaume, qui avoit le plus contribué à la grandeur de cette monarchie, & répandu le plus d'éclat fur le regne glorieux de Ferdinand & d'Isabelle.

La fortune voulant le persécuter jusqu'au dernier moment, pour ne laisser aucun tems de sa vie sans disgrace, l'obligea de mouiller à Saint-Domingue, devenue le théatre de ses humiliations, après avoir été celui de sa gloire. Il y reçut de nouveaux dégoûts de la part du gouverneur, qui lui firent prendre le parti de retourner en Espagne. Il y étoit comme attendu par une nouvelle, qui devoit mettre le comble à tous ses malheurs, la mort de la reine. Il comprit qu'en perdant sa protectrice, il tenteroit inutilement de se faire rétablir dans sa dignité de vice-roi. Cependant Ferdinand lui fit une réception assez favorable; mais il différa toujours de lui accorder ses anciennes places, jusqu'à ce qu'accablé de chagrins & d'infirmités, Colomb termina une vie glorieuse, qui ne fut souillée, ni de cruautés, ni de rapines. Il mourut à Valladolid en 1506, & n'eut, pour récompense de ses longs services, que de magnifiques obsèques, qui lui furent faites par ordre du roi. On lui éleva un mausolée, sur lequel furent gravés deux vers espagnols, qui signifient que ce célebre navigateur avoit eu la gloire *de donner un nouveau monde aux royaumes de Castille & de Léon*. En effet, la cour n'y mit presque rien du sien, que des prétentions & des lettres-patentes.

Cette gloire de Colomb lui fut disputée long-tems pendant sa vie. Vous savez que lorsqu'il annonçoit un nouvel hémisphere, on lui soutenoit qu'il ne pouvoit exister; & quand il l'eut découvert, on prétendit qu'il l'avoit été long-tems avant lui. Ceux même qui ne lui contestoient point cette découverte, cherchoient à en diminuer le mérite, en la représentant comme facile. La réponse de Colomb est très-célebre : il proposa à ses envieux de faire tenir un œuf debout sur une assiette. Aucun deux n'ayant réussi, il cassa le bout de l'œuf & le fit tenir. « Cela étoit bien aisé, dirent les as » sistans. Que ne vous en avisiez-vous » donc, répondit l'amiral » ?

Suite de S. Domingue.

Ce que la fortune peut procurer de grandeurs, & faire essuyer d'humiliations, partagea la vie de ce grand homme. Il jouit peu de sa gloire, si toutefois c'est en être privé, que de joindre à l'éclat des succès, la fermeté dans les revers.

Je suis, &c.

Sur la route de Saint-Domingue, ce 15 juin 1750.

LETTRE CXXIV.

SUITE DE SAINT-DOMINGUE.

La mort d'Isabelle & de Colomb mit le comble à l'infortune des habitans de l'isle Espagnole. Il n'avoit pas tenu à cette princesse, que la découverte du nouveau monde ne fût, pour les peuples de ces vastes régions, la source d'autant de biens, qu'elle leur a causé de maux. En les assujettissant à sa couronne, elle ne recommandoit rien avec tant d'instance, à ceux qu'elle envoyoit pour les gouverner, que de les traiter comme les Castillans mêmes. Jamais elle ne fit éclater plus de sévérité, que lorsque l'on contrevenoit à cette partie de ses ordres. Vous venez de voir ce qu'il en coûta à Colomb, pour avoir ôté la liberté à quelques Indiens ; cependant elle l'aimoit ; elle connoissoit son mérite, & attachoit un juste prix à ses services. On ne douta point en Espagne, que sa mort n'eût sauvé

Ovando d'un chatiment exemplaire, pour les violences que la dureté de son caractere lui fit commettre à Saint-Domingue. Cette isle étoit en proie à des guerres continuelles, qui, suivant la méthode de ce cruel gouverneur, se terminoient toujours par le massacre des insulaires, & par le supplice de leurs chefs.

Après le décès de la reine, cet homme féroce entreprit de dépouiller le reste de ces malheureux Indiens du peu de liberté qu'il leur avoit laissé. Il fit proposer au conseil de Ferdinand, de les réduire tous à l'esclavage, & de les répartir entre les Castillans, pour être employés, sous leurs ordres, aux travaux des mines. La politique adopta un projet qui, en les mettant hors d'état de rien entreprendre, coupoit la racine à toutes les révoltes. Ce fut là le comble de leurs malheurs, & l'époque de leur ruine. On ne peut entendre sans horreur, ce que ces infortunés eurent à souffrir de leurs barbares conquérans. On les accouploit pour le travail, comme des bêtes de somme; & après qu'on les avoit chargés avec excès, on les forçoit de marcher à grands coups de fouet. S'ils tomboient sous la pesanteur du fardeau, on redoubloit les mauvais traitemens ; & l'on ne cessoit de les frapper, qu'ils ne se fussent relevés. On séparoit les femmes de leurs maris ; les hommes étoient confinés dans les mines, d'où ils ne sortoient point ; & les femmes étoient employées à la culture des terres. Dans leurs plus pénibles travaux, les uns & les autres ne se nourrissoient que d'herbes & de racines. Rien n'étoit plus ordinaire que de les voir expirer, ou sous les coups, ou de fatigue. Les meres, dont le lait étoit tari, ou corrompu faute de nourriture, expiroient de foiblesse ou de désespoir, sur le corps de leurs enfans morts ou moribonds. Quelques insulaires s'étant refugiés dans les montagnes, pour se dérober à la tyrannie, on créa un officier, qui se mit en campagne avec une meute de chiens, pour donner la chasse à ces transfuges. Ces malheureux, nuds & sans armes, étoient poursuivis comme des daims dans les forêts, dévorés par des dogues, tués à coups de fusil, ou surpris & brûlés dans leurs habitations. Quelquefois on les faisoit sommer, par les missionnaires, de se soumettre à la religion chrétienne & au roi d'Espagne; & après cette formalité, qui n'étoit qu'une injustice de plus, on les égorgeoit sans pitié & sans remords. Les uns, pour prévenir une fin si cruelle, prirent du poison; d'autres se pendirent à des arbres, après avoir rendu ce service funeste à leurs enfans & à leurs femmes. Celles-ci, détruisant les sentimens de la nature par d'autres sentimens également naturels, se faisoient avorter elles-mêmes, de peur que leurs enfans ne fussent soumis à des maîtres si barbares. Enfin, ces peuples furent réduits à de si terribles extrêmités, qu'étant blessés à mort, ils s'enfonçoient de rage leurs flêches dans le corps, les retiroient, les prenoient avec les dents, les mettoient en morceaux, & les jettoient contre les Castillans, dont ils croyoient s'être bien vengés par cette insulte.

C'étoit ainsi que les Espagnols établissoient leur domination; & quand la force leur manquoit, ils avoient recours à la perfidie. Je n'en citerai qu'un exemple, pour ne pas vous arrêter trop long-tems sur de si affreux objets. Un des premiers caciques de l'isle étant mort, sa sœur Anacoana lui succéda. Cette princesse avoit du goût pour les Castillans; & quoiqu'elle les eût toujours bien traités, elle n'en avoit été payée que d'ingratitude. Ils se persuaderent qu'elle ne les aimoit plus, parce qu'en effet ils lui avoient donné mille sujets de les détester; & dans la crainte qu'elle ne formât contr'eux de mauvais desseins, ils crurent devoir la prévenir. Le gouverneur Ovando se mit à la tête de quatre cens hommes, & vint dans les états d'Anacoana, sous prétexte de recevoir le tribut que la reine devoit à la couronne d'Espagne, & afin, disoit-il, de rendre ses devoirs à une princesse, qui s'étoit déclarée dans tous les tems en faveur de sa nation. La reine reçut cette nouvelle avec de grandes démonstrations de joie, & ne fut occupée que de faire au gouverneur une réception digne d'elle & de lui. Elle assembla tous ses vassaux, pour grossir sa cour, & donner une haute idée de sa puissance. A l'approche d'Ovando, elle se mit en marche, pour aller à sa rencontre ; & l'on se donna mutuellement des marques de la plus sincere amitié. Le gouverneur fut conduit au palais, où il trouva un festin magnifique qui l'attendoit. Cette fête dura plusieurs jours : Ovando, de son côté, en proposa une à la princesse pour le dimanche suivant. Il lui fit entendre que pour y paroître avec plus de grandeur, elle devoit avoir toute sa noblesse autour d'elle. Cet avis flatta l'ambition d'Anacoana, sans lui inspirer aucune défiance. Toute sa cour se trouva donc rassemblée dans une salle spacieuse, qui donnoit sur la place où cette fête barbare devoit s'exécuter. Les Espagnols parurent en ordre de bataille. L'infanterie, qui marchoit la premiere, occupa, sans affectation, toutes les avenues ; la cavalerie vint ensuite avec le gouverneur, & s'avança jusqu'à la salle qu'elle investit. Les cavaliers mirent le sabre à la main. Ce spectacle fit frémir la reine & tous les convives. Sans leur donner le tems de se reconnoître, après un signal dont on étoit convenu, l'infanterie fit main basse sur le peuple ; & les cavaliers ayant mis pied à terre, entrerent brusquement dans le lieu du festin. Tous les seigneurs furent attachés aux colonnes ; & sur le champ on mit le feu à la salle, où ces infortunés furent réduits en cendres. La reine, destinée à des traitemens plus honteux, fut chargée de chaînes, & mourut sur un gibet.

Le croiriez-vous, Madame ? c'étoit un motif de religion, qui animoit cette férocité Espagnole. Ils croyoient, ces destructeurs dévots & barbares, que pour travailler plus efficacement à la propagation de la foi, la religion donne à ceux qui la professent, le droit de persécuter inhumainement ceux qui ne la suivent pas ; c'est sur cette idée, que brigands & chrétiens, tout à la fois, ils traiterent si cruellement les peuples de l'Amérique. Mais quels chrétiens ! grand Dieu ! quels missionnaires, que des soldats féroces, qui massacrent des nations entieres, pleines de droiture & d'humanité, & font subir les supplices les plus infames & les plus horribles, à des princes, à des rois, à des empereurs qui faisoient le bonheur de leurs peuples ! Il est vrai

SUITE DE S. DOMINGUE. 71
que l'Espagne elle-même a désavoué ces horreurs, & les a réparées dans la suite, autant qu'elle a pu, par la douceur de son gouvernement. Eh! pouvoit-elle répondre d'une foule d'aventuriers sans nom, sans état, sans mœurs, que la misere, le libertinage, l'amour de la nouveauté, l'espérance & même la certitude de faire fortune, attiroient sur les pas des chefs de cette entreprise? Pouvoit-elle prévoir que des hommes, des chrétiens, se porteroient à ces excès d'avarice & de barbarie? Les croisades, ces guerres si saintes, n'avoient-elles pas fourni, longtems auparavant, des exemples sans nombre de la même cruauté, de la même dissolution, du même brigandage? La conquête du saint sépulcre & celle du nouveau monde se présentent sous les mêmes traits; avec cette différence, que les Sarrazins, par bonheur pour eux, se défendirent avec les mêmes avantages que nous, & par conséquent avec bien plus de ressources, que ces malheureux Américains, qui ne connoissoient ni nos personnes, ni nos mœurs, ni nos usages, ni notre religion, ni nos habillemens, ni nos chevaux, ni nos

armes, ni nos foudres, ni nos vaisseaux, ni notre tactique, ni notre langage, ni les motifs qui nous conduisoient dans leur pays. Car, il faut l'avouer, si le zele de la religion fit voler les Espagnols à cette conquête, on en abusa bientôt; & la soif de l'or porta les particuliers à des actions bien contraires aux premieres vues de la nation.

Ce reproche, comme vous l'avez vu, ne tombe point sur Christophe Colomb; mais la troupe des nouveaux Argonautes qui suivirent ce moderne Jason, n'étoit pas toute composée de héros. Des gens, dont la plupart étoient sortis d'Espagne, parce qu'ils y manquoient de pain, croyoient avoir droit de s'engraisser de la substance d'un peuple né aussi libre qu'eux, & de disposer de la vie de ces malheureux, comme d'un bien qui leur fût propre. De plus de deux millons d'Indiens, qui habitoient l'isle d'Hayti à l'arrivée des Castillans, il n'en restoit pas quinze mille, six ans après la mort de Colomb. En moins de vingt années, cette multitude innombrable d'hommes avoient tous péri sous l'empire tyrannique

SUITE DE S. DOMINGUE. 73
nique de leurs cruels conquérans.

L'intérêt de l'humanité & de la religion porta les Dominicains, qui s'étoient établis à Saint-Domingue, à s'armer de toute la vigueur apostolique, pour arrêter cette scandaleuse dévastation. Un de ces religieux monta un jour en chaire devant les principaux de la colonie, à la tête desquels étoit le gouverneur, & déclama vivement contre l'injustice & la barbarie, avec laquelle on traitoit ce qui restoit encore de ces insulaires. Cet emportement de zele excita les murmures de son auditoire ; & le gouverneur voulant réprimander le prédicateur, trouva tous ses confreres disposés à le défendre. Les enfans de saint François prirent parti contre ceux de saint Dominique ; & les deux ordres envoyerent des députés à la cour d'Espagne, pour plaider la cause des Indiens & des Castillans. On y tint un conseil extraordinaire, où cette grande affaire fut traitée, de part & d'autre, avec beaucoup de chaleur. Le résultat fut de reconnoître le droit des Indiens à la liberté, & de les retenir dans l'esclavage. On fit en leur faveur plusieurs réglemens qui ne furent point observés ; & c'est tout ce que le roi put accorder au testament d'Isabelle, qui, en mourant, avoit recommandé la douceur envers ces peuples, & supplié ses enfans & son mari d'accomplir ses dernieres volontés.

D'autres missionnaires (c'étoient toujours des Dominicains) firent de nouveau éclater leur zele contre l'inexécution de ces ordonnaces. Le célebre Barthelemi de Las-Casas, qui fut depuis évêque de Chiapa, & dont le nom est encore si respectable dans les annales du nouveau monde, fut celui qui se signala le plus dans cette occasion ; il passa les mers, & vint apporter ses plaintes aux pieds du trône. Il fut reçu avec distinction à la cour, parce qu'on aime à y voir des hommes extraordinaires ; mais comme il n'avoit pour lui, que l'équité & les gens de bien, son parti n'y fut, ni le plus nombreux, ni le plus fort. Son principal adversaire fut l'évêque de Darien, qui, plus attaché à ses intérêts, qu'au bonheur de son troupeau, avoit eu la meilleure part à la distribution des Indiens, lesquels par ce partage, étant devenus ses esclaves, faisoient sa principale richesse. Il avoit entrepris le voyage d'Europe pour traverser Las-Casas, & faire valoir les droits de son bénéfice. La singularité de cette cause, & la célébrité des deux adversaires piquerent la curiosité du roi. C'étoit Charles-Quint, qui venoit d'être élu empereur. Il convoqua une assemblée, où les parties intéressées firent valoir leurs raisons en sa présence.

L'évêque parla le premier, & dit, que ce n'étoit que sur une connoissance réfléchie du naturel & des mœurs des Indiens, qu'on s'étoit déterminé à les traiter avec tant de sévérité ; qu'on ne seroit jamais venu à bout de les réduire autrement que par la violence ; qu'ils avoient tenté toutes les voies d'exterminer leurs vainqueurs, & d'anéantir la domination Espagnole ; qu'il falloit renoncer à la conquête de leur pays, & aux avantages du nouveau monde, si on laissoit à ces barbares une liberté qui seroit fatale à leurs maîtres ; qu'ils étoient d'autant moins capables d'en faire un bon usage, qu'à cinquante ans, ils avoient l'esprit moins avancé, que les Européens ne l'ont à dix ; & qu'à l'incapacité des enfans, ils joignoient les vices des hommes les plus corrompus ; que semblables aux animaux, ils se livroient sans honte à toutes sortes d'infamies ; que la seule nécessité du travail pouvoit les contenir dans le devoir ; & qu'à l'égard de la religion, l'asservissement étoit le moyen le plus efficace de la leur faire embrasser ; que vicieux comme ils l'étoient, jamais on ne seroit venu à bout de leur imprimer les connoissances nécessaires, à moins que de les tenir dans une contrainte continuelle, & qu'ils avoient une indifférence si grande pour le christianisme, que pour peu qu'ils eussent de liberté, on les voyoit, au sortir du baptême, se livrer à leurs anciennes superstitions ; qu'au surplus, la religion se passeroit bien de pareils chrétiens, qui à peine étoient des hommes.

Quand le prélat eut fini de parler, le chancelier ordonna au religieux de répondre ; & il le fit de la maniere suivante. « Je suis un des premiers qui passerent aux Indes, lorsqu'on en fit la découverte ; ce ne fut, ni la curiosité, ni l'intérêt qui m'engagerent à ce voyage ; le salut des infideles fut mon unique objet, & mon seul motif. Que n'ai-je pu, au prix de tout mon sang,

» racheter la perte de tant de millions
» d'ames, malheureusement sacrifiées
» à l'avarice & à l'incontinence des Es-
» pagnols ! On veut nous persuader que
» ces exécutions barbares étoient né-
» cessaires, pour punir ou empêcher la
» révolte des Indiens : mais qu'on nous
» dise par où elle a commencé cette
» révolte ? Ces peuples n'ont-ils pas
» reçu nos premiers Castillans avec au-
» tant de douceur que d'humanité ? N'a-
» voient-ils pas autant de joie à leur
» prodiguer leurs trésors, que les Es-
» pagnols d'avidité à les recevoir ? Ils
» nous abandonnerent leurs terres,
» leurs habitations, leurs richesses ; &
» notre cupidité ne fut point satisfaite :
» nous voulûmes leur ravir encore leurs
» femmes, leurs enfans, leur liberté
» & leur vie. Prétendions-nous qu'ils
» n'en dussent témoigner aucun ressen-
» timent ?

» A force de les décrier, on voudroit
» nous insinuer qu'ils ne sont pas même
» des hommes : rougissons de l'être
» moins qu'eux, & de nous montrer
» plus barbares ! Qu'ont-ils fait autre
» chose, que de se défendre contre
» d'injustes attaques ? Ce sont des bru-

» taux, des stupides, des peuples adon-
» nés à tous les vices ! Peut-on atten-
» dre d'autres mœurs, d'une nation
» privée des lumieres de l'évangile ?
» Plaignons-les ; mais ne les accablons
» pas. Tâchons de les instruire, de les
» éclairer, de les réduire sous la regle ;
» mais ne les jettons pas dans le désef-
» poir. Quoi ! les chaînes & les fers fe-
» ront-ils les premiers fruits que ces
» malheureux retireront du christianif-
» me ? Comment en faire goûter la sain-
» teté à des cœurs envenimés par la
» haine, & irrités par la perte de leur
» liberté ? Les apôtres ont porté des
» chaînes ; mais ils n'en ont point don-
» né aux peuples qu'ils ont convertis.
» C'est par la persuasion, par la dou-
» ceur, par la raison, qu'il faut prê-
» cher la foi. La violence ne fait que
» des hypocrites, & jamais de véri-
» tables chrétiens. Je demande si de-
» puis l'esclavage des Indiens, on a
» remarqué en eux plus d'empresse-
» ment à embrasser la religion ? Si leurs
» maîtres ont travaillé à les instruire ? Si
» au contraire la haine qu'ils ont pour
» leurs tyrans, ne leur rend pas encore
» plus odieux le culte qu'ils profes-
» sent ? »

Le moine finit en implorant la clémence de l'empereur, pour des sujets si injustement opprimés, & lui fit entendre que Dieu lui demanderoit compte un jour de tant d'injustices, dont il pouvoit arrêter le cours. Charles loua le zele du missionnaire, & lui promit d'apporter un prompt remede aux maux dont il avoit fait la peinture : mais ce ne fut que long-tems après, que ce prince eut le loisir d'y penser ; & alors il n'étoit plus tems, du moins par rapport à Saint-Domingue: car la haine de ses habitans devenue, avec raison, implacable, rendit leur perte malheureusement nécessaire. Les quinze mille qui restoient encore dans l'isle, quand Las-Casas parloit si vivement en leur faveur, périrent tous, à la réserve d'un petit nombre qui échappa à l'attention des Espagnols. Quelques-uns se refugierent dans des lieux inhabitables, & y subsisterent à l'abri des poursuites de leurs maîtres, qui croyoient leur race entierement éteinte. Une troupe de chasseurs les découvrit ; on les traita avec douceur ; & ces infortunés répondirent aux avances d'amitié qu'on leur fit. Ils embrasserent le christianisme ; &

s'accoutumant peu-à-peu aux usages des Castillans, ils contractèrent des mariages avec eux. Leur petit nombre ne causant plus d'ombrage, on leur permit de vivre selon leurs coutumes. Aujourd'hui ils sont tellement confondus avec les autres habitans, qu'il seroit difficile de les distinguer; & en général, on ne trouve pas un seul homme dans toute l'isle, qui descende, sans mélange, des anciens naturels du pays.

Les Castillans ayant détruit les Indiens & la plupart de leurs habitations, on vit naître, par leurs mains, quantité de villes, qui éprouverent différentes révolutions. San-Domingo, dont j'ai rapporté l'origine, fut renversée par le même ouragan qui fit périr le fameux grain d'or dont je vous ai parlé, & les vingt-un vaisseaux de la flotte Espagnole. Cette place étoit alors à l'orient du fleuve d'Ozama; Ovando la faisant rétablir, en changea la situation, & la transporta sur l'autre rive. On a blâmé cette nouvelle disposition, qui la prive d'une source d'eau excellente, dont elle jouissoit dans son premier emplacement. Celle des puits & de la riviere étant très-mal saine, on y a suppléé par des citernes.

La ville occupe un terrein parfaitement uni, & s'étend du nord au sud, le long du fleuve, dont le rivage est orné de magnifiques jardins. La mer borne la vue au midi ; & des autres côtés, la campagne est d'une beauté singuliere. Le terroir n'en est cependant pas excellent, du moins aux environs de la ville ; il est raboteux, inégal, semé de petites collines, & d'un fonds de pure argile. Aussi les Espagnols y font-ils beaucoup de briques, & de la très-belle poterie, où l'eau se conserve dans une extrême fraîcheur.

Saint-Domingue est aujourd'hui fort déchue de son ancien lustre. Ceux qui l'ont vue dans son premier état, assurent qu'elle étoit une des plus belles villes du nouveau monde. Le palais qu'Ovando y éleva pour sa demeure, étoit de la plus grande magnificence. Il fit bâtir une forteresse qui s'est conservée jusqu'à ce jour. Sa principale défense consiste dans plusieurs batteries couvertes, qui donnent sur la mer & sur le fleuve. Elles sont placées d'ailleurs sur des roches escarpées de dix-huit pieds de haut, au bas desquelles les chaloupes ne peuvent aborder, parce que les vagues y font toujours très-fortes.

Les rues de la ville étoient larges & bien percées, les maisons exactement allignées ; & l'on ne craignit pas de dire à Charles-Quint, que Sa Majesté impériale avoit habité des palais, qui n'en avoient ni les commodités, ni l'étendue, ni la richesse. La plupart étoient bâties d'une sorte de marbre, qu'on trouvoit dans le voisinage, & les autres, d'une espece de terre très-liante, qui se durcit à l'air, & dure presque autant que la brique.

Le pied des murs est baigné par la mer, & forme une espece de digue, qui met cette place à l'abri de ses fureurs. Cent soixante pieces de canon la défendent également contre toutes sortes d'attaques. La rade est assez sûre, excepté depuis le mois de juillet jusqu'au premier d'octobre, qu'il regne sur cette côte, des ouragans d'une violence extraordinaire. Les débordemens de la riviere d'Ozama ne sont ni fréquens, ni dangereux, parce que ses bords sont fort élevés. On lui attribue, ainsi qu'au voisinage de la mer, & à certains vents qui y regnent, une fraîcheur qui tempere la chaleur du climat.

Quoique les tremblemens de terre soient assez communs dans cette partie de l'isle, on a remarqué qu'ils y faisoient peu de dégâts; mais les Espagnols y sont sujets à une maladie particuliere, qu'ils appellent *pisano*: elle attaque les nerfs, qui se roidissent & se retirent ; le sang se congele dans les veines ; & les malades, après avoir beaucoup souffert du défaut de respiration, en meurent ordinairement : mais on assure qu'aucun François n'en est attaqué.

Peu de tems après la fondation de San-Domingo, on y établit un évêché qui fut depuis érigé en métropole. La partie de l'isle soumise à l'Espagne, est de ce diocese ; & l'archevêque est primat de toutes les Indes Espagnoles. Son clergé est composé d'un archidiacre, de quatorze chanoines, & d'un grand nombre d'autres prêtres qui desservent la cathédrale. La ville n'a qu'une paroisse ; & l'on n'en compte que dix-huit, dans tout le reste de la colonie. Les Franciscains, les Dominicains, les Jésuites & les religieux de la Merci y ont des maisons. Les églises en sont très-belles, sur-tout la métropolitaine, dont l'architecture superbe est encore relevée par la richesse de ses ornemens. Il y a deux hôpitatx, une université, un hôtel des monnoies, & quelques monasteres de filles. Cette ville est aussi le siége d'une audience royale, ou parlement, composée du président qui est en même tems capitaine général, de quatre conseillers, d'un procureur du roi, & d'autres officiers de judicature. Toutes les Antilles Espagnoles, & une partie de la terre ferme de l'Amérique en dépendent pour le civil ; mais en qualité de capitaine général, l'autorité du président est bornée à l'isle de Saint-Domingue. Il a sous lui un gouverneur d'armes, un major, huit aides-majors, quatre compagnies de troupes réglées, chacune de cinquante hommes, entretenus & payés par la cour, & une compagnie d'artillerie de quarante canoniers. Outre deux cens soldats que la ville fournit, il y a un corps de milice bourgeoise, qui comprend six compagnies d'Indiens, de mulâtres & de negres libres ; & toutes ces troupes ensemble font environ quinze cens hommes d'armes dans la capitale & les environs.

Avant que des conquêtes plus brillantes fissent choisir à l'Espagne un autre siége de sa grandeur & de ses forces, cette puissance avoit dans l'isle plusieurs villes considérables, qui ne sont presque plus aujourd'hui que de simples villages. Sant'Yago n'est qu'un bourg ouvert, sans fortifications, sans retranchemens, composé de trois ou quatre cens chaumieres, & d'une trentaine de maisons de brique. L'air y est excellent ; & beaucoup de malades y viennent de toutes les parties de la colonie Espagnole, pour le rétablissement de leur santé. On y trouve aussi plusieurs François, exclus de leurs habitations pour diverses aventures, & auxquels la pureté de l'air a fait choisir cette retraite.

On seme du bled dans ce canton ; & l'on y recueille, tous les ans, pour cent mille écus de tabac qui se transporte à la capitale. Les particuliers nourrissent quantité de bestiaux, dont ils font un assez bon commerce avec les François, outre celui des cuirs & des chairs salées. C'est d'eux que notre colonie tire presque toute la viande qu'elle consomme ; nous leur fournissons en échange, de quoi satisfaire aux autres besoins de la vie; car ils ne reçoivent plus rien d'Espagne; & la paresse leur ôte les ressources de l'industrie & du travail. Leur pays étant propre à la culture de l'indigo, du cacao, du coton, du rocou & du sucre, ce seroit un autre fonds de richesses, s'il étoit mieux peuplé, ou que la nation fût plus laborieuse..

Le fleuve Yaqué, qui arrose ce canton, roule dans son sable, des grains d'or, de la grosseur d'une tête d'épingle applatie, ou d'une lentille fort mince. Ceux qui font leur occupation de cette recherche, en recueillent, chaque jour, pour quatre francs ou cent sous; mais la paresse, & l'incommodité d'avoir sans cesse les pieds dans l'eau, font négliger cet avantage aux habitans.

La Conception de la Véga, que Charles-Quint avoit pris plaisir à peupler, étoit une des principales villes de l'isle Espagnole. Elle tire son origine d'un château que Christophe Colomb fit bâtir dans une plaine appellée *la Véga-Réal*. On y comptoit jusqu'à quinze mille ames, lorsqu'elle fut renversée par un tremblement de terre : de ses débris s'est formé le bourg de Véga, que les François nomment *le Begue*. Il est à sept ou huit lieues de Sant'Yago; & l'on y voit, comme dans presque toutes les villes de la domination Castillane, de petites maisons & de grandes églises. Si l'on excepte la capitale, où plusieurs bâtimens particuliers se ressentent encore de son ancien lustre, toutes les autres places n'offrent, pour logement, que des chaumieres, où l'on est à peine à couvert ; & dans la capitale même, lorsque les anciennes maisons tombent de vieillesse, ou par accident, il ne se fait plus d'autres édifices.

La nourriture répond à la simplicité du logement. « Ces gens-ci sont les
» hommes du monde qui vivent à moins
» de frais, me disoit un François qui a
» passé plusieurs années parmi eux : ils
» font leurs repas de fruits, de lait & de
» racines ; & le chocolat supplée à ce
» qui manque à ces alimens champê-
» tres. Ils ne s'occupent à rien pendant
» tout le jour, & n'imposent pas même
» de travail pénible à leurs esclaves.
» Leur tems se passe à jouer ou à se
» faire bercer dans leurs hamacs. Quand

» ils font las de dormir, ils se met-
» tent à chanter, & ne sortent de leur
» lit, que lorsque la faim les en arra-
» che. Pour aller prendre de l'eau à la
» riviere ou à la fontaine, ils montent
» à cheval, n'eussent-ils que vingt pas
» à faire pour y arriver ; & il y a tou-
» jours un cheval sellé & bridé pour
» cet usage. La plupart méprisent l'or,
» sur lequel ils marchent, & se moc-
» quent des François, qu'ils voient pren-
» dre beaucoup de peine pour amasser
» des richesses, dont ils n'auront pas le
» tems de jouir. Ce n'est pas seulement
» chez eux, qu'ils gardent cette modé-
» ration ; ils viennent souvent dans nos
» quartiers avec un grand train de che-
» vaux ; & rarement on les voit entrer
» dans les hôtelleries. Ils campent le
» long des chemins, laissent paître ces
» animaux dans les champs, se mettent
» à couvert sous des barraques qu'ils
» dressent à la hâte, & vivent de viande
» boucannée, de bananes qu'ils trou-
» vent par-tout, & toujours de leur
» chocolat.

» Le soin de cultiver leur esprit ne
» les occupe pas davantage ; ils sont
» d'une ignorance extrême ; à peine

» connoissent-ils le nom de leur an-
» cienne patrie, avec laquelle ils n'ont
» presque plus de commerce. Comme
» ils ont mêlé leur sang, d'abord avec
» les insulaires, ensuite avec les negres,
» ils sont aujourd'hui de toutes les cou-
» leurs, à proportion qu'ils tiennent de
» l'Européen, de l'Africain, ou de l'A-
» méricain. Aussi leur caractere par-
» ticipe-t-il de ces trois nations ; c'est-
» à-dire, qu'ils en ont contracté tous
» les vices. On leur attribue néanmoins
» quelques vertus, sur-tout un profond
» respect pour la religion, qu'ils sça-
» vent allier avec un libertinage ex-
» cessif, & cette espece de charité qui
» intéresse le cœur au besoin d'autrui.
» Il se trouve, sur les frontieres, quan-
» tité de fainéans François, qui courent
» le pays pour vivre d'aumônes : mal-
» gré l'ancienne animosité des deux na-
» tions, ils sont très-bien traités dans
» la partie Espagnole ; & l'on s'y retran-
» cheroit plutôt le nécessaire, que d'y
» laisser rien manquer à ceux qui de-
» mandent des secours ».

Les Espagnols, maîtres de plus de la
moitié de l'isle de Saint-Domingue, en
possedent le meilleur terrein le long

des côtes ; mais ils en tirent peu de profit, comme vous l'avez vu, parce qu'ils en négligent la culture. Le milieu du pays, occupé par une longue chaîne de montagnes, est presque désert. Il en sort une infinité de rivieres ; mais la plupart ne peuvent passer que pour de simples ruisseaux ou des torrens. L'eau en est agréable, & même salutaire ; mais si vive & si fraîche, qu'il en faut boire avec discrétion ; & il est même dangereux de s'y baigner. Quelques-unes de ces rivieres sont d'une largeur assez considérable, & plusieurs charrient des grains d'or avec le sable.

Les voyageurs vantent deux lacs, dont ils rapportent diverses singularités : celui de Xaragua a dix-huit lieues de long, & deux ou trois de large ; & ses eaux sont salées, comme celles de la mer. On y pêche des poissons de la premiere grandeur, les mêmes qu'on trouve dans l'Océan, à l'exception des baleines & de quelques autres de cette nature. Le second lac, célébré par les Castillans, est sur la cime d'une très-haute montagne. Le gouverneur Ovando en ayant entendu faire des récits merveilleux, donna la commission de le visiter à deux officiers de réfolution. Le mont eft fi élevé & fi roide, que les deux obfervateurs eurent beaucoup de peine à gagner le fommet. Outre la laffitude, ils furent arrêtés par un grand bruit qui les effraya. Le froid étoit exceffif, le chemin toujours plus difficile ; & à mefure qu'ils montoient, le bruit devenoit plus terrible. Il arriverent enfin au haut de la montagne, où ils découvrirent le lac en queftion ; mais ils n'eurent pas la hardieffe d'en approcher : le bruit, qui croiffoit toujours, leur caufa tant d'épouvante, qu'ils ne penferent qu'à s'en retourner. Voilà tout ce qu'on a pu favoir de ce lac fameux, dont les Caftillans, auffi fuperftitieux que crédules, ont raconté & cru beaucoup de fables.

Dans ce moment, j'entends crier *terre* : un matelot vient de découvrir les côtes de Saint-Domingue ; la curiofité m'appelle fur le tillac ; je reviendrai finir ma lettre. . . . . . . Que cette ifle offre un coup d'œil agréable ! Une vafte plaine, d'immenfes prairies, des habitations bien cultivées, des jardins plantés, les uns d'indigo, les autres de cannes à fucre, rangés avec symmétrie ; l'horison borné, ou par la mer, ou par des montagnes couvertes de bois, qui s'élevant en amphithéatre, forment une perspective variée ; des chemins tirés au cordeau, bordés par des haies vives de citronniers & d'orangers ; mille fleurs qui réjouissent la vue & parfument l'air : voilà, Madame, les objets charmans, que présente, de loin, l'aspect riant de l'isle de Saint-Domingue, où je suis au moment d'arriver.

Je suis, &c.

Près de l'isle Saint-Domingue, ce 21 *juin* 1750.

LETTRE CXXV.

SUITE DE SAINT-DOMINGUE.

Vous avez vu les Castillans, après avoir fait la découverte de cette isle, se rendre maîtres du pays, le dévaster, en massacrer les habitans, y fonder une colonie, bâtir des villes & y établir une puissance que le tems, des conquêtes plus importantes, & l'extrême paresse des Espagnols ont presque détruite.

Une scene nouvelle va s'offrir à vos regards : ce sont les François qui vont y figurer. Voyez-les s'élever sur les débris des Castillans, & former, dans la partie du nord, une des plus riches, des plus florissantes colonies du nouveau monde. Elle doit son origine à la hardiesse désespérée d'un peuple nouveau, que le hasard composa d'Anglois, de Bretons, & sur-tout de Normands. Leur union & leur origine furent à peu près celle des anciens Romains; leur courage fut plus impétueux & plus terrible.

Vous voyez qu'il s'agit de ces flibustiers, dont je vous ai tant parlé dans ma lettre fur la Jamaïque. Ils vinrent s'établir, comme je l'ai dit, fur les côtes feptentrionales de l'ifle Efpagnole. Les uns continuerent à courir les mers; les autres firent leur occupation de la chaffe; quelques-uns s'attacherent à la culture des terres; mais rien ne contribua plus au fuccès de cet établiffement, que le fecours des vaiffeaux François, qui commencerent à le vifiter. Les Normands fur-tout y arriverent, comme dans le dixieme fiecle ils alloient à la conquête de l'Angleterre, &, dans le douzieme, à celle de la Pouille. Ils amenoient des *engagés* qu'ils vendoient pour trois ans, & dont on tiroit les mêmes fervices que des negres. Dans l'occafion on les employoit à la guerre: il s'en trouva même de fort braves, & d'affez habiles, pour faire une fortune immenfe, après s'être délivrés de la fervitude.

A l'égard des chaffeurs ou boucaniers, ils n'avoient point d'autres demeure, que ce qu'ils nommoient leurs *boucans* : c'étoient de petits champs

SUITE DE S. DOMINGUE. 95
défrichés, où ils avoient des claies pour boucaner la viande, un espace pour étendre les cuirs, & des barraques, dont toute la commodité se réduisoit à les mettre à couvert de la pluie & des ardeurs du soleil. Comme ils n'avoient ni femmes ni enfans, ils étoient dans l'usage de s'associer deux à deux pour vivre ensemble, & se rendre réciproquement toutes sortes de services. Les biens étoient communs entr'eux, & demeuroient à celui des deux qui survivoit à l'autre. La droiture & la franchise étoient si bien établies, non-seulement entre les deux associés, mais d'une société à l'autre, que ce qu'on ne trouvoit pas chez soi, on l'alloit prendre librement chez ses voisins, sans autre assujettissement, que d'en demander la permission ; & l'on ne connoissoit d'ailleurs d'autres loix, qu'un bizarre assemblage de conventions, dont la coutume faisoit toute l'autorité.

Les boucaniers se croyoient affranchis de toute obligation précédente, par le baptême de mer, qu'ils avoient reçu au passage du tropique. La religion même conservoit si peu de droits sur eux, qu'à peine se souvenoient-ils du dieu de leurs peres. Il y a apparence que s'ils se fuſſent perpétués dans cet état, juſqu'à la ſeconde ou troiſieme génération, ils euſſent eu moins de connoiſſance du ciel, que les Caffres, les Hottentots & les Caraïbes. Ils avoient quitté juſqu'au nom de leurs familles, pour y ſubſtituer des ſobriquets, dont la plupart ont paſſé à leurs deſcendans. Cependant ceux qui ſe marierent dans la ſuite, ſignerent leurs véritables noms; & c'eſt ce qui a donné lieu à ce proverbe, dans le pays: « qu'on ne connoît bien les gens, qu'au tems du mariage ».

L'habillement des boucaniers conſiſtoit en une chemiſe teinte du ſang des animaux qu'ils avoient tués, un caleçon encore plus ſale, une courroie qui leur ſervoit de ceinture, & d'où pendoit un grand couteau dans une large gaîne. Leur chapeau étoit ſans bord, excepté ſur le devant, d'où ils en laiſſoient pendre un bout pour le prendre. Ils ne ſe ſervoient point de bas; leurs ſouliers étoient de peau de cochon; & leur arme, un grand fuſil qui portoit des balles de ſeize à la livre.

Chacun avoit, à ſa ſuite, un certain nombre

nombre d'engagés, & une meute de vingt ou trente chiens, parmi lesquels il y en avoit toujours un qui alloit devant, & conduisoit toute la troupe. Dès que la proie étoit éventée, les autres chiens accouroient, & l'arrêtoient en aboyant autour d'elle, jusqu'à ce que le boucanier fût posté pour la tirer. La bête étoit écorchée sur le champ; & le maître en prenoit un des plus gros os, qu'il cassoit pour en sucer la moëlle. C'étoit le déjeûné ordinaire des boucaniers : ils abandonnoient les autres os à leurs engagés. On continuoit la chasse, jusqu'à ce qu'on eût tué autant de bêtes, qu'il y avoit de personnes. Ces gens ne connoissoient point d'autre nourriture : du piment avec un peu de jus d'orange, en faisoit tout l'assaisonnement. La table étoit une pierre ou un tronc d'arbre : de l'eau claire pour toute boisson, & nulle sorte de pain. L'occupation d'un jour étoit celle de tous les autres, jusqu'à ce qu'on eût rassemblé le nombre de cuirs qu'on s'étoit engagé à fournir aux marchands. Tels étoient les boucaniers de Saint-Domingue, qui, avec les flibustiers, les colons & les engagés, composoient la nouvelle colonie. C'est du mélange de ces quatre sortes d'habitans, que se forma le corps, auquel on donna le nom d'aventuriers.

La nécessité de se défendre contre les Espagnols, allarmés de leur voisinage, les fit penser à se choisir un chef. Ils déférerent le commandement à un protestant, nommé *le Vasseur* : c'étoit un homme brave, & qui passoit pour habile dans toutes les parties du génie. Il soutint cette réputation, par la maniere dont il se défendit, soit dans la petite isle de la Tortue, soit dans la grande isle de Saint-Domingue. Heureux s'il eût gouverné sa colonie avec autant de modération, qu'il avoit montré de valeur & de conduite ! Mais lorsqu'il se crut à couvert des dangers du dehors, il compta pour rien l'affection de ceux qui étoient sous ses ordres ; & bientôt il s'attira leur haine. Il commença par les catholiques, auxquels il interdit tout exercice de leur religion. Il fit brûler leur chapelle, & chassa deux prêtres qui la défervoient. Il ne traita guère mieux les protestans, qu'il chargea d'impôts & de corvées ; il mit des taxes excessives sur toutes les denrées, & exerça enfin une véritable tyrannie. Les fautes les plus légeres étoient toujours punies avec excès. Il avoit fait faire une cage de fer, où l'on ne pouvoit être de bout ni couché, & qu'il nommoit son enfer : c'étoit assez de lui avoir déplu, pour y être enfermé. On n'étoit guère plus à son aise dans un certain donjon, qu'il appelloit son purgatoire. Cependant, malgré la dureté de son gouvernement, il sçut tourner avec tant d'adresse l'esprit de ses sujets, en leur faisant envisager cette petite république, comme un asyle pour tous les huguenots qui voudroient faire profession libre de leur secte, qu'ils consentirent à le reconnoître pour leur prince. Il jouit pendant quelques années de ce titre imaginaire, qui fut enfin étouffé dans son sang par la main d'un homme, à qui il avoit enlevé sa maîtresse.

La cour de France feignit long-tems d'ignorer les entreprises de ces aventuriers contre les Espagnols, & désavoua leur conduite, ne jugeant pas à propos de se brouiller avec l'Espagne, pour un pays qu'elle n'étoit pas sûre de garder. Mais lorsqu'elle vit qu'ils étoient assez nombreux, assez forts & assez riches pour tenir tête à leurs ennemis, elle les avoua pour ses sujets, & leur envoya un corps de troupes régulieres, pour les aider à conserver leurs conquêtes. Fontenai, chevalier de Malthe, fut nommé par la cour, pour régir ce petit état, en qualité de gouverneur de la Tortue & de la côte de Saint-Domingue : c'est le premier François qui été revêtu de ce titre.

Des qualités médiocres n'auroient pas suffi, pour inspirer le goût de l'ordre à des gens d'un caractere si singulier, & en former une colonie réglée. D'Ogeron, qui sucéda au chevalier de Fontenai, possédoit au plus haut degré, celles qui convenoient à cette grande entreprise. Sa mémoire est encore en vénération à Saint-Domingue, où il passe pour le véritable fondateur de cet établissement. Son peuple n'étant pas à portée de ravir des épouses, comme on l'a dit des compagnons de Romulus, il fit venir cent filles de France, pour marier les habitans. Ce n'étoit pas assez, pour perpétuer une association devenue nombreuse : deux hommes tiroient au dez une fille ; le gagnant l'épousoit ; &

le perdant n'avoit droit de vivre avec elle, que quand le premier étoit occupé ailleurs.

Quoique cet envoi ne fût pas confidérable, on ne laiffa pas de remarquer bientôt un grand changement : mais fi ces femmes communiquerent à leurs maris un peu de toutes les vertus qui font naturelles à leur fexe, ceux-ci leur infpirerent, à leur tour, quelques-unes de celles qui font plus propres aux hommes; & l'on prétend qu'elles ont porté fort loin la valeur militaire. La facilité qu'elles trouverent à fe marier, en attira d'autres; & fi le miniftere eût fecondé les vues & répondu aux demandes du gouverneur, la colonie feroit encore plus peuplée. Elle continua de lui devoir fes accroiffemens; & après fa mort, on y trouva fept à huit mille perfonnes, dont la moitié pouvoit être employée aux expéditions les plus difficiles. Elles étoient entretenues dans une vigilance continuelle, par la crainte des Efpagnols, qui ne ceffoient de les regarder comme des corfaires. La France fermoit les yeux fur leurs pirateries, parce qu'ils gagnoient toujours du terrein ; & à la fin elle acquit un droit légitime fur une partie de l'ifle de Saint-Domingue, par la ceffion que lui fit l'Efpagne au traité de Rifwick.

Une des caufes qui contribuerent encore à l'aggrandiffement de cette colonie, fut la prife de S. Chriftophe par les Anglois, en 1690. Une partie de fes habitans François, transférée dans les autres ifles, & fpécialement à Saint-Domingue, y porta, dit-on, de la politeffe, des fentimens d'honneur & des principes de religion, qui n'y étoient point connus : on prétend que de tous nos établiffemens dans les ifles de l'Amérique, celui de Saint-Chriftophe avoit toujours été le mieux policé ; & il étoit paffé en proverbe aux Antilles, que la nobleffe étoit à Saint-Chriftophe, les bourgeois à la Guadeloupe, les foldats à la Martinique, & les payfans à la Grenade.

Quelques années avant cette époque, on avoit fongé à régler l'adminiftration de la juftice à Saint-Domingue. Jufques-là, elle n'étoit rendue que par des officiers militaires, qui n'avoient aucune connoiffance des loix. On créa un confeil fupérieur & des fiéges royaux. A l'égard du gouvernement fpirituel, vous avez vu l'état de la religion sous les boucaniers : lorsqu'ils commencerent à sortir de leur barbarie, à mesure qu'une paroisse se formoit, elle étoit desservie par le premier prêtre qui venoit se présenter. Plusieurs passerent entre les mains des Capucins; mais l'air du pays se trouva si contraire à l'habillement, & au genre de vie de ces religieux, qu'ils y mouroient presque tous. Ils demanderent la liberté de se retirer; & les Jésuites ne dédaignerent pas de leur succéder. Ils partagerent leurs dépouilles avec les Dominicains, qui eurent les paroisses des côtes du sud & de l'ouest. Il y a cependant encore quelques Capucins mêlés avec les Jacobins.

La tranquillité générale, rendue à l'Europe & à l'Amérique par le traité d'Utrecht, mit la colonie Françoise de Saint-Domingue en état de se peupler & de s'établir plus solidement. Alors les flibustiers se voyant réduits à l'oisiveté, se disperserent. L'Angleterre & la France cesserent de les protéger, quand elles n'eurent plus besoin d'eux; & après qu'ils eurent causé presque autant de mal aux Espagnols, que ceux-ci en avoient fait aux Américains, les uns allerent jouir, dans leur patrie, de leurs richesses ; les autres moururent des excès où ces richesses les entraînerent ; la plupart se répandirent dans les habitations, & devinrent plus utiles par leur travail, qu'ils ne l'avoient été par cette longue suite d'expéditions, qui feront l'étonnement de la postérité.

Bientôt après, ce pays fut érigé en gouvernement général, avec le titre, pour celui qui commande, de gouverneur des isles Sous-le-vent. On y nomma, dans la suite, un intendant ; & c'est communément au Cap-François, capitale de la Colonie, que l'un & l'autre font leur résidence. Dans ces deux officiers est renfermée une jurisdiction particuliere, nommé le *tribunal d'attribution commune*. Elle consiste à connoître exclusivement des contestations qui peuvent s'élever au sujet des concessions accordées par le roi ; concessions qui font le premier fondement de toute propriété dans la colonie. On conçoit les abus d'une jurisdiction composée de deux Juges, qui, quand ils se trouvent d'avis différens, n'ont aucuns moyens de conciliation, ni aucunes loix fixes pour appuyer leurs jugemens.

Le Cap, qui, dans les commencemens, n'étoit qu'un amas fortuit de cabanes, est aujourd'hui une ville assez grande, bâtie sur la côte septentrionale, au pied d'une chaîne de montagnes qui l'environnent en partie, & lui font une espece de couronnement. Elles sont, ou cultivées par les habitans, ou couvertes de bois, & forment un amphithéatre varié & agréable. Un des côtés de cette place s'étend le long de la rade, qui peut avoir trois lieues de circuit : c'est une espece de baye, qui n'est ouverte qu'au vent du nord, & dont l'entrée est défendue par un fort taillé dans le roc. Cette forteresse, bien munie d'artillerie, s'avance dans la mer, & y forme un promotoire o. Cap, d'où la ville tire son nom. Le port est rempli de bâtimens de toute espece : il n'en vient pas moins de cinq cens, chaque année, qui l'entretiennent dans un mouvement continuel, & lui donnent un air très-animé. Les rues sont allignées & se coupent, dans les traverses, à angles droits : elles ont plus de trente pieds de largeur ; & il y a, dans le centre, une belle place, en face de laquelle est l'église paroissiale; au milieu, une fontaine, & sur les extrémités, des allées d'arbres, qui donnent de la fraîcheur & de l'ombre. Les maisons sont basses, & bâties pour la commodité du commerce. Les principaux édifices sont les casernes, & un grand magasin sur le bord de la mer, où le conseil supérieur & la justice ordinaire tiennent leurs séances. La garnison, les gens de loix, l'amirauté, l'état major, les négocians, les créoles & les negres composent un nombre d'environ dix mille habitans. A une demi-lieue de la ville, est un hôpital desservi par les freres de la Charité, un médecin du roi, un chirurgien major, &c.

Les possessions Françoises, dans l'isle de Saint-Domingue, sont partagées en différens quartiers. Celui du Cap occupe une plaine longue de vingt lieues, & large de quatre. Elle est bornée au nord, par la mer, & au midi, par une chaîne de montagnes, où se trouvent des vallées également agréables & fertiles. Ces montagnes même n'ont rien d'affreux; la plupart ne sont pas d'une hauteur extraordinaire: plusieurs sont fort habitables, & peuvent être cultivées jusqu'à la cime. La plaine contient cinq ou six paroisses, nommées la petite Anse, le quartier Morin, la Limonade, le Trou, l'Acul, le Morne-rouge, &c. Il y a d'autres lieux, voisins ou éloignés du Cap, appellés Dondon, Margot, le Borgne, Pilate, le Four, le Morne-en-Diable, Marmelade, Jaquemel, Massacre, & autres noms semblables, qui se ressentent presque tous de la basse grossiéreté des premiers habitans. Ce n'est pas qu'il n'y ait aussi quelques noms distingués; mais ils sont rares, & viennent des Espagnols, tels que Coridon, Artibonite, Guanaminte, Tiburon, &c.

On vante beaucoup la bonté du terrein, l'excellence des productions, la multitude des eaux, la beauté des chemins; la quantité de sucreries, de rafineries; les riches récoltes de coton, d'indigo, de caffé, de tabac; le nombre enfin & l'étendue des plantations qui couvrent toute l'immensité de cette plaine. C'est un des quartiers de la colonie les plus anciennement habités : les fonds de terre y sont admirables. La plupart des propriétaires demeurent en France, & font régir leurs biens par des procureurs & des économes.

Toute la plaine du Cap est coupée par des chemins de quarante pieds de large, tirés au cordeau, & presque tous bordés de haies de citronniers, chargées de fruits, & assez épaisses pour servir de barrieres contre les bêtes. Divers particuliers ont aussi planté de longues avenues d'arbres, qui conduisent à leurs habitations. Les ruisseaux qui tombent du haut des rochers, & serpentent de toutes parts, roulent des eaux d'une fraîcheur surprenante : aussi les habitans n'ont-ils pas de remede plus sûr contre les effets d'une excessive chaleur, que d'aller respirer l'air, & boire de l'eau des montagnes. Ils peuvent, à peu de frais, la changer en limonade ; il se trouve des citrons sur tous les grands chemins ; & le sucre est très-commun.

Outre l'avantage d'une extrême fertilité, on prétend que cette plaine a diverses sortes de mines : mais pour les cultivateurs, & pour l'état même, le sucre & l'indigo sont peut-être plus profitables, que les mines d'or & d'argent. Le sucre seul produit un revenu de plus de six millions. Les profits de l'indigo sont évalués à la moitié. Ceux du tabac feroient encore plus confidérables, fi la vente de celui de Saint-Domingue n'étoit pas défendue en France. Le caffé eft une autre denrée, dont on fait un très-grand commerce.

La ville de Léogane, fituée dans la partie méridionale de la colonie, paffe avec raifon, pour une des principales de cette ifle. Elle doit fon origine aux Efpagnols qui la fonderent fous le nom de *Sancta Maria de la Vera-Paz*; Mais celui d'Yaguana, que les fauvages donnoient au lieu où elle eft placée, a prévalu dans l'ufage; & les François en ont formé celui de *Léogane*. Elle occupe le fond d'un golphe, où il y a un port paffable, & un fort pour fa défenfe. Sa fituation eft regardée comme peu avantageufe: fes environs font marécageux; ce qui en rend l'air mal-fain, fur-tout pour les Européens. L'extrême chaleur qui y regne, jointe aux excès qui s'y commettent en tous genres, occafionne des maladies dangereufes, qui moiffnent tous les ans beaucoup de monde. C'eft là néanmoins, que réfident affez fouvent, le gouverneur & l'intendant, & que fe tient, pour la partie méridionale, un confeil fupérieur, qui, avant qu'on établît celui du Cap, étoit le feul de toute la colonie. L'intendant eft le préfident né de ces deux cours fouveraines. Elles fe réuniffent dans les affaires publiques, où la feconde vient fe joindre à la premiere par députation. De tout tems, un nombre choifi parmi les citoyens les plus riches, les plus integres, les plus éclairés, s'étoient diftraits, pendant la plus grande partie de l'année, du foin de leurs affaires, pour venir, loin de leur habitation, rendre gratuitement & à leurs propres frais, la juftice aux peuples. Dans le lieu de leur fejour, on les a vus prévenir les procès, concilier les intérêts communs, & s'occuper d'une bienfaifance habituelle. Leurs mœurs auffi élevées, mais plus douces que celles du militaire, ont adouci celles des cantons qu'ils ont habités.

Le confeil fupérieur & la juftice ordinaire s'étoient avifés de gratifier le roi du titre de *prince de Léogane*, & ne manquoient jamais de le lui donner, dans leurs arrêts, après les qualités de roi de France & de Navarre. La cour les a remerciés de ce préfent, avec défenfe de rien ajouter, fans un ordre exprès, aux titres de fa majefté.

Comme il y a ici des tribunaux de judicature toujours exiſtans, ne conviendroit-il pas qu'il y eût également un corps de milice à demeure, qui diſpensât d'y envoyer, tous les deux ou trois ans, de nouveaux bataillons ? Ce ſeroit une carriere ouverte à la jeuneſſe créole, que ſon inclination porte naturellement au maniement des armes. Le pays, qui a bien changé la face de ſon origine, offre un bon choix à faire, quand on conſultera plutôt la voix publique, que la faveur, & qu'on n'accordera pas plus à l'opulence qu'au mérite. Le roi d'Eſpagne envoie, en tems de guerre, des régimens à Saint-Domingue ; mais il y a un fonds de troupes attaché à la colonie, & qui y reſte : cette conduite eſt d'autant plus ſage, que les maladies qu'occaſionne la révolution du climat, coûtent la vie à plus du ſixieme des ſoldats qui y arrivent. Ce n'eſt que par ſucceſſion de tems, & après un long ſéjour, qu'on peut accoutumer les nouveaux venus aux vivres du pays. Cette nourriture étrangere leur cauſe des maux d'eſtomac, qui dégénerent en hydropiſie, & les rend d'ailleurs peu ſuſceptibles de fatigue. Les créoles mêmes s'y habituent difficilement ; & une couleur livide désigne toujours ceux qui en font usage. Jugez de la difficulté d'y réduire, dans un cas de nécessité, des hommes qui n'y seroient pas faits : ce seroit un hôpital ambulant, dont on ne tireroit aucun service. Mais quand il seroit possible de les y accoutumer, le sol ne produit pas même assez de cette nourriture, pour la subsistance de ceux à qui elle est propre, & que les sécheresses fréquentes réduiroient souvent à la famine, sans les ressources d'Europe. Cette rareté des denrées produit la chereté ; & la chereté augmente le désagrément des troupes dans un pays, où la pauvreté du militaire contraste, d'une maniere humiliante, avec l'aisance, la richesse, le luxe des autres habitans.

On prétend que les terres où est située Léogane, furent autrefois érigées en principauté, en faveur d'une fille naturelle de Philippe III, roi d'Espagne, qui y finit ses jours. On y voyoit encore, il y a quelques années, les restes d'un château, où l'on dit que cette princesse faisoit sa résidence : les habitans les ont démolis, pour faire servir les briques à leurs usages. Ce château étoit bâti dans un lieu nommé le *grand Boucan*, parce que les boucaniers s'y rassembloient au retour de leur chasse, pour y préparer la chair des animaux qu'ils avoient tués.

Le terrein, qu'on nomme ici proprement la plaine de Léogane, a moins d'étendue que celle du Cap. C'est un pays uni, que les rivieres qui l'arrosent, rendent fertile en sucre, en indigo, en caffé, en fruits, légumes, & autres productions qui passent pour les meilleures de l'isle. La chaleur y est si grande, qu'elle bruleroit les potagers, si l'on n'avoit soin d'élever, sur les planches nouvellement semées, des especes de toits couverts de broussailles; qui, sans les priver d'air, les défendent de l'ardeur du soleil.

Je vous ai nommé, Madame, les deux villes de la colonie Françoise de Saint-Domingue, qui peuvent en être regardées comme les capitales, l'une dans la partie du nord, & l'autre dans celle du sud. Il en est de moins considérables, qui occupent les mêmes contrées, telles que port-Plate, le port Margot, Saint-Marc, le port de Paix, & la pointe Saint-Louis, au septentrion; le grand & le petit Gouave, le port au Prince, les caps Mongon, Dame-Marie, Tiburon; le fond de l'isle à Vache, la Caye saint Louis, le fort Dauphin, l'Esterre, le Cul-de-Sac, &c, au midi. Je ne dis rien de plusieurs petites isles Françoises & Espagnoles, qui environnent Saint-Domingue, & en sont comme les annexes. Les principales sont la Soana, la Beata, Sainte-Catherine, Altavela, Avache, la Gouave & la Tortue. Vous avez vu que cette derniere a été le premier séjour des François, & comme le berceau de la colonie. Son nom lui vient de ce qu'étant vue de loin, elle a la forme d'une tortue. Sa longueur, de l'orient à l'occident, est de sept lieues; & sa largeur de deux, du septentrion au midi. La partie du nord est escarpée & environnée de rochers à fleurs-d'eau, qui la rendent inaccessible. Le côté du sud est plus uni. Il se trouve une montagne dans le milieu de l'isle, qui la traverse dans toute sa longueur, en s'abaissant insensiblement, & laissant une certaine étendue de terrein, propre à être cultivé. Il y a de fort beaux bois, & quantité d'arbres fruitiers, tels que des orangers, des citronniers, des bananiers, &c. On n'y voit point de riviere, mais seulement quelques sources, qui ne suffiroient pas pour fournir l'eau nécessaire, si la Tortue étoit encore habitée. Aussi étoit-on obligé autrefois, de boire de l'eau de pluie que l'on conservoit dans des cîternes. L'isle à Vache fut aussi très-fréquentée par les flibustiers qui en faisoient leur rendez-vous, pour le partage de leur butin.

Les habitans des villes Françoises de Saint-Domingue, & spécialement ceux des capitales, sont riches, prévenans, affables, généreux, compatissans, francs, sinceres, & d'une bonne société. Plusieurs vivent dans une magnificence qui ne le cede à aucun de nos plus grands seigneurs; mais quelque immense que soit leur fortune, ils sçavent se mettre à l'abri de l'envie, par le bon usage qu'ils en font, & l'hospitalité qu'ils exercent envers ceux qui nouvellement arrivés, & manquant de connoissances, se trouvent dans le cas de les réclamer. Cette vertu est l'héritage qu'ils ont conservé le plus entier de ces anciens aventuriers, auxquels la plupart doivent leur origine. On croit la respirer avec l'air de Saint-Domingue. Les Indiens la portoient déja fort loin avant la conquête; les Espagnols l'ont pratiquée comme eux; & les François ne le cedent ni aux uns ni aux autres. Il n'est pas jusqu'aux negres, qui ne s'y distinguent d'une maniere admirable pour des esclaves, à qui l'on fournit à peine les nécessités de la vie. Un étranger peut voyager dans l'intérieur des terres; il suffit de porter un extérieur décent, qui annonce de l'honnêteté, pour être bien reçu d'habitations en habitations. S'il est dans le besoin, on lui donne libéralement de quoi continuer son voyage: si c'est une personne de naissance, qui soit dans l'infortune, l'empressement est général pour lui offrir un azyle: on ne lui laisse point l'embarras d'exposer sa situation; chacun le prévient. Il ne doit pas craindre de se rendre importun par un trop long séjour; on ne se lasse point de le voir: negres, chevaux, voitures, tout est à sa disposition; & s'il part, on lui fait promettre de revenir aussi-tôt qu'il sera libre. On m'a nommé des particuliers, qui, dès qu'un vaisseau arrivoit de France, alloient sur le rivage voir débarquer les passagers, pour les conduire dans leurs maisons, & les y retenoient jusqu'à ce que le tems, leurs conseils, leurs soins & leurs secours leur procurassent des établissemens avantageux.

La charité est la même pour les orphelins : jamais le public n'en demeure chargé ; les plus proches parens ont la préférence ; & à leur défaut, ce sont les parains & les maraines qui en prennent soin. Si cette derniere ressource manque encore à quelque malheureux enfant, le premier qui peut s'en saisir, regarde comme un bonheur de l'avoir chez soi, & de lui servir de pere.

Les femmes de Saint-Domingue sont, en général, jolies, blanches, de belle taille, & remplies de graces. On les accuse d'être galantes ; mais c'est, dit-on, pour se venger du goût trop marqué, qu'ont leurs maris pour les négresses. Elles sont d'ailleurs très-inconstantes, & sujettes à des coups de caprice, qui feroient périr de jalousie tout autre qu'un François, qui auroit le malheur de s'attacher à elles. Mais cette passion est heureusement peu connue dans ce pays, où il y a toujours mille ressources contre une infidélité.

L'activité industrieuse des habitans François de Saint-Domingue, a tiré le parti le plus avantageux de leurs établissemens, & les a conduits à des fortunes rapides. Il regne par-tout un air d'opulence, qui frappe les étrangers. On y voit près de quinze cens, tant sucreries que rafineries : ce commerce est immense, & fournit chaque année à l'exportation de plus de quatre cens navires, qui reviennent chargés de marchandises de France. Outre les autres cultures dont j'ai parlé, celles qu'on pourroit encore introduire, augmenteroient les branches de ce négoce, telles que les productions de l'Inde & du continent de l'Amérique méridionale, qui se naturaliseroient ici très-facilement. Mais c'est par l'indigo & le tabac, qu'on commence, pour l'ordinaire, les habitations ; parce que ces manufactures ne demandent pas un grand attirail, ni beaucoup de negres, & qu'elles mettent les particuliers en état de faire des sucreries : avantage auquel ils aspirent tous, non-seulement pour le profit qu'elles rapportent, mais encore parce qu'elles les mettent au rang des notables ; au lieu que l'indigo seul ou le tabac les retiennent dans la claſſe des petits habitans.

Le bois de conſtruction abonde dans toutes les parties de l'iſle; il eſt, de ſa nature, compacte, dur & peſant; mais ſon poids diminue à meſure qu'il perd de ſon humidité; & on le dit à l'épreuve de la piquure des vers, dont il ne peut être endommagé. On pourroit faire, avec l'écorce d'un arbuſte connu ſous le nom de *mahot*, de meilleurs cordages, que ceux qu'on fabrique en Europe pour les agrêts des vaiſſeaux; & l'on tireroit de divers arbres réſineux, une gomme qui tiendroit lieu de gaudron. Outre les mines d'or & d'argent, celles de fer, d'acier & de cuivre y ſont communes; mais on ne les exploite plus; & l'on juge qu'il eſt plus avantageux de cultiver des denrées précieuſes, dont le débit eſt plus prompt & plus lucratif, que le produit des métaux. Cette région enfin ſemble avoir été particuliérement favoriſée de la nature, non-ſeulement par les productions qui lui ſont particulieres, mais par la facilité avec laquelle on y voit réuſſir toutes celles des autres pays.

La mer & les rivieres fourniſſent

d'excellens poiſſons : mais elles ſont remplies de crocodiles, appellés ici, comme dans toute l'Amérique, des *caimans*. On aſſure qu'ils ont un inſtinct admirable, pour aller chercher leur proie juſques dans les forêts, où ils dreſſent des embûches aux animaux qu'ils veulent ſurprendre. La nature leur apprend à les ſaiſir par le muſeau, pour leur ôter la reſpiration; & ils les entraînent enſuite au fond de l'eau. Quand un cheval ſauvage entre dans une riviere, il hennit & frappe du pied, comme pour épouvanter ſon ennemi, & l'obliger à faire quelque mouvement qui ſerve à le découvrir. Les chiens de chaſſe ont le même inſtinct : ils s'arrêtent au rivage, jappent de toutes leurs forces; & s'ils s'apperçoivent de quelque agitation, ils ſe privent de boire, & quittent leurs maîtres, plutôt que de s'expoſer à être dévorés.

Le lamentin eſt un autre animal qui ſe pêche dans les fleuves & les mers de Saint-Domingue. Chriſtophe Colomb, qui donnoit volontiers dans le merveilleux, pour rendre ſes découvertes plus célebres, le prit pour la ſyrene des anciens. Le lamentin n'a jamais chanté;

il

il jette des larmes & se plaint, lorsqu'on le tire à terre; & c'est de-là que lui vient le nom qu'il porte. Deux nageoires qu'il a sur les deux épaules, à peu près de la figure de deux mains, & dont il se sert également pour nager, & pour tenir ses petits, l'ont fait nommer *manati* par les Espagnols. Si l'on en croit ces derniers, on a vu des lamentins si familiers, qu'on les attiroit en les appellant. On les chargeoit comme des chameaux; & ils portoient paisiblement leur fardeau, jusqu'à l'autre rive. Ils mangeoient ce qu'on leur donnoit à la main, & suivoient, jusques dans les maisons, ceux qui les nourrissoient. Ils jouoient avec les enfans, & paroissoient prendre beaucoup de plaisir à la musique. Ils souffroient qu'on montât sur leur dos, & passoient jusqu'à dix hommes à la fois, du bord d'un lac à l'autre. La crédulité espagnole doit rendre au moins très-douteux de pareils récits.

La femelle du lamentin met bas & allaite ses petits à la maniere des vaches; & c'est pour cela, que quelques-uns lui ont donné le nom de vache marine. Sa tête d'ailleurs ressemble à celle d'un bœuf ; mais il a le museau plus enfoncé, le menton plus charnu, & les yeux plus petits. Ce poisson a depuis quinze jusqu'à vingt pieds de long, & depuis quatre jusqu'à six de large, du moins vers les épaules ; car cette largeur va toujours en diminuant jusqu'à la queue. La chair salée du lamentin a le goût de celle du veau ; mais elle est plus agréable, & se conserve plus long-tems. La graisse qu'on en tire est très-bonne, & ne rancit point : sa peau est un excellent cuir ; & il se forme, dans sa tête, une espece de bézoard, auquel on attribue des propriétés admirables.

Après les tempêtes, connues ici sous le nom *d'ouragans*, les rivages de l'isle sont remplis de coquillages d'un lustre & d'une beauté extraordinaires ; on y voit mille autres curiosités naturelles, propres à enrichir les cabinets. L'air est peuplé de quantité d'oiseaux, tous remarquables par la variété de leurs plumages ; mais s'ils plaisent aux yeux, plus que les nôtres, ils flattent beaucoup moins les oreilles ; & en général, leur chant ne fait pas ici, comme en Europe, le charme de la campagne & des bois. Les perroquets sont des habitans naturels de cette isle, où l'on en voit de toutes les nuances.

Entre les animaux du pays, les quadrupedes ne méritent pas d'être nommés. On n'en trouva que de quatre ou cinq especes, dont les plus gros étoient comme nos lapins ordinaires. On y voyoit de petits chiens muets, qui servoient d'amusement aux femmes, & qu'elles portoient entre leurs bras. On les employoit aussi à la chasse, pour éventer les autres animaux. Comme ils n'étoient pas moins bons à manger, ils furent d'une grande ressource aux Espagnols. On en distinguoit de plusieurs sortes: les uns avoient la peau tout-à-fait lisse; d'autres étoient couverts d'une laine très-douce; & le plus grand nombre n'avoit qu'un duvet fort tendre & fort rare. Les couleurs étoient aussi variées, que celles de nos chiens, & beaucoup plus vives.

On nourrit aujourd'hui de nombreux troupeaux dans les savanes ou prairies, dont cette isle est couverte; & elle joint à tous ces avantages, celui de n'avoir aucun de ces reptiles venimeux, si dangereux & si communs dans le reste des Antilles. Les eaux sont bonnes, saines & abondantes; & dans plusieurs endroits, il s'en rencontre de minérales. Le climat, auquel on attribue les maladies qui attaquent les nouveaux venus, en est peut-être moins la cause, que l'excès & l'intempérance, auxquels ils s'abandonnent, par la malheureuse facilité qu'ils trouvent à s'y livrer.

Mais quelque avantage que présente ce séjour, il n'y a qu'une grande envie de faire fortune, qui puisse y retenir un Européen. La chaleur excessive du pays, est une de ses plus grandes incommodités : elle est pourtant modérée par deux sortes de vents, qui s'élevent régulièrement chaque jour. L'un, qu'on appelle *brise*, se fait sentir vers les dix heures du matin, & souffle, de l'orient à l'occident, jusqu'à quatre ou cinq heures du soir. L'autre, qu'on nome *vent de terre*, se leve de l'ouest, deux heures après, & dure jusqu'à huit heures du matin. Mais comme leur action est souvent arrêtée ou interrompue par différentes causes, il reste toujours assez de chaleur, pour fatiguer singulierément ceux que leurs affaires appellent hors de la maison. C'est alors qu'on est exposé à recevoir ces violens coups de soleil, qui causent des fievres, avec des transports & des douleurs de tête inconcevables, & mettent le sang & les esprits dans un mouvement extraordinaire. Depuis le mois d'avril, jusqu'au mois de novembre, il y a de l'orage presque toutes les après-dinées: les rayons du soleil élevant le matin les vapeurs de la terre, les amassent, & en forment, le soir, des especes d'ouragans, toujours accompagnés d'éclairs, de tonnerre, & d'un vent impétueux. La pluie est alors si abondante, qu'il seroit difficile d'en donner une idée.

Quoique les chaleurs soient moins considérables dans les maisons, on ne laisse pas d'en souffrir encore beaucoup: elles jettent dans l'abattement, ôtent les forces & l'appétit; & pour surcroît d'incommodité, des essains de mouches achevent de vous désoler. Il faut avoir, à tout moment, le mouchoir au visage pour les chasser, & essuyer la sueur dont il est couvert. On n'en est pas plus à l'aise, lorsque le jour est sur son déclin; le vent qui tombe tout-à-coup, laisse respirer un air enflammé, qui n'est plus dissipé par la brise. Voulez-vous sortir un moment, pour jouir de la fraîcheur des soirées ? Vous êtes investi par une armée de maringouins, ou de cousins, qui vous obligent de rentrer au plus vîte. Il y a des tems, où, quelque précaution que l'on prenne, ces moucherons pénetrent dans les chambres, & par le bruit de leurs bourdonnemens, causent des insomnies très-incommodes. Ce qu'il y a de particulier encore, c'est que, vers le milieu de la nuit, le tems change, & que le vent de terre, qui souffle avec plus de force, amene le frais. On seroit alors tenté de s'y livrer ; mais il faut bien s'en donner de garde, & se couvrir avec soin, si l'on ne veut pas s'exposer à de fâcheuses maladies.

La chaleur n'est pas toujours de la même force pendant toute l'année : ceux qui observent de plus près le cours de la nature, font commencer l'hiver au mois de novembre, & finir au mois de février. Alors les nuits & les matinées sont fraîches, & même un peu froides. Les plantes reçoivent peu d'accroissement ; & les herbes prennent peu de nourriture, quoique ce soit alors le tems des grandes pluies. Elles sont, comme je vous l'ai dit, si abondantes, qu'il y a des semaines où il en tombe autant qu'en France pendant toute une année ; ce qu'on fait monter, l'un portant l'autre, à dix-huit pouces cubiques. En rafraîchissant l'air, elles causent une humidité qui corrompt la viande en moins de vingt-quatre heures, oblige d'enterrer les morts, peu de tems après qu'ils sont expirés, & fait pourrir les fruits, presque aussi-tôt qu'ils sont cueillis. Le pain, s'il n'est dur comme du biscuit de mer, se moisit en deux ou trois jours. Les vins ordinaires tournent & s'aigrissent bientôt ; le fer se rouille du matin au soir ; & ce n'est pas sans peine, que l'on conserve le ris, le maïs, les feves, & autres graines, d'une année à l'autre, pour les semer.

Le printems suit cette saison, & dure jusqu'au mois du mai. La nature semble renaître alors ; les prairies sont revêtues d'une herbe nouvelle. La feve monte aux arbres ; les plantes se parent de leurs fleurs ; & l'air en est embaumé. La sécheresse, qui vient ensuite faire disparoître tous ces agrémens, représente l'été ; & c'est un été de la zone torride, dont les tempéramens européens ont peine à s'accommoder. La plupart, après quelques années de séjour, s'apperçoivent d'une extrême diminution de leurs forces : la chaleur mine insensiblement les plus robustes ; & ils commencent à vieillir avant le tems de l'âge mûr.

Ceux qui viennent ici dans l'intention d'acquérir du bien, peuvent demander la concession d'une portion de terre qui n'a point encore de maître. Ils s'adressent au gouverneur, ou à l'intendant, en présentant un mémoire, dans lequel ils exposent leur qualité, l'état de leur famille, & celui de leur fortune. Ils indiquent le terrein qu'ils desirent, en joignant au placet, un certificat de l'arpenteur royal, qui assure la vérité de l'exposition, & sur-tout, que cette terre est encore sans possesseur. Si la concession est expédiée, ce même arpenteur en regle l'étendue sur le besoin & les forces de celui qui la demande, avec cette condition, que ce dernier doit faire sommer les plus proches voisins d'assister à sa prise de possession ; que ceux-ci déclareront par écrit, qu'ils n'y ont aucune prétention, & que dans l'espace de trois ans, il en défrichera du moins la troisieme partie, sous peine d'être privé de la totalité. On regrette que ces clauses soient mal observées : il y a des gens qui ont des concessions dans plusieurs endroits de l'isle, où depuis bien des années, ils n'ont fait de défrichemens, qu'autant qu'il en faut pour marquer qu'elles leur appartiennent. Les gouverneurs font quelquefois réunir ces terreins au domaine ; mais ce n'est, le plus souvent, qu'une pure cérémonie ; ou du moins, la peine ne tombe que sur quelques malheureux, qui n'ont pas assez de crédit, pour se dérober à la rigueur de la loi.

Cette même loi défend aux particuliers, de vendre ou d'aliéner les terres qui leur ont été accordées, qu'après en avoir défriché & mis en valeur, au moins les deux tiers ; n'étant pas juste, que les ayant obtenues gratuitement, ils puissent en tirer avantage, sans les avoir cultivées auparavant. Pour éviter de pareils abus, il ne doit être délivré aucune concession, qui contienne plus de mille pas en quarré, à peine de nullité pour tout ce qui excede cette étendue, laquelle est plus que suffisante, pour les plus fortes habitations de l'Amérique. Les grands chemins doivent avoir soixante pieds de largeur, & ceux de traverse, trente pieds. Pour ne pas manquer de bois propre à bâtir ou à brûler, chaque habitant est obligé d'entretenir, en cette production, cent pas de son terrein, & de la remplacer, à mesure qu'il en prend pour son usage. Il est tenu aussi de planter, au moins cent pieds, de cette espece de bois, qui peut être un objet de commerce, tel que des cotoniers, du gayac, du bresillet, du fustel, du cedre, du bois de violette, de l'acajou, &c. Enfin, il lui est enjoint d'avoir vingt vaches, cinquante brebis, & des mâles, autant qu'il en faut, pour les servir.

Je suis, &c.

A Saint-Domingue ce 17 juillet 1750.

LETTRE CXXVI.

SUITE DE SAINT-DOMINGUE.

J'AI passé huit jours dans une des plus belles habitations de cette isle, chez un des plus riches particuliers du Cap François. Sa conversation, le loisir de la campagne, les entretiens de quelques personnes instruites, & ce que j'ai pu voir par moi-même, m'ont mis à portée de vous entretenir de deux objets essentiels à Saint-Domingue, les sucreries & les negres.

Le sucre étoit inconnu aux Grecs & aux Romains ; ce sont les Chinois qui nous en ont appris l'usage. Les Portugais furent les premiers qui le cultiverent en Amérique, & l'introduisirent en Europe. On ignore si la plante d'où on le tire, est naturelle au nouveau monde, ou si ces mêmes Portugais l'y ont portée de l'Inde & des côtes de l'Afrique.

On appelle canne à sucre, ou cannamelle, le roseau qui produit cette utile

& excellente denrée. Il s'éleve à sept, huit, neuf ou dix pieds de haut, y compris les feuilles & les rejettons qui partent de son sommet. La tige est semée de nœuds éloignés de trois ou quatre pouces les uns des autres, & garnis de feuilles, qui tombent à mesure que la canne mûrit. Le corps de la plante est communément de la grosseur d'un doigt; sa couleur, en maturité, tire sur le jaune; & celle de ses feuilles est d'un verd très-vif. Son écorce, dure & lisse, renferme une substance spongieuse, & remplie du suc le plus gracieux, le plus doux, le plus sain, le plus pur & le plus nourrissant peut-être, qui soit dans la nature. On peut en manger beaucoup, sans s'incommoder: après en avoir ôté toute l'écorce, on suce la partie spongieuse; & l'on en tire le jus plus aisément, que le miel de son rayon. Il approche fort du suc de la pomme; mais il est plus épais, & ne laisse, dans la bouche, aucun arriere-goût.

La plantation des cannes à sucre, se fait depuis le mois d'août, jusqu'au mois de décembre, qui, dans nos isles, font le tems le plus pluvieux de l'année. Après avoir farclé & bêché la terre, on prend un rofeau de fix à fept nœuds, & on le couche horifontalement dans un fillon d'un demi-pied de profondeur. On le couvre de terre; & l'on continue ainfi de planter tout le champ fur des lignes paralleles, également diftantes les unes des autres. Peu de tems après, chaque nœud pouffe un jet, qui, au bout de douze ou quinze jours, acquiert de la force & de la confiftance; mais ce n'eft qu'au huitieme ou dixieme mois, que les cannes font en état d'être coupées. Plus elles reftent en terre, après qu'elles ont acquis leur maturité, moins elles donnent de jus; mais en revanche, le fucre en eft meilleur. Les feuilles qui couronnent le rofeau, & celles qui partent de fes nœuds, font réfervées, ou pour la nourriture du bétail, ou pour lier les faifceaux de cannes, comme on lie les fagots en Europe.

On porte ces faifceaux au bord du chemin; &les cabrouets ou charettes, viennent les prendre pour les voiturer dans les moulins. Jamais on n'en coupe plus qu'on n'en peut confommer dans l'efpace de vingt-quatre heures; fans quoi, elles s'échaufferoient & s'aigriroient. Le moulin à sucre est composé de trois gros cylindres, ou tambours garnis de fer, & placés verticalement à côté les uns des autres. Quand ils ne sont pas mus par l'eau, ce sont des chevaux, des mulets ou des bœufs, qui les font tourner sur leurs pivots, par des leviers qu'on appelle les bras du moulin. Une négresse présente la canne, par un de ses bouts, aux deux premiers cylindres, qui la pressent & la brisent dans toute sa longueur : une autre négresse la reçoit, & la présente entre le tambour du milieu, & le troisieme, dans un sens contraire, pour achever d'en exprimer tous le jus. On ne peut avoir moins de cinq négresses pour ce travail, qui excede les forces de quatre femmes, sur-tout lorsqu'avec le soin de fournir sans cesse des cannes aux cylindres, il faut qu'elles trouvent encore le tems de laver le moulin, de séparer les roseaux de rebut, & de les mettre en paquets pour être brûlés. Ce service deshonnore les hommes qu'on y emploie : on en fait quelquefois la punition des lâches & des paresseux ; & leur chagrin est si vif, qu'ils demandent à genoux, d'être renvoyés à leur travail ordinaire.

Le suc des cannes écrasées entre les tambours, se nomme *vesou*. Il coule, par un trou, dans une cuve placée pour le recevoir. Comme il ne manqueroit pas de s'aigrir, s'il y restoit trop long-tems, on le conduit, par un tuyau de plomb, dans une grande chaudiere; on le fait bouillir, en l'écumant sans cesse; & cette lie qui surnage, est réservée pour les animaux, qui en sont très-friands. Il passe ainsi successivement, par le moyen des tuyaux, dans cinq ou six autres chaudieres, dont la grandeur va toujours en diminuant. Il s'épaissit dans la derniere; mais comme ces diverses cuissons ne lui donnent pas la consistance requise, on verse dessus, pour hâter l'opération, une petite quantité d'eau de chaux, qui le fait, sur le champ, fermenter à un point extraordinaire. Pour empêcher qu'il ne se répande, on y jette un morceau de beurre de la grosseur d'une noix, qui fait aussi-tôt cesser l'effervescence. On le laisse ensuite refroidir; & il devient en état d'être mis dans des pots ou des moules. C'est la derniere partie de cette manœuvre, dont le but est de débarrasser & de purger le sucre d'un suc mielleux, qui lui ôtoit sa blancheur, sa solidité, sa finesse, & le brillant de son grain.

Ces pots, faits en cône renversé, sont ouverts par le sommet, & percés à leur pointe. On y verse le sucre encore liquide, après en avoir bouché le trou. On l'ouvre ensuite, pour donner issue à la liqueur qui découle des moules, & qui ne peut s'épaissir que jusqu'à la consistance du miel: c'est pourquoi on l'appelle *miel de sucre*, & plus communément *mélasse*. Elle se dégage, se précipite, & sort par la petite ouverture. C'est avec cette substance, que se fait le rum, espece d'eau-de-vie de sucre, qui a, sur celle de France, ce double avantage, qu'elle est moins chere, & plus saine. On ne lui reproche qu'un goût de canne, assez désagréable, mais qu'il ne seroit pas difficile de lui ôter, puisqu'elle fait le fond de l'eau des Barbades, qui ne l'a point. Les Anglois en composent leur ponche; & vous concevez qu'on y mêle divers ingrédiens; car on peut le varier en mille manieres.

Le sucre, débarrassé de cette espece de crasse, n'a encore acquis que son premier degré de pureté. Pour le rafiner davantage, on couvre les pots d'une terre blanche, délayée avec de l'eau. Elle pénetre au travers de la masse du sucre, le lavé, lui ôte sa couleur rousse; & c'est ce qu'on appelle le sucre brut, ou la cassonade: la meilleure est blanche, seche, & a une odeur de violette. Ce premier sucre étant ensuite rafiné avec du sang de bœuf, des blancs d'œufs, ou par les mêmes moyens qui ont purifié le vesou, donne le sucre fin. Le sucre royal est celui qui a acquis sa derniere perfection. Il ne peut être, ni plus pur, ni plus brillant. Frappé avec le doigt, il produit une sorte de son; frotté avec un couteau dans l'obscurité, il donne un éclat phosphorique. Il faut deux cens livres de sucre fin, pour en faire cent de sucre royal: le sucre candi n'est que du sucre fondu à diverses reprises, & cristallisé.

Autrefois on ne rafinoit point le sucre à Saint-Domingue; il arrivoit brut en France; & on le travailloit à

Dieppe & à Orléans. Aujourd'hui on a ici des rafineries; & les sucres y sont aussi beaux, que ceux qui se perfectionnent en Europe ; mais l'affinage d'Orléans passe toujours pour le meilleur.

Lorsque les choses sont bien ménagées, le rum & la mélasse suffisent pour défrayer toute une plantation ; & le sucre est le profit clair & net ; mais alors tous les momens d'un économe sont occupés ; & la vie même du propriétaire est très-laborieuse. Il est obligé, en tout tems, d'avoir l'œil sur ses inspecteurs, & souvent d'en faire lui-même les fonctions. Lorsque le tems du sucre est venu, on doit redoubler de soins & de travaux ; & il n'est point d'occupation plus fatigante, & qui nuise plus à la santé : il faut passer les jours & les nuits, exposé aux chaleurs réunies du climat & des fourneaux. Ajoutez à cela les pertes qu'occasionnent les ouragans, les mauvaises saisons, & les accidens fâcheux, ou de la guerre, ou de la mer, malgré lesquels néanmoins on peut dire qu'il n'y a point d'endroits dans le monde, où l'on s'enrichisse plutôt que dans ces isles. Une ou deux bonnes récoltes dédommagent de tous ces inconvéniens, vu la promptitude du débit, & le profit immense qui se fait sur cette denrée.

Ayant été moi-même plus d'une fois témoin & de sa culture & de sa fabrique, je vous ai donné, sur ces deux objets, mes propres observations ; à l'égard des negres, sans le secours desquels ni l'un ni l'autre ne pourroient avoir lieu, je n'en parlerai que d'après mon hôte ou son œconome, en me servant même, le plus souvent, de leurs expressions.

« Je voudrois, me disoit le premier,
» par considération pour certains maî-
» tres que je connois dans les Antilles,
» pouvoir vous dérober l'horrible détail
» des peines qu'ils font souffrir à ces
» pauvres esclaves. Rien n'est plus af-
» freux, que la condition de ces infor-
» tunés, qui sacrifient leur liberté,
» leurs travaux, & leur vie aux be-
» soins, aux passions, & au luxe de
» leurs tyrans. Si, pour se soustraire à
» la barbarie de ces maîtres cruels, ils
» prennent le parti de s'enfuir, une loi

» plus cruelle encore les condamne à
» perdre une jambe ; & lorsqu'on l'a
» remplacée par une de bois, on leur
» fait tourner à bras les moulins à su-
» cre. Après cela, nous osons parler
» du droit des gens !

» Au peu de pitié que nous inspire
» ce peuple malheureux, nous sem-
» blons le regarder comme le rebut de
» la nature, l'opprobre des hommes,
» & comme des êtres d'une espece infé-
» rieure aux animaux. Quelques coquil-
» lages font sa nourriture ; ses habits
» sont des haillons ; ses meubles, quel-
» ques plats de terres ; ses maisons,
» des tannieres d'ours ; ses lits, de mé-
» chantes claies, plus propres à briser
» le corps, qu'à lui procurer du repos.
» Son travail est presque continuel,
» son sommeil fort court; nulle espece
» de salaire pour les plus grands servi-
» ces ; cent coups de fouet pour la
» moindre faute : voilà où en sont
» réduits des hommes toujours con-
» damnés à servir les autres, sans en
» tirer le moindre avantage pour eux-
» mêmes ; toujours occupés à flatter
» nos appétits nouveaux, en remplis-
» sant nos nouveaux besoins. Souvent

» j'ai frémi d'horreur, en voyant des
» créatures humaines, traitées avec
» cet excès d'inhumanité. J'ai vu leur
» corps couvert de sang, leur dos dé-
» chiré, leur chair tomber en lam-
» beaux. On se souvient du terrible
» Chaperon, cet habitant féroce de
» Saint-Domingue, qui fit expirer un
» de ses esclaves dans un four chaud.
» Comme les mâchoires de ce malheu-
» reux s'étoient retirées par la cha-
» leur, le cruel Chaperon dit : *je crois*
» *qu'il rit*, & prit la fourche pour le
» fourgonner. Depuis ce tems, il est
» devenu la terreur des negres ; &
» lorsqu'ils manquent à leurs devoirs,
» on les menace de le vendre à Cha-
» peron ».

» Il faut pourtant convenir que
» ces exemples sont rares parmi les
» François ; vous sçavez même que
» Louis XIII ne vouloit pas qu'il y
» eût d'esclaves dans ses colonies, &
» ne se rendit, qu'après s'être laissé
» persuader, que l'unique moyen de
» convertir les noirs, étoit de les ré-
» duire à la servitude. Ce prince, &
» les rois ses successeurs ont expresse-
» ment défendu à leurs sujets, de faire

» donner, de leur autorité privée, fous
» quelque prétexte que ce puisse être,
» la mort ou la torture à leurs esclaves,
» ni même de les mutiler, à peine
» d'être poursuivis criminellement, &
» punis suivant l'atrocité des circons-
» tances. On leur permet, tout au plus,
» de les enchaîner & faire battre de
» verges. Aussi est-il reconnu, que
» de tous les Européens établis en Amé-
» rique, les François, dont l'inclination
» est naturellement compatissante, sont
» en général les plus humains dans le
» traitement qu'ils font à leurs negres.
» Ils se refusent même à certaines per-
» quisitions qui choquent la bienséance;
» car quoique la prudence oblige de ne
» point acheter de noirs, sans sçavoir
» s'ils n'ont pas quelque maladie se-
» crette, quelque défaut corporel,
» quelque imperfection cachée, qui les
» rendroient incapables de travailler,
» nous avons la pudeur de ne pas faire
» nous-mêmes cet examen ; & nous
» nous en rapportons à nos chirur-
» giens. Les Portugais, les Anglois, les
» Hollandois tiennent, à cet égard, une
» conduite moins timide, mais qui les
» rend aussi moins dupes dans leur

» achat. Ils visitent le corps du negre
» ou de la négresse, & leur font pren-
» dre toutes les attitudes dont ils sont
» susceptibles. Ils les remuent avec vio-
» lence, pour découvrir si l'intérieur
» répond à ce qui paroît au dehors. Ils
» les font courir, crier, sauter, & ne
» dédaignent pas même de leur lécher
» la peau, pour juger, par le goût de la
» sueur, s'ils n'ont point contracté cer-
» taines maladies, & si le poil du men-
» ton n'est pas d'une force à indiquer
» un âge plus avancé, que la déclara-
» tion qu'on leur a faite.

» C'est de la côte occidentale de l'A-
» frique, que nous tirons des noirs pour
» nos colonies, soit par la voie de la
» compagnie des Indes, qui s'est ré-
» servé la traite du Sénégal, soit par les
» navires de différens armateurs Fran-
» çois, à qui l'on permet ce commer-
» ce. Il est si lucratif, qu'un homme
» noir, qui ne coûte que quarante écus
» dans le pays, ou les deux tiers moins
» qu'un bœuf gras, se vend ici jusqu'à
» mille ou douze cens livres. Autrefois
» il ne revenoit qu'à trente-six francs
» en Guinée; mais les Européens ayant
» enchéri les uns sur les autres, les

» Africains ont sçu profiter de la con-
» currence, & se sont mis à plus haut
» prix.
» Ces esclaves se font de diverses ma-
» nieres, & forment différentes classes.
» Ce sont, ou des malfaiteurs qui ont
» mérité la mort, ou des prisonniers
» de guerre, ou des esclaves particu-
» liers des princes du pays, ou enfin
» des negres dérobés. Pour distinguer
» ces quatre especes, il faut sçavoir
» que, chez eux, l'on punit la plupart
» des crimes par des amendes, & qu'au
» défaut de paiement, la loi condamne
» le coupable à l'esclavage. Les débi-
» teurs insolvables subissent le même
» sort, à moins qu'ils ne soient rache-
» tés par leurs amis. Avant que notre
» commerce fût établi avec ces Afri-
» cains, ils tuoient une partie de leurs
» prisonniers, dans la crainte que ces
» derniers étant trop nombreux, ne
» causassent de l'embarras par leurs ré-
» voltes : aujourd'hui ils font escla-
» ves tous les captifs qu'ils prennent à
» la guerre. D'autres, pour éviter la
» famine ou la misere, se donnent eux-
» mêmes, & toute leur famille, aux
» rois & aux princes negres, qui ont

SUITE DE S. DOMINGUE. 145
» de quoi les nourrir. Quelques-uns
» vendent leurs enfans, fans y être for-
» cés par la néceffité : fouvent une mere
» livre fa fille à un étranger, pour cer-
» tains coquillages, dont elle fe fait un
» collier & des bracelets. Il y a des
» noirs qui fe furprennent les uns les
» autres, tandis que les vaiffeaux Euro-
» péens font à l'ancre. Ils y amenent
» ceux qu'ils ont pris, pour les vendre
» & les embarquer malgré eux. On a
» vu des fils dénaturés, garotter
» leur propre pere, & le donner en
» échange pour quelques bouteilles
» d'eau-de-vie. Si un pareil com-
» merce fait frémir la nature, com-
» ment des chrétiens peuvent-ils fe
» trouver à l'enchere de ces marchés
» abominables ! Enfin que doit-on pen-
» fer de ceux qui vont eux-mêmes vo-
» ler des efclaves, foit du confente-
» ment des fouverains du pays, foit en
» les prenant de force ou par artifice ?
» Ces noirs, ainfi dérobés, ne for-
» ment pas le plus petit nombre de
» ceux qui peuplent nos colonies.
» On a propofé autrefois en Sor-
» bonne les cas fuivans : fçavoir fi les
» marchands qui vont à la traite des

Tom. XI.   G

» negres, ou les commis qui demeurent
» dans les comptoirs de l'Afrique,
» peuvent acheter de cette derniere
» espece d'esclaves ? Si les habitans de
» l'Amérique, à qui ces mêmes mar-
» chands viennent les revendre, peu-
» vent les recevoir indistinctement,
» sans s'informer s'ils ont été volés ?
» La décision ne fut favorable, ni aux
» vendeurs, ni aux acquéreurs ; mais
» des plaisans répondirent, qu'on
» voyoit bien que les docteurs de Sor-
» bonne, du moins ceux qui avoient
» été consultés, ne possédoient ni habi-
» tations aux isles, ni plantations, ni
» sucreries. En effet, continuoient-ils
» sur le même ton, les peuples d'Eu-
» rope ayant exterminé ceux de l'Amé-
» rique, n'ont-ils pas dû mettre ceux
» de l'Afrique en esclavage, pour s'en
» servir à défricher tant de terres ? Le
» sucre seroit trop cher, si l'on ne fai-
» soit cultiver la plante qui le pro-
» duit, par des gens de cette espece.
» D'ailleurs, peut-on se mettre dans
» l'esprit, que des hommes qui sont
» noirs depuis les pieds jusqu'à la tête,
» & ont le nez écrasé, puissent exciter
» la compassion ?

» Ceux qui entreprennent plus sé-
» rieusement d'excuser ce commerce,
» disent que les avantages qui en résul-
» tent, même pour les negres, sont
» une raison plus que suffisante qui le
» justifie. Outre qu'il épargne les jours
» à quantité de personnes utiles, la vie
» des noirs, dans la servitude même,
» est plus douce, que dans leur propre
» patrie. Ce seroit leur rendre un mau-
» vais office, que de les tirer d'un
» état, où, malgré cet abaissement, ils
» jouissent d'une santé parfaite ; tandis
» que leurs maîtres, qui regorgent de
» biens, & ne manquent d'aucune sorte
» de commodités, sont la proie d'une
» infinité de maladies.

» Outre le très-grand profit que les
» noirs procurent à nos colonies par
» la culture des terres, on croit en-
» core que la plupart d'entr'eux pour-
» roient devenir de bons soldats, s'ils
» étoient bien disciplinés. Un negre
» qui se trouveroit dans un combat à
« côté de son maître, feroit son devoir,
« s'il n'en avoit point été maltraité
» sans raison : soutenu par sa présence,
» il affronteroit, sous ses yeux, tous les
» hasards.

» Il seroit sans doute imprudent, me di-
» soit un officier de distinction, d'accou-
» tumer ces sortes de gens au maniement
» des armes à feu : leur nombre, infini-
» ment supérieur à celui des blancs, ne
» les rend déja que trop redoutables.
» Mais ne pourroit-on pas en tirer parti,
» en cas d'attaque, en employant les
» moins intelligens comme pioniers, &
» les autres comme enfans perdus, avec
» des sabres ou des lances ? Derriere
» chaque troupe d'infanterie, je pla-
» cerois un pelotton de negres ainsi
» armés, & leur laisserois la liberté de
» combattre suivant la méthode de leur
» pays, c'est-à-dire, confusément &
» sans ordre. Dans le moment de la
» charge, au signal donné, ils passe-
» roient dans les intervalles, pour se
» jetter dans ceux des ennemis, & les
» charger en flanc. S'ils étoient re-
» poussés, ils viendroient se rallier der-
» riere le bataillon auquel ils seroient
» attachés. Cette manœuvre, la seule
» qu'il y auroit à leur apprendre, ne
» leur donneroit aucune connoissance
» préjudiciable à la sûreté de la co-
» lonie.

» Comme il y a dans toutes les habita-

SUITE DE S. DOMINGUE. 149

» tions, des negres chasseurs fort adroits,
» j'en formerois un corps particulier,
» que je joindrois à celui des mulâtres
» libres, & dont je me servirois pour
» la garde des lieux escarpés, pour la
» défense des retranchemens, pour les
» détachemens destinés à harceler l'en-
» nemi, en un mot, pour ce genre de
» guerre, qui n'exige point une tacti-
» que suivie, & auquel je les crois pro-
» pres. Je les ferois commander par les
» gens les plus intelligens du pays, qui,
» connoissant mieux leur génie, en
» tireroient meilleur parti. Ils seroient
» soutenus par des troupes réglées; &
» j'exciterois leur émulation par des
» marques d'honneur, telles que des
» croix, des médailles, &c, que j'accor-
» derois aux hommes libres, & la li-
» berté aux esclaves qui se seroient dis-
» tingués. En ne les employant que
» dans le moment où la colonie seroit
» menacée, & par conséquent les ma-
» nufactures suspendues, il n'en résul-
» teroit qu'un foible dommage pour le
» maître; encore seroit-il juste de
» l'indemniser : si son negre venoit à
» être tué ou affranchi, la valeur lui en
» seroit remboursée sur une estimation
raisonnable.

» Mais c'est assez vous entretenir de » ce projet ; je reviens aux esclaves » nouvellement embarqués pour nos » colonies. Ils regardent la servitude » comme ce qu'il y a de plus terrible, « & cherchent toutes les occasions de » s'en délivrer ; la force ou la crainte » peuvent seules les attacher à leurs » chaînes. La premiere défiance de ces » malheureux est, qu'on ne les achete, » que pour les dévorer. On commence » donc par leur déclarer qu'ils doivent » être sans appréhension pour la vie; » qu'ils sont destinés à cultiver tran- » quillement la terre, ou à d'autres » exercices qui ne surpasseront pas » leurs forces ; que si quelqu'un les » maltraite, ils obtiendront justice en » portant leurs plaintes à l'interprete; » mais que s'ils commettent eux-mêmes » quelque désordre, ils seront punis » sévérement.

» A mesure qu'on fait entrer les ne- » gres dans le vaisseau, on enchaîne » les hommes deux à deux ; les fem- » mes & les enfans ont la liberté d'aller » & de venir, sut-tout lorsqu'on com- » mence à ne plus appercevoir les côtes » d'Afrique. L'expérience a fait con-

» noître, que tant que ces infortunés
» sont encore à la vue de leur patrie,
» la tristesse les accable, & le désespoir
» les saisit. L'une leur cause des mala-
» dies qui en font périr un grand nom-
» bre pendant la traversée ; l'autre les
» porte à s'ôter eux-mêmes la vie, soit
» en se refusant la nourriture, soit en
» se bouchant la respiration par une
» maniere de se plier la langue, qui, à
» coup sûr, les étouffe, soit en se bri-
» sant la tête contre les mâts du vais-
» seau, soit enfin en se précipitant
» dans la mer.

Cet amour si vif pour leur pays, sem-
» ble diminuer à mesure qu'ils s'en éloi-
» gnent. La gaîté succede à leur tris-
» tesse ; & c'est un moyen presque im-
» manquable pour les conserver jus-
» qu'au lieu de leur destination, que
» de leur faire entendre quelque ins-
» trument de musique, ne fut-ce qu'une
» vielle, ou une musette.

» Ils reçoivent leur nourriture deux
» fois par jour. Dans le beau tems, on
» leur permet d'être sur le tillac, de-
» puis sept heures du matin jusqu'à la
» nuit. Tous les lundis, on leur donne
» des pipes & du tabac ; & leur joie

» marque assez, que cette faveur est une
» de leurs plus grandes consolations
» dans leur misere. Les hommes & les
» femmes sont logés séparément ; &
» avec ces attentions constamment
» soutenues, on conduit facilement la
» plus nombreuse cargaison de noirs,
» jusques dans nos colonies. On s'est
» assuré, par des calculs exacts, que
» dans certaines années, il en est sorti
» de Guinée plus de soixante mille.

» Dès qu'un vaisseau chargé de ne-
» gres est à la rade, on les fait des-
» cendre dans un grand magasin ; & là,
» comme dans un marché de bêtes de
» somme, chacun va choisir ceux qui
» lui conviennent. On accuseroit de
» dureté & d'avarice, celui de nous
» qui les feroit travailler, sans leur ac-
» corder quelques jours de repos. Ces
» malheureux sont si fatigués de leur
» voyage, pendant lequel ils ont été
» liés avec des entraves de fer, ils sont
» si exténués de faim & de soif, si affli-
» gés de se voir éloignés de leur partie,
» pour n'y retourner jamais, que ce
» seroit mettre le comble à leurs maux,
» que de les appliquer tout d'un coup
» au travail.

» Lorsqu'ils sont arrivés dans nos
» habitations, nous commençons par
» les faire manger, & les laissons dor-
» mir quelques heures. Ensuite nous
» leur faisons raser la tête, & frotter le
» corps avec une huile qui dénoue les
» jointures, les rend plus souples, &
» empêche le scorbut. Les jours sui-
» vans, nous les envoyons se bai-
» gner, en leur donnant toujours peu
» de nourriture à la fois, mais souvent.
» Ce régime est suivi d'une petite sai-
» gnée & d'une purgation douce ; &
» nous ne leur permettons ni de boire
» trop d'eau, ni de faire usage de li-
» queurs fortes. Non-seulement ces
» soins les garantissent des maladies
» dont ils seroient d'abord attaqués ;
» mais la bonté qu'on leur marque, &
» les habits qu'on leur donne, servent
» encore à leur faire oublier leur pays,
» & le malheur de la servitude. Sept
» ou huit jours après, nous les em-
» ployons à quelque léger travail, pour
» les y accoutumer par degrés. La
» plupart n'en attendent pas l'ordre,
» & suivent les autres, lorsqu'ils les
» voient appellés par celui qui com-
» mande.

» L'usage commun, pour les former
» au train de l'habitation, est de les
» distribuer dans les cases des anciens;
» ceux-ci les reçoivent avec plaisir, &
» regardent comme un honneur, que
» le negre qu'on leur confie, paroisse
» plutôt instruit, & se porte mieux que
» celui de leur voisin ; mais ils ne le
» font ni manger à leur table, ni cou-
» cher dans la même chambre; & lors-
» que le nouvel esclave est surpris de
» cette distinction, ils lui disent que
» n'étant pas chrétien, il est trop au-
» dessous d'eux, pour en être traité
» avec égalité. Cette conduite, qui lui
» fait concevoir une haute idée de notre
» religion, lui inspire la plus vive im-
» patience de l'embrasser.

» Malgré cet empressement des ne-
» gres pour recevoir le baptême, ce
» n'est guéres qu'après deux ou trois
» ans d'instruction, qu'on croit pou-
» voir le leur conférer; tant il est diffi-
» cile de leur mettre dans la tête les
» premiers principes du christianisme.
» La regle que suivent les missionnaires
» à cet égard, n'est pas uniforme: tous
» sont d'accord, que les noirs qui vien-
» nent dans nos colonies avant l'âge de

» dix ans, doivent être baptisés dès
» qu'ils arrivent. S'ils sont plus âgés
» (& l'on en juge par leur physiono-
» mie), on exige qu'ils aient du moins
» quelque idée de nos myſtéres, avant
» que d'y participer. Mais lorsque ces
» mêmes negres, à qui l'on a refusé le
» baptême, sont en danger de mort,
» nous avons de nos prêtres qui pen-
» ſent qu'on peut le leur adminiſtrer,
» quoiqu'ils n'aient aucune connoiſ-
» ſance de notre religion ; d'autres
» croient le contraire, apportant
» pour raiſon, que ce ſeroit profaner
» le ſacrement. Ainſi, tel habitant,
» pour ſe ſoumettre à la déciſion de
» ſon curé, laiſſe mourir ſes eſclaves
» nouveaux ſans baptême, tandis qu'il
» voit ſon voiſin, dans une autre pa-
» roiſſe, autoriſé par ſon paſteur, agir
» différemment. Des principes plus
» fixes, & une conduite plus uniforme,
» ſeroient certainement plus convena-
» bles à la dignité de la religion, &
» marqueroient, dans ceux qui en ſont
» les miniſtres, un zele plus impartial
» & plus éclairé. Car enfin, pourquoi
» priver les uns du baptême, s'il peut
» opérer leur ſalut ; & s'il ne le peut

» pas, pourquoi le donner aux autres
» à l'article de la mort ?

» Lorsqu'un missionnaire apprend
» qu'il est arrivé quelques nouveaux
» negres dans son quartier, il va les
» voir, commence par leur faire faire
» le signe de la croix, en conduisant
» leur main ; & après les paroles ordi-
» naires, il dit, en s'adressant au dé-
» mon : maudit esprit, je te défends, au
» nom de Jesus-Christ, de violer ja-
» mais ce signe sacré, imprimé sur cette
» créature rachetée de son sang. Le ne-
» gre, qui ne comprend rien à cette cé-
» rémonie, ni à ce langage, ouvre de
» grands yeux, & paroît interdit. Alors
» pour le rassurer, le prêtre lui dit,
» par la bouche d'un interprete, tu ne
» sçais présentement ce que j'ai fait ;
» mais tu le sçauras dans la suite.

» Dans les habitations bien réglées,
» on explique aux noirs le cathéchis-
» me en commun, soir & matin ; &
» l'on charge les plus instruits de don-
» ner des leçons aux nouveaux venus.
» Quand ces derniers sont en état
» d'être baptisés, les anciens leur ser-
» vent de parains. Vous auriez peine
» à vous imaginer, jusqu'où vont le

» respect, la soumission, & la recon-
» noissance que leur attire cette qua-
» lité. Les negres nouvellement con-
» vertis, les regardent comme leurs
» peres; & cette vénération dure toute
» la vie. C'est une des loix de la colonie
» Françoise de Saint-Domingue, que
» tous les habitans, les esclaves même,
» fassent profession de la religion ca-
» tholique, apostolique & romaine,
» sous peine de confiscation de ces
» mêmes esclaves.

» Les Anglois sont moins ardens
» à faire des profélites, persuadés
» que l'espoir d'un traitement plus
» doux, en porteroit un grand nom-
» bre à professer extérieurement une
» religion qu'ils n'auroient point dans
» le cœur. Mais ceux qu'on croit dis-
» posés à recevoir les lumieres de la
» foi, y sont encouragés lorsqu'ils les
» demandent, & traités moins du-
» rement après leur conversion. La vé-
» rité est, que ces misérables ont tant
» d'attachement pour l'idolatrie, qu'ils
» ne marquent aucun goût pour le
» christianisme. Le gouvernement Bri-
» tannique leur permet d'avoir plu-
» sieurs femmes, pour augmenter, par
» la multiplication, les richesses de la

» colonie. Peut-être la polygamie est-
» elle un obstacle à cette vue ; car l'u-
» sage immodéré du plaisir peut les
» affoiblir ; & les enfans qui naissent
» d'eux, en ont moins de force. Ces
» épouses s'attachent fidélement à leur
» mari ; aussi l'adultere est-il moins fré-
» quent parmi eux, que chez les peuples
» qui n'ont qu'une femme.

« Leurs idées sur la religion varient,
» suivant les pays dont ils sont originai-
» res. Il y a cependant une espece de
» conformité dans leurs sacrifices. Ils
» croient, en général, à deux divinités,
» l'une bonne, qui favorise les hommes,
» & a enseigné à leurs ancêtres la culture
» des terres. Ils regardent la seconde
» comme l'auteur de tous les maux qui
» affligent l'humanité. Ils n'ont d'autre
» idée du bonheur céleste, que le plai-
» sir de revoir leur patrie, où ils
» croient que chaque negre retournera
» après sa mort. Cette pensée les con-
» sole, & rend leur infortune plus sup-
» portable. Aussi rien n'est plus admi-
» rable, que l'intrépidité qu'ils témoi-
» gnent à leurs derniers momens. Ils
» sont transportés de joie, en se voyant

» prêts à revoir leurs anciens amis, &
» les rivages heureux qui les ont vu
» naître. Quand un d'eux est sur le
» point d'expirer, ses compagnons
» l'embrassent, lui souhaitent un bon
» voyage, & le chargent de leurs
» complimens pour leurs connois-
» sances en Guinée. Tous sont entiere-
» ment livrés à la superstition, ajoutent
» foi aux maléfices, & redoutent les
» sorciers comme des hommes dange-
» reux, qui peuvent empêcher qu'ils
» ne soient aimés de leurs maîtresses.
» Cette crainte est une de celles dont
» ils sont le plus tourmentés ; car l'a-
» mour, ou plutôt ce principe de vie,
» à qui la nature a confié sa propre con-
» servation, anime toutes leurs pen-
» sées, toutes leurs actions ; lui seul
» adoucit le poids de leur esclavage.
» Ils ne sont refroidis, ni par les périls,
» ni par les châtimens. Ils partent la
» nuit de chez leur maître, traversent
» les bois, ne craignent point d'être
» arrêtés, comme fugitifs, pour aller
» voir la femme qu'ils aiment. Leurs
» demeures sont quelquefois si éloignées
» l'une de l'autre, que le voyage seul
» consomme presque tous les momens
» destinés à l'amour & au sommeil.

» Ces pauvres gens ont l'esprit si bor-
» né, qu'ils peuvent à peine compter juf-
» qu'à trois. Ils n'ont aucune idée fixe;
» le paffé ne leur eft pas plus connu,
» que l'avenir ; ce font des machines
» qu'il faut remonter, à mefure qu'on
» veut les mettre en mouvement ; &
» ce n'eft que dans les chofes qu'ils ont
» fort à cœur, qu'on remarque en eux
» quelque intelligence. Ils faififfent ce-
» pendant affez bien nos ridicules ; &
» leurs railleries ne manquent ni de fi-
» neffe, ni de fel. Ils font admirables
» pour garder un fecret qui les inté-
» reffe : les fupplices, les tourmens ne
» les ébranlent pas : dans les affaires
» criminelles, on les met à la queftion,
» fans en arracher aucun aveu : ils
» mourroient plutôt, que de rien décla-
» rer. Ils craignent la vérité, même
» dans les chofes les plus indifférentes.
» Ils font toujours répéter la queftion
» qu'on leur fait, comme s'ils ne l'a-
» voient pas entendue, afin d'avoir le
» tems de préparer la réponfe. Quel-
» quefois ils prennent un air d'étonne-
» ment fi naturel, quand on les inter-
» roge, que le plus fouvent on y eft
» trompé.

» Ils ont un penchant très-décidé
» pour le vol, & semblent y dresser
» tous leurs organes. Un noir qui
» voit à terre une piece d'argent, &
» veut la voler sans qu'on l'apperçoive,
» la ramasse avec les doigts du pied,
» l'enleve par derriere, jusqu'à la cein-
» ture, la prend ensuite avec la main ;
» & sa bouche, au défaut de vêtement,
» lui sert à recéler son larcin. Jamais
» les nègres ne se déconcertent, fussent-
» ils pris sur le fait. Ce n'est pas moi,
» disent-ils ; c'est le diable, qui, pour
» me faire malice, a mis dans ma poche,
» ou dans ma main, ce que vous y
» voyez.

» Ils sont adroits, rusés, & quelque-
» fois très-ingénieux dans leurs artifi-
» ces. J'ai vu un de ces esclaves, en-
» chaîné, qui parvint à se dégager de ses
» fers, en les limant avec un couteau. Il
» l'avoit rendu semblable à une scie,
» par les brêches qu'il avoit faites au
» tranchant de la lame ; & il couvroit
» de camboui les endroits de la chaîne,
» à mesure qu'il les limoit. Quand tout
» fut achevé, il s'évada. On courut
» à sa poursuite ; & l'on mit après lui
» de gros chiens, habitués à arrêter

» les nègres fugitifs. Pour échaper,
» en plein jour, à cette recherche, il se
» jetta dans une riviere voisine ; & se
» tenant dans l'eau jusqu'au cou, il
» cacha sa tête avec une grande feuille
» d'arbre. Cet expédient facilita sa fuite,
» & lui sauva la vie.

Je suis, &c.

A Saint-Domingue, ce 30 juillet 1750.

LETTRE CXXVII.

SUITE DE SAINT-DOMINGUE.

J'ai parlé, Madame, des défauts des negres; je ne dois pas vous laisser ignorer quelques unes de leurs bonnes qualités, toujours d'après nos conversations, & sur le témoignage d'autrui. « Ils sont doux naturellement, me disoit l'économe; ils ne connoissent ni l'envie, ni la mauvaise foi, ni la médisance, & ont un respect infini pour les vieillards. Jamais ils ne les appellent par leurs noms, sans y joindre celui de pere. Ils les soulagent en toute occasion, & ne manquent jamais de leur obéir. Ils sont liés entr'eux par une affection si sincere, que non-seulement ils se secourent mutuellement dans leurs besoins, mais que si l'un d'eux fait une faute, on les voit souvent venir tous en corps, pour demander sa grace, ou s'offrir à recevoir une partie du châtiment. Je les crois aussi très-fideles

» à leur parole, sur-tout quand ils se sont
» engagés par un acte de religion : ce
» qu'ils font en mettant un peu de terre
» sur leur langue, & priant Dieu de les
» réduire en poudre, comme cette
» poussiere, s'ils manquent à leur pro-
» messe, ou s'ils alterent la vérité.

» La chaleur de leur complexion les
» rend si passionnés pour les femmes,
» qu'indépendamment du profit de la
» multiplication, on est obligé de les
» marier de très-bonne heure. Mais il est
» défendu aux blancs de l'un & de l'au-
» tre sexe, de s'unir avec eux par le
» lien conjugal, & aux prêtres de fa-
» voriser de pareilles unions. Tout
» homme libre, qui vit en concubi-
» nage avec une esclave, & en a des
» enfans, est soumis à une amende ; &
» si cet homme est le maître de la né-
» gresse, outre l'amende prescrite, il
» est encore privé de son esclave, & des
» enfans qui proviennent d'elle, sans
» que ni les enfans ni la mere puissent
» jamais être affranchis. Il n'est pas
» permis aux noirs, de se marier sans
» le consentement de leurs maîtres ;
» mais il l'est encore moins à ces der-
» niers, d'user de contrainte, pour les

» marier contre leur gré. Les enfans
» qui naiſſent dans l'eſclavage, ſont
» eſclaves, & appartiennent au maî-
» tre de la femme, & non à celui du
» mari. Si l'un des époux eſt libre, &
» l'autre non, les enfans ſuivent tou-
» jours la condition de la mere.

» La plupart des negres ne regar-
» dent leurs épouſes, que comme des
» êtres créés pour les amuſer, les ſer-
» vir & leur obéir. A l'exception des
» jeunes gens, qui dans les premieres
» tendreſſes du mariage, leur accor-
» dent la liberté de manger avec eux,
» elles ſont preſque toujours privées
» de cet honneur. J'ai ſouvent pris plai-
» ſir à voir dîner notre vieux char-
» pentier : ſa femme & ſes enfans
» étoient autour de lui, & le ſervoient
» avec tout le reſpect des domeſtiques
» les mieux inſtruits. Si c'étoit un jour
» de fête, ſes filles & ſes gendres ne
» manquoient pas de s'y trouver, &
» de lui apporter de petits préſens. Ils
» faiſoient un cercle autour de lui, &
» l'entretenoient pendant tout le tems
» qu'il reſtoit à table. Lorſqu'il avoit
» fini, on lui préſentoit ſa pipe ; & ſe
» tournant, il leur diſoit d'un air

» grave : allez manger, vous autres.
» Je le blâmois quelquefois de cette sé-
» vérité, & lui citois l'exemple des
» blancs qui dînent & soupent avec
» leurs femmes : il me répondoit qu'ils
» n'en étoient pas plus sages ; & que
» si l'on vouloit considérer combien
» elles sont orgueilleuses, & peu sou-
» mises à leurs maris, on avoueroit
» que les noirs, qui tiennent les leurs
» dans le respect, ont pour eux le bon
» sens, la justice & la raison.

» Les négresses, qui sont très-fécon-
» des en Afrique, multiplient beau-
» coup moins dans nos colonies,
» & infiniment moins encore dans les
» établissemens Anglois, où l'amer-
» tume de leur sort les porte à se déli-
» vrer volontairement d'un fardeau
» qui fait la joie des autres meres. Un
» peu plus d'humanité de la part de
» ces maîtres cruels, préviendroit des
» maux terribles. Vous frémirez d'hor-
» reur, en apprenant qu'on fait des
» parties de plaisir à la Jamaïque, pour
» aller à la chasse des negres, dans les
» montagnes, comme à celle des loups
» & des sangliers. On leur dit qu'ils
» sont hommes comme nous ; qu'ils

» sont rachetés du sang d'un Dieu mort
» pour eux ; & on les traite comme
» des bêtes féroces. On les fait courir
» nuds & à pied à la tête des che-
» vaux, qui vont toujours au galop.
» Un jeune negre, à qui on apprend le
» le métier de coureur, est suivi d'un
» autre plus âgé, qui lui applique de
» grands coups de fouet sur les fesses,
» chaque fois qu'il peut l'avoir à sa
» portée. Il en meurt un grand nombre
» dans cet apprentissage barbare ; mais
» c'est de quoi les Anglois se mettent
» peu en peine.

» Les noirs sont sensibles aux bien-
» faits, & capables de reconnoissance ;
» mais ils veulent être obligés de bonne
» grace. Quand ils sollicitent quel-
» que faveur, ils sçavent représenter
» adroitement leurs bonnes qualités,
» leur assiduité au service, leurs travaux,
» le nombre de leurs enfans & l'éduca-
» tion qu'ils leur ont donnée. Ensuite ils
» rappellent tous les biens qu'on leur
» a déja faits, avec des remerciemens
» respectueux, & finissent par deman-
» der ce qu'ils désirent. Si le refus suit
» la priere, il faut toujours en appor-
» ter quelque raison, & les renvoyer

» avec douceur. C'est le moyen de se
» les attacher ; car ils sont générale-
» ment très-dociles.

» Lorsqu'il s'éleve entr'eux quelque
» différend, ils s'accordent à venir de-
» vant leurs maîtres, & plaident leur
» cause sans s'interrompre. L'offensé
» commence ; & dès qu'il s'est expli-
» qué, il déclare à sa partie, qu'elle
» peut répondre. La modération est
» égale de côté & d'autre ; & comme
» il s'agit presque toujours de quelque
» bagatelle, ces procès sont bientôt
» terminés. S'ils se battent, ou se ren-
» dent coupables de quelque larcin,
» on doit les punir rigoureusement ;
» car il faut, avec eux, autant de sévé-
» rité, que de condescendance. Ils souf-
» frent avec patience les châtimens
» qu'ils ont mérités ; mais ils sont ca-
» pables des plus grands excès, quand
» on les maltraite sans raison. Lors-
» qu'ils s'attroupent, dans quelque sou-
» levement, le remede est de les dissi-
» per sur le champ à coups de bâton ;
» si l'on differe, on se met quelquefois
» dans la nécessité d'en venir aux ar-
» mes ; & dans ces occasions, ils se
» défendent en furieux : dès qu'ils se

persuadent

» persuadent qu'il faut mourir, peu
» leur importe de quelle maniere ils
» perdront la vie; & le moindre
» succès acheve de les rendre invinci-
» bles.

» C'est une regle générale de pru-
» dence, de ne jamais les menacer. La
» punition ne doit point être suspen-
» due, parce que souvent la crainte
» les porte à s'enfuir dans les monta-
» gnes; & c'est ce que nous appellons
» ici *aller marron*. Le terme de *marron*,
» dont l'étymologie n'est pas fort an-
» cienne, même aux isles, vient du
» mot espagnol *simarron*, qui veut
» dire un singe. On sçait que ces ani-
» maux se retirent dans les bois, &
» qu'ils n'en sortent, que pour venir
» se jetter furtivement sur les fruits qui
» sont dans les lieux voisins de leur
» retraite. Pour obvier aux désordres
» qu'entraîne le marronage, car ces
» negres fugitifs deviennent des bri-
» gands, le roi a ordonné que la pre-
» miere fois qu'un esclave déserte, si
» son maître le dénonce, & qu'on
» le prenne un mois après, il ait les
» oreilles coupées, & la fleur-de-lys
» appliquée sur le dos. S'il récidive,

» on lui coupe le jarret; & à la troi-
» fieme fois, il eſt pendu. Les negres
» marrons, quand ils ſont pourſuivis
» dans les forêts, y creuſent des foſſes,
» dont ils couvrent la ſurface avec des
» feuilles, & au fond deſquelles des
» pieux aiguiſés empalent ceux qui s'y
» laiſſent tomber.

» On n'a pas trouvé de moyen plus
» ſûr, pour empêcher la déſertion de
» ces eſclaves, que de leur donner,
» à quelque diſtance de l'habitation,
» une portion de terrein, pour y cul-
» tiver du tabac, des patates, des igua-
» mes, & tout ce qu'ils peuvent tirer
» de ce fonds, avec la liberté de le
» vendre, ou de l'employer à leur ſub-
» ſiſtance. On leur permet d'y tra-
» vailler les jours de fêtes, après le
» ſervice divin, & les autres jours,
» pendant le tems qu'ils peuvent re-
» trancher de celui qu'on leur accorde
» pour les repas. Pluſieurs élevent de
» la volaille, & quelque bétail qu'ils
» vont vendre au marché, du conſen-
» tement de leurs maîtres : mais alors,
» ils doivent être munis d'une permiſ-
» ſion par un billet, ou par quelque
» autre marque connue, à peine de

» revendication des choses vendues,
» & d'une amende contre les ache-
» teurs. Ces marques ou billets sont,
» ou doivent être examinés par un offi-
» cier public, qui préside aux ventes,
» les jours de marché. On se plaint que
» l'exécution de cette ordonnance
» est négligée ; & ici, comme en
» Europe, on voit des marchands sans
» honneur & sans foi, qui achetent
» tout ce qu'on leur présente, pourvu
» qu'ils y trouvent du bénéfice. Quoi
» qu'il en soit, il y a des negres qui
» se font annuellement, de leur com-
» merce & de leur travail, un revenu
» honnête : ils se croient alors fort
» heureux ; & leur attachement pour
» leur maître augmente à proportion
» de leur aisance. Si, malgré ces avan-
» tages, ils se livrent encore à la déser-
» tion, & qu'après vingt-quatre heures
» d'absence, ils ne se représentent pas
» d'eux-mêmes, ou conduits par quel-
» que protecteur qui demande grace,
» on saisit leur petite possession ; &
» cette perte leur est plus sensible, que
» tout autre châtiment. Le moindre
» exemple de ces sortes de confisca-
» tions, est long-tems un sujet de ter-

» reur parmi tous les noirs d'une habi-
» tation.

» A propos de marronage, conti-
» nuoit notre économe, je me sou-
» viens que dans mon enfance, plus
» de cinquante de ces negres fugitifs
» furent ramenés au Cap par un mis-
» sionnaire. Il seroit difficile de vous
» dire avec quelles démonstrations de
» joie, ce prêtre fut reçu avec tout son
» monde. Les rues étoient bordées
» de peuple pour les voir passer : les
» maîtres se félicitoient les uns & les
» autres, d'avoir retrouvé leurs escla-
» ves ; & les noirs eux-mêmes, qui
» servoient dans la ville, se faisoient
» une fête de revoir, l'un, son pere
» ou sa mere, l'autre, son fils ou sa
» fille. La marche étoit très-lente,
» pour leur laisser la liberté d'em-
» brasser leurs amis, leurs parens,
» leurs camarades, avec mille cris d'al-
» légresse & de bénédictions. Ce qu'il
» y avoit sur-tout de plus frappant,
» c'étoit une troupe de jeunes garçons
» & de jeunes filles, qui, étant nés
» dans les bois, n'avoient jamais vu
» d'hommes blancs, ni de maisons à la
» Françoise. Ils ne pouvoient se lasser

» de les confidérer, en témoignant, à
» leur maniere, leur admiration ou
» leur étonnement.

» On eſt ici dans l'uſage de mar-
» quer les noirs, lorſqu'on les achete ;
» & c'eſt ce qu'on appelle *étamper un*
» *negre*. On ſe ſert, pour cela, d'une
» lame d'argent très-mince, qui forme
» un chiffre. Il ſuffit de la chauffer, ſans
» la faire rougir. On frotte avec un
» peu de graiſſe, l'endroit où elle doit
» être appliquée ; on met deſſus du
» papier huilé, ſur lequel le chiffre
» s'imprime. La chair s'enfle d'abord ;
» & dès que l'effet de la brûlure eſt
» paſſé, la marque reſte, & ne s'efface
» plus. Comme le même chiffre peut
» ſe trouver ſur pluſieurs eſclaves, à
» chaque vente particuliere on appli-
» que la lame dans un endroit différent ;
» de ſorte qu'un negre qui a été vendu
» & revendu pluſieurs fois, ſe trouve
» auſſi chargé de ces caracteres, qu'un
» ancien obéliſque.

» On n'a point cette méthode dans
» les petites Antilles, où les noirs
» ſeroient au déſeſpoir de ſe voir
» marqués comme les bœufs & les che-
» vaux. On n'a jugé cette précaution

» nécessaire, que dans les grandes isles,
» où ils ont plus de facilité de s'enfuir,
» & de se retirer dans des lieux inaccef-
» sibles. Le maître de ces esclaves fu-
» gitifs est obligé de payer vingt-cinq
» écus à celui qui les prend hors des
» quartiers François, & quinze francs
» seulement, si, sans sortir de ces
» mêmes quartiers, ils n'ont fait que
» changer d'habitation.

» Les affranchis ou negres libres,
» qui donnent retraite dans leurs mai-
» sons à ces déserteurs, sont condam-
» nés, par corps, envers le maître,
» à une amende de trente francs, pour
» chaque jour de rétention ; & les
» blancs qui tombent dans la même
» faute, à dix livres seulement. Si les
» affranchis ne sont pas en état de
» payer cette amende, on les réduit
» eux-mêmes à la condition des escla-
» ves ; ils sont vendus comme tels ;
» & si le prix de la vente excede l'a-
» mende, le surplus est délivré à l'hô-
» pital.

» Quoique le nombre des noirs soit
» fort supérieur à celui des autres ha-
» bitans, nous ne laissons pas de vivre,
» au milieu d'eux, dans une parfaite

» sécurité; & voici ce qui nous rassure.
» Ces esclaves viennent de divers can-
» tons d'Afrique, où les langues étant
» différentes, ils ne peuvent s'en-
» tendre facilement. Si l'idiome est le
» même, il regne entr'eux une haine si
» forte, qu'ils aimeroient mieux mou-
» rir de la main des blancs, que de
» se joindre à des negres d'un autre
» canton, pour s'aider réciproquement
» à secouer le joug de leurs communs
» maîtres. D'ailleurs ils ne peuvent
» ni toucher aucune arme, ni sortir
» des limites de la plantation où ils
» sont attachés. Il leur est même dé-
» fendu, sous peine du fouet, de por-
» ter un bâton; & dans plusieurs cas,
» la peine de mort est décernée contre
» ceux qui s'attroupent pendant la nuit.
» Le moins qui puisse leur arriver,
» est le fouet & la fleur-de-lys. Enfin,
» on les tient dans une si grande sujé-
» tion, qu'ils ne peuvent pas même faire
» paroître le moindre desir de recou-
» vrer leur liberté. Que seroit-ce, s'ils
» osoient lever la main sur leurs maî-
» tres ? Une mort prompte & cruelle
» en seroit la punition. Quant aux
» voies de fait contre des personnes

» libres, elles sont châtiées avec la plus
» grande rigueur. Leur naturel dur
» exige qu'on n'ait pas trop d'indul-
» gence pour eux, ni aussi trop de sé-
» vérité ; car si un châtiment modéré
» les rend souples, & les anime au
» travail, une rigueur excessive les re-
» bute & les porte à la désertion.

» Une autre attention qu'il faut avoir,
» c'est de veiller à la conservation de
» leur santé. Outre les maladies ordi-
» naires aux blancs, ils en ont de par-
» ticulieres, occasionnées par leur
» malpropreté extrême. Une des plus
» communes est celle que leur cause
» un certain insecte, redoutable dans
» les Antilles, appellé la *chique*. Ce
» petit animal, qui n'est d'abord pas
» plus gros qu'un ciron, se loge sous
» les ongles des pieds, & y excite
» des démangeaisons douloureuses &
» insupportables. Il croît peu-à-peu,
» s'étend & devient enfin de la gros-
» seur d'un pois. Alors il fait des
» œufs qui sont autant de petites chi-
» ques, qui se nichant autour de leur
» mere, s'y nourrissent & endomma-
» gent tellement les pieds, qu'ils y
» causent des ulceres, & quelque-

» fois la gangrene. La noirceur de l'in-
» secte le fait aisément remarquer ; avec
» une epingle, ou un couteau poin-
» tu, on cerne la chair ; quand il pa-
» roît, on le tire dehors ; & l'on rem-
» plit le trou avec du suif, ou de la
» cendre de tabac. Si on néglige
» de se débarrasser de ce cruel ani-
» mal, ou qu'il en reste une partie
» dans la plaie, on s'expose quelque-
» fois aux plus terribles accidens. Le
» moyen de s'en garantir, est de se
» frotter les pieds avec des feuilles de
» tabac broyé, ou d'autres herbes
» âcres & ameres. Le rocou est le
» poison de cette vermine si redou-
» table pour les noirs, & généralement
« pour tous ceux qui négligent la pro-
» preté. Si l'on avoit soin de se laver
» souvent, on craindroit peu cette fâ-
» cheuse incommodité.

» Deux autres maladies, particu-
» lieres aux negres, sont ce qu'ils ap-
» pellent le mal d'estomac, & les
» pians. La premiere est un anéantis-
» sement, un affaissement total de la
» machine. Ils veulent toujours être
» couchés ; on est obligé de les battre,
» pour les faire lever, pour les faire

» marcher. Quelques-uns se découragent
» au point de se laisser assommer de
» coups, plutôt que de se donner le
» moindre mouvement. Les alimens
» doux & sains leur sont indifférens,
» malgré la faim qui les dévore; ils n'ont
» de goût que pour ceux qui sont salés
» & épicés. Après avoir langui quelques
» mois, leurs jambes commencent à
» s'enfler; ensuite les cuisses, le ventre
» & la poitrine venant à s'engorger, ils
» meurent étouffés. Cette maladie peut
» provenir de plusieurs causes : ou de la
» mauvaise nourriture qu'ils ont eue
» dans leur traversée de Guinée en
» Amérique, pendant laquelle on ne leur
» donne que des feves de marais, qu'ils
» ne connoissent point dans leur pays,
» ou de celle qu'ils reçoivent dans nos
» isles même, chez des habitans durs &
» avares. Ce mal vient aussi du chagrin
» qui s'empare d'eux, lorsqu'ils se voient
» enlevés de leur patrie, enfermés,
» gardés dans les vaisseaux comme des
» criminels, ne sachant rien de leur
» sort à venir, abandonnant, sans espoir
» de retour, leur terre natale, leurs
» femmes, leurs enfans, leurs com-
» pagnons, leurs plaisirs, leurs habi-

» tudes, pour être transplantés parmi
» des inconnus. Cette situation affreuse
» doit, sans doute, jetter dans leur
» cœur, le découragement & le dé-
» sespoir : aussi presque tous les ne-
» gres, quand ils arrivent, ont l'air
» triste, abattu, ou étonné. Une au-
» tre cause très-générale encore, c'est
» que plusieurs d'entre eux avalent
» d'une certainne terre, semblable,
» à ce qu'ils croient, à celle dont ils
» mangeoient habituellement en Afri-
» que, sans en être incommodés. C'est
» un tuf rouge, jaunâtre, très-com-
» mun dans nos isles. On en vend secret-
» tement, malgré les défenses, dans les
» marchés publics, sous le nom de *couac*.
» Ceux qui sont dans cet usage, en parois-
» sent si friands, qu'il n'y a point de châ-
» timens qui puissent les en détourner.
 » C'est une opinion assez générale-
» ment établie en France, que les pians
» ne sont autre chose, que le mal
» vénérien, qui se manifeste par des
» pustules. Il est vrai qu'on les traite
» de la même maniere, & avec les
» mêmes remedes ; mais on y trouve
» des différences qui semblent distin-
» guer essentiellement ces deux mala-
» dies.

» On doit d'autant plus s'intéresser
» à la conservation des negres, qu'ils
» font comme les bras des habitans ; &
» que celui qui en a un plus grand nom-
» bre, parvient plus promptement à la
» fortune. La chaleur du climat, le chan-
» gement de nourriture, la foiblesse du
» tempérament ne permettant pas aux
» Européens d'entreprendre des tra-
» vaux pénibles, les terres de nos co-
» lonies seroient encore incultes, sans
» le secours de ces esclaves Africains.
» Nés vigoureux, & accoutumés à
» une nourriture grossiere, ils trou-
» vent en Amérique, des douceurs,
» qu'ils ne connoissent pas dans leur
» pays ; & ce changement en bien,
» les met en état de résister au travail.
» Les champs qui produisent le sucre,
» l'indigo, le caffé, le coton, le
» tabac, le manioc, le rocou, ont
» besoin d'un nombre d'hommes pro-
» protionné à leur étendue. Si l'on
» compte aujourd'hui trente mille
» blancs dans la Saint-Domingue Fran-
» çoise, il y a cent mille negres ou
» mulâtres occupés aux plantations &
» aux sucreries. On les instruit dans
» le genre de travail, propre à mettre

» ces productions en valeur. Tous
» sont sous la discipline d'un com-
» mandeur noir ou blanc, qui, dans
» les grands établissemens, est lui-même
» subordonné à un économe.

» On est peu d'accord dans nos isles,
» sur le choix de ces commandeurs. Les
» uns préferent un blanc pour cet office;
» d'autres au contraire, donnent la pré-
» férence à un negre sage, fidele, affec-
» tionné, qui entend bien le travail, &
» sur-tout, qui sait se faire obéir. Cette
» derniere qualité n'est pas la plus diffi-
» cile, parce que personne ne comman-
» de avec plus d'empire que les negres.
» Le devoir de cet officier est d'être tou-
» jours à la tête des autres, de ne les
» pas perdre de vue un instant, d'arrê-
» ter où de prévenir les désordres,
» d'appaiser les querelles, de visiter
» les travailleurs, de leur distribuer
» leurs occupations, de les faire assis-
» ter à la priere, de les instruire,
» de les mener à l'église, &c. Il veille à
» la propreté de leurs maisons, à leur
» santé, à leur habillement. Enfin il
» doit informer le maître ou l'écono-
» me, de ce qui se passe, prendre leurs
» ordres, les bien entendre, les faire

» exécuter ponctuellement. Un maître
» sage, qui sent combien il importe
» qu'on respecte son autorité, lui marque
» de la considération, évite de le répri-
» mander publiquement, se garde en-
» core plus de le battre en présence
» d'autres esclaves. S'il le trouve cou-
» pable de quelque faute qui mérite
» une punition éclatante, il commence
» par le dépouiller de son emploi;
» mais, tant qu'il en est en possession,
» il ne manque jamais de châtier sévè-
» rement ceux qui lui désobéissent. Il ne
» faut pas le choisir trop jeune, de peur
» qu'il n'abuse de son autorité avec les
» négresses; il ne faut pas le prendre
» trop vieux, de peur qu'il ne s'en laisse
» dominer. Vous jugez bien qu'il re-
» çoit toujours plus de vivres & plus
» d'habits qu'un esclave ordinaire, &
» de tems en tems des gratifications.

» Les domestiques negres, qui ser-
» vent dans l'intérieur de la maison,
» ne sont point dans la dépendance du
» commandeur. Ce qu'il y a de sin-
» gulier, c'est que, malgré les avanta-
» ges de leur condition, c'est-à-dire,
» quoiqu'ils soient mieux vêtus, mieux
» nourris, & traités avec plus de douceur

» que les autres, la plupart aiment
» mieux être appliqués aux travaux
» de la campagne, ou apprendre des
» métiers. Ils sont si fiers d'être menui-
» siers ou maçons, qu'on ne les voit
» jamais sans leur regle ou leur tablier.
» Quelques-uns deviennent fort adroits;
» & ce sont des trésors pour leurs maî-
» tres. Les esclaves destinés aux opé-
» rations qui se font dans les sucreries,
» s'appellent *raffineurs*. Ce n'est pas
» sans peine, qu'ils acquierent une
» connoissance exacte de leur art.
» Leur travail est d'autant plus fati-
» gant, qu'ils sont sans cesse exposés à
» la chaleur des chaudieres & des
» fourneaux. Les charpentiers ont
» soin de réparer le moulin. Les char-
» rons sont également nécessaires,
» ainsi que les tonneliers ; & dans les
» grands établissemens, un forgeron
» ne manque jamais d'occupation. Les
» autres sont employés à la culture
» des terres, à l'entretien des planta-
» tions, & à couper les cannes à su-
» cre, que les cabrouettiers transpor-
» tent au moulin, & que les négresses
» font passer entre des cylindres. Les
» hommes les moins propres aux tra-

» vaux difficiles, se partagent pour en-
» tretenir le feu, pour soigner les ma-
» lades dans les infirmeries, pour
» garder les bestiaux dans les pâtura-
» ges. On occupe aussi les enfans à des
» détails proportionnés à leurs forces
» & à leur âge; & il n'est pas jusqu'aux
» viellards les plus décrepits, qui ne
» puissent être employés utilement,
» dans une habitation bien réglée.

» Les maîtres sont tenus de fournir aux
» esclaves, un certaine quantité de vi-
» vres chaque semaine, & des habits
» toutes les années. Il est défendu de
» leur donner aucune sorte d'eau-de-
» vie, pour tenir lieu de cette subsis-
» tance, & de se décharger de cette
» même nourriture, en leur accor-
» dant des jours de travail pour leur
» compte particulier. Ceux à qui
» des maîtres trop durs refuseroient
» la vie & l'entretien, peuvent en por-
» ter leurs plaintes aux officiers du
» conseil, ou autres magistrats de po-
» lice, auxquels il est enjoint de les
» écouter, & de leur faire rendre
» justice. Le même réglement regarde
» les vieillards & les infirmes, dont
» le maître est obligé d'avoir soin; &

SUITE DE S. DOMINGUE. 185
» s'il a la dureté de les abandonner,
» ils doivent être transférés, entre-
» tenus & foignés à ſes dépens, dans
» l'hôpital le plus voiſin de l'habita-
» tion. Vous voyez que tout concourt,
» dans nos colonies, à adoucir, au-
» tant qu'il eſt poſſible, le ſort de ces
» malheureux.

» Leur principale nourriture conſiſte
» en farine de manioc, en pluſieurs
» ſortes de racines, en maïs, bananes,
» & en viandes ſalées. Le poiſſon, les
» crabes, les grenouilles, les gros lé-
» zards, les rats, & autres animaux
» de cette eſpece, ſervent à varier
» leurs mets. Un bœuf, un porc & toute
» autre bête qui meurt accidentelle-
» ment, fait, pour ces gens-là, un
» feſtin délicieux. La paſſion qu'on leur
» attribue pour la chair des beſtiaux
» morts de maladie, va ſi loin, dit-on,
» que, dans la crainte qu'ils n'en ſoient
» incommodés, on eſt obligé de faire
» enterrer les cadavres; & malgré ce
» ſoin, ils prennent quelquefois le
» tems de la nuit, pour les déterrer. On
» m'a raconté qu'un de nos habitans,
» à qui il étoit mort une vache d'un
» mal, dont on craignoit la contagion

» pour toutes les autres, la fit jetter
» dans un ancien puits, sec & pro[fond]
» fond de quarante pieds. Les noirs
» persuadés qu'ils y pouvoient descen[dre]
» dre aussi facilement que la vache, e[n]
» prirent la résolution. Un d'entr'eu[x]
» y sauta le premier, un autre aprè[s]
» lui, ensuite un troisieme ; & tou[s]
» s'y seroient jettés successivement,
» si l'on ne s'étoit apperçu de leur en-
» treprise au sixieme.

» Les negres composent différente[s]
» boissons avec des fruits, des racines[,]
» des citrons, du gros syrop de sucr[e]
» & de l'eau. Ils en font une fort sin[-]
» guliere, dans les Antilles Angloises,
» dont je ne vois pas qu'on use dan[s]
» nos colonies. C'est un extrait d[e]
» racine de cassave, mâchée d'abor[d]
» par de vieilles femmes, qui la rejet-
» tent ensuite dans un vase rempl[i]
» d'eau ; en trois ou quatre heures, l[a]
» fermentation lui fait perdre ses mau-
» vaises qualités ; & ce que vous au-
» rez peine à croire, c'est qu'une pré-
» paration si dégoûtante devient un[e]
» liqueur fine & agréable.

» Nos noirs se régalent les jours de
» fêtes ; aux grands repas, & princi-

» palement aux festins de noces, il y
» a toujours beaucoup de monde :
» chacun y est admis & bien reçu,
» pourvu qu'il apporte de quoi payer
» son écot. Ces fêtes tumultueuses, où
» les commandeurs veillent pour pré-
» venir les désordres, sont accompa-
» gnées de danses, que les negres aiment
» passionément

» Ceux de chaque nation se ras-
» semblent & exécutent celles de
» leur pays, au bruit cadencé d'une es-
» pece de tambour, de chants bruyans,
» & de frappemens de mains. Leurs
» organes sont singuliérement dis-
» posés pour la musique. Leurs
» airs sont presque toujours à deux
» tems : aucuns n'excitent la fierté ;
» ceux qui sont faits pour la tendresse,
» inspirent plutôt une sorte de tristesse
» & de langueur. Ceux même qui sont
» les plus gais, portent une certaine
» empreinte de mélancolie. Le même
» air, quoiqu'il ne soit qu'une répétition
» continuelle des mêmes tons, les oc-
» cupe, les fait travailler ou danser pen-
» dant des heures entieres : il n'en-
» traîne même pas pour eux, ni pour les
» blancs, l'ennui de l'uniformité que
» devroient causer ces répétitions :

» cette espece d'intérêt est dû, sans
» doute, à la chaleur & à l'expression
» qu'ils mettent dans leur chant.

» Ils sont tout à la fois poëtes & musi-
» ciens. Les regles de leur versification
» ne sont pas rigoureuses; elles se plient
» toujours à la musique. Ils allongent
» ou racourcissent les mots au besoin,
» pour les appliquer à l'air, sur lequel
» les paroles doivent être composées.
» Un objet, un événement frappe un
» negre; il en fait aussi-tôt le sujet
» d'une chanson. Trois ou quatre pa-
» roles, qui se répetent alternative-
» ment par les assistans, & par l'au-
» teur, forment quelquefois tout le
» poëme. Cinq ou six mesures sont
» toute l'étendue de l'air.

» Ces gens n'entreprennent aucun
» ouvrage qui exige quelque exercice,
» qu'ils ne le fassent en cadence, & pres-
» que toujours en chantant. C'est un
» avantage dans la plupart des tra-
» vaux : le chant les anime; & la me-
» sure devient une regle générale,
» qui force les indolens à suivre les
» autres.

» Vous aimeriez sur-tout à vous
» trouver à leurs fêtes. J'ai vu sept à huit
» cens negres accompagner une noce

au bruit d'une chanson. Ils s'élevoient en l'air, & retomboient tous en même tems. Ce mouvement étoit si précis & si général, que leur chûte ne formoit qu'un seul son. Le défaut de vêtemens mettant à découvert tous leurs muscles, on voit qu'il n'est pas une partie de leur corps, qui ne soit affectée de cette cadence, & qui ne l'exprime.

» Mais pour ne parler ici que de leurs danses propres, il en est une qui leur plaît singuliérement, & qu'ils appellent *calenda*. Elle est d'une indécence qui la fait défendre par plusieurs maîtres, tant pour mettre l'honnêteté publique à couvert, que pour empêcher les assemblées trop nombreuses; une troupe de negres excités par la joie, & souvent échauffés par les liqueurs fortes, devient capable de toutes sortes de violences; mais ici, comme ailleurs, la loi l'emporte rarement sur le plaisir.

» Les danseurs sont disposés sur deux lignes, l'une devant l'autre, les hommes vis-à-vis des femmes, & environnés de spectateurs. Un des plus habiles entonne une chanson qu'il

» compose sur le champ, & à laquelle
» les autres applaudissent, en répétant
» le refrain. Ils tiennent les bras à de-
» mi levés, sautent, tournent, s'ap-
» prochent les uns des autres, & re-
» tournent en cadence, jusqu'à ce que
» le son redoublé des instrumens les
» avertisse de se joindre, en se
» donnant des baisers mêlés de mouve-
» mens & de gestes très-lascifs. Ils ont
» une passion si vive pour cet exercice,
» que lorsqu'il est défendu dans une ha-
» bitation, ils font trois ou quatre
» lieues le samedi, après avoir quitté le
» travail, pour se rendre dans une au-
» tre où il soit permis. Le calenda a
» aussi beaucoup de charmes pour les
» Espagnols de l'Amérique : il est en
» usage dans tous leurs établissemens, &
» entre jusques dans leurs pratiques de
» dévotion. Les religieuses ne man-
» quent guere de le danser, la nuit de
» noël, sur un théatre élevé dans le
» chœur, vis-à-vis de la grille, qu'elles
» tiennent ouverte, pour faire part au
» peuple de ce spectacle. Il est inutile
» de vous dire qu'elles n'admettent
» point d'hommes à cette danse.

» Le commandeur, chargé du loge-

» ment des esclaves, doit y faire ob-
» server la symmétrie, l'ordre & l'uni-
» formité. Les cases ou barraques sont
» toutes de même grandeur, & pla-
» cées sur le même alignement. Elles
» ont une porte & une fenêtre, sont
» couvertes de cannes & de roseaux,
» & enduites de terre grasse.

» Le mari & la femme ont chacun
» leur lit. Vous savez en quoi il con-
» siste. Les maîtres un peu généreux
» donnent à leurs negres quelques gros-
» ses toiles, ou de vieilles étoffes pour
» les couvrir; mais c'est un surcroît de
» soin pour le commandeur, qui est
» obligé de les leur faire laver souvent.
» Jusqu'à l'âge de sept ans, les enfans
» de l'un & l'autre sexe occupent
» le même lit ; mais on n'attend pas
» long-tems à les séparer, parce
» qu'avec le penchant de la nation
» pour le plaisir des sens, il ne faut guere
» compter sur leur sagesse à cet âge.

» A la réserve des esclaves qui servent
» de laquais, tous vont ordinairement
» les pieds nuds & sans bas. Leurs ha-
» bits journaliers ne consistent qu'en
» des caleçons & une casaque. Mais,
» les jours de fêtes, ceux qui se pi-
» quent d'être bien vêtus, ont une

» chemise, & une espece de jupe de
» toile de couleur, ou d'une étoffe lé-
» gere qu'on nomme *candale*, & qui
» ne va que jusqu'aux genoux. Le haut
» plissé par une ceinture, a deux fen-
» tes sur les hanches, qui se ferment
» avec des rubans. Ils portent un petit
» pourpoint sans basque, qui laisse
» trois doigts de vuide entre lui & la
» candale, pour faire bouffer plus li-
» brement la chemise. S'ils sont assez
» riches pour se procurer des boutons
» d'argent, ou de pierres de couleur;
» ils en mettent au col & aux poi-
» gnets; & lorsque, dans cette parure,
» ils ont la tête couverte d'un chapeau,
» on trouve qu'ils ont assez bonne
» mine. Avant le mariage, ils portent
» deux pendans d'oreilles, comme les
» femmes; ensuite ils n'en mettent plus
» qu'un seul.

» Les négresses, dans leur habille-
» ment de céremonie, ont ordinaire-
» ment deux jupes. Celle de dessous
» est de couleur, & l'autre de toile
» blanche, ou de mousseline. Par-dessus
» est un corset à petites basques, avec
» une échelle de rubans; les autres or-
» nemens sont des dentelles, des boucles
d'oreilles

SUITE DE S. DOMINGUE. 193
» d'oreilles, des bagues, des bra-
» celets, des colliers, &c. Mais on
» ne voit cet air de propreté, qu'aux
» negres & négreſſes qui ſe ſont mis
» en état, par leur travail & leur éco-
» nomie, de ſe procurer ces diverſes
» parures : car, à l'éxception de ceux ou
» de celles qui, dans les maiſons, ſervent
» de laquais ou de femmes de chambre,
» il n'y a perſonne qui faſſe l'inutile dé-
» penſe de parer un troupe d'eſclaves.

» Tout ce que poſſedent ces derniers,
» appartient à leur maître, ſoit qu'ils
» ſe le ſoient procuré par leur induſtrie,
» ſoit qu'il l'ayent acquis par la libéra-
» lité d'autres perſonnes. Ils ſont inca-
» pables de ſuccéder, de diſpoſer &
» de contracter de leur chef, & plus
» encore de poſſéder des offices publics
» de diriger les affaires, d'être pris
» pour experts, pour arbitres, pour
» témoins, tant en matieres civiles,
» que criminelles, à moins qu'ils ne
» ſoient témoins néceſſaires, & ſeu-
» lement faute d'autres : mais, dans
» aucun cas, ils ne peuvent l'être con-
» tre leurs maîtres.

La loi défend auſſi de leur rendre
» la liberté à prix d'argent, de peur que

Tome XI. I

» pour en avoir, ils ne se portent
» au vol & au brigandage. Pour y ob-
» vier, il ne doivent être affranchis
» que par une permission du conseil su-
» périeur ; & elle ne s'accorde que
» pour des raisons légitimes. Sans cette
» formalité, les affranchissemens sont
» nuls, & les maîtres privés de leur
» esclave.

» Les Européens se trompent, lors-
» qu'ils s'imaginent que nous faisons
» consister la beauté des negres dans
» un nez écrasé & de grosses levres:
» nous voulons, au contraire, des traits
» bien réguliers. Les Espagnols y appor-
» tent encore plus d'attention ; ils ne
» regardent point à cinquante piastres
» de plus ou de moins, pour acquérir
» une belle négresse. Avec la régula-
» rité des traits, ils veulent qu'elle ait
» la taille bien faite, une peau fine
» & d'un noir luisant. Le goût dé-
» pravé des Européens pour les femmes
» de cette couleur, est aussi étonnant,
» qu'il est général dans nos isles. Les
» uns y sont entraînés par l'occasion,
» la facilité, l'exemple, & peut-être
» aussi par le physique du climat; les
» autres par l'indolence, la fierté des

» blanches,& le peu de soin qu'elles ont
» de plaire ; quelque-uns, par un motif
» de curiosité, ou pour d'autres raisons
» encore qu'on imagine aisément. Voilà,
» sans doute, ce qui rend si commun un
» sentiment désavoué par la délicatesse,
» & contredit par les dégoûts sans nom-
» bre, que la nature paroît lui avoir
» opposés. Il est malheureux, & cepen-
» dant très-vrai, que les colonies re-
» tirent un fort grand avantage de cette
» corruption de mœurs, de cette dé-
» pravation de goût. Les négresses qui
» vivent avec des blancs, sont ordinai-
» rement plus attentives à leurs de-
» voirs, & garantissent leurs maîtres,
» ou leurs amans, des complots des au-
» tres esclaves. Le gouvernement leur
» a l'obligation d'avoir découvert plus
» d'une conspiration formée par les
» noirs. En général, ces femmes ont
» un attachement plus décidé pour les
» hommes de leur couleur ; mais elles
» comprennent qu'elles seroient moins
» heureuses, si elles leur étoient sou-
» mises. La vanité est ordinairement
» l'écueil de leur sagesse ; elles ne ré-
» sistent presque jamais aux offres qui
» leur sont faites par les blancs.

I ij

» On nous amene, de quelques can-
» tons d'Afrique, des negres qui pen-
» fent qu'après leur mort, ils s'en re-
» tournent dans leur patrie. S'ils font
» mécontens de leurs maîtres, ou s'ils
» prennent quelque dégoût de la vie,
» ils n'héfitent point à fe l'ôter. Pour
» les empêcher d'attenter à leurs
» jours, il faut, quand on les châtie,
» les punir très-févérement, parce
» qu'alors ils craindroient de fe mon-
» trer dans leur pays, avec les marques
» des coups de fouet qu'ils ont reçus.
» J'en ai connu un qui menaçoit de fe
» tuer, fi on le puniffoit. Quand il eut
» le corps déchiré, on le laiffa en
» liberté ; on lui donna une corde &
» des inftrumens propres à trancher
» fa vie ; on l'en défioit même. Les plai-
» fanteries l'emporterent fur le défef-
» poir ; & il n'ofa s'y réfoudre. Ce
» même efclave, paffant enfuite à un
» autre maître qui le traitoit avec dou-
» ceur, finit par s'étouffer avec fa lan-
» gue, fur de fimples menaces qui lui
» avoient été faites.

» Un Anglois de l'ifle de Saint-Chrif-
» tophe employa un ftratagême fort
» heureux, pour fauver fes negres qui

» se pendoient les uns après les autres.
» Il fit charger, sur des charrettes, des
» chaudieres à sucre, & tout l'attirail
» de sa fabrique, avec ordre à tous ses
» noirs de le suivre dans le bois. Il
» leur présenta à chacun une corde,
» en retint une pour lui, & leur
» dit, qu'ayant appris le dessein où ils
» étoient de retourner en Guinée, il
» vouloit les y accompagner ; qu'il y
» avoit acheté une grande habitation,
» où il étoit résolu d'établir une sucre-
» rie ; qu'il les jugeoit plus propres à
» ce travail, que ceux du pays, qui
» n'y étoient pas exercés ; qu'alors ne
» craignant plus qu'ils puissent s'enfuir,
» il les feroit travailler jour & nuit,
» sans leur accorder le repos ordinaire
» du dimanche ; que par ses ordres,
» on avoit déja repris en Afrique, ceux
» qui s'étoient pendus les premiers, &
» qu'ils les y feroit travailler les fers
» aux pieds. La vue des charrettes
» ayant confirmé cet étrange discours,
» ils ne douterent plus des intentions de
» leur maître, sur-tout lorsque, les
» pressant de se pendre, il feignit d'at-
» tendre qu'ils eussent fini leur opéra-
» tion, pour hâter la sienne, & partir

» avec eux. Il avoit même déja choiſi
» ſon arbre;& ſa corde y étoit attachée.
» Ils tinrent alors conſeil entr'eux ; &
» la miſere de leurs compagnons, la
» crainte d'être encore plus malheu-
» reux, les firent changer de réſolu-
» tion. Ils vinrent ſe jetter aux pieds
» de leur maître, pour le ſupplier de par-
» donner à leurs camarades morts,& lui
» promirent qu'aucun d'eux ne penſe-
» roit plus à le quitter. Il ſe laiſſa preſſer
» long-tems ; & l'accommodement ſe
» fit enfin, à condition que,s'il apprenoit
» qu'aucun d'eux ſe fût encore ôté la vie,
» il feroit mourir tous les autres, pour
» les envoyer à ſa ſucrerie de Guinée.

» Un autre habitant s'aviſa de faire
» couper la tête & les mains à ceux de
» ſes eſclaves,qui s'étoient étranglés,&
» de tenir leurs membres enfermés ſous
» la clef dans une cage de fer,ſuſpendue
» au milieu de ſa cour. L'opinion des
» negres étant que leurs morts empor-
» tent avec eux leurs corps en Afrique,
» il leur diſoit : vous pouvez, vous
» autres, vous tuer quand il vous plaira;
» mais j'aurai le plaiſir de vous rendre
» pour toujours miſérables, puiſque
» vous trouvant ſans tête & ſans mains,

» vous serez incapables de voir, d'en-
» tendre, de parler, de manger & de
» travailler. Ils rirent d'abord de cette
» idée ; car rien ne pouvoit leur per-
» suader que les morts ne trouvassent
» pas bientôt moyen de reprendre
» tous leurs membres. Mais lorsqu'ils
» les virent constamment dans le même
» lieu, ils jugerent enfin, que leur maî-
» tre étoit plus puissant qu'ils ne l'a-
» voient imaginé ; & la crainte du
» même malheur leur fit perdre l'envie
» de se pendre. Ces remedes bisarres
» sont proportionnés à la portée de
» leur esprit, & semblent justifier la
» rigueur avec laquelle on les traite.

» Il y a des negres de différentes na-
» tions, dont les uns sont plus intelli-
» gens & plus susceptibles d'instruction
» que les autres ; mais cet avantage est
» compensé par un horrible défaut ;
» c'est que, pour l'ordinaire, ceux qui
» se distinguent par leur habileté, sont
» exercés à faire usage du poison, &
» se servent trop souvent, dans nos isles,
» de ce terrible instrument de la per-
» fidie, de la vengeance & de la haine.
» Quand ils en veulent à leur maître,
» ils empoisonnent ses esclaves, &

» font mourir, par le même moyen, les
» bœufs, les chevaux, les mulets,
» & tous les bestiaux de son habita-
» tion. Ces malheureux, afin de n'ê-
» tre point soupçonnés, commencent
» leurs crimes sur leur propre famille,
» & font périr leurs enfans, leurs fem-
» mes, & même leurs maîtresses. Ils ne
» sont pas excités à toutes ces horreurs
» par la seule vengeance ; souvent celui
» qui en forme le projet, ou qui les
» commet, est précisément le negre le
» mieux traité de l'habitation. Alors
» sa cruauté ne peut être conduite, que
» par le plaisir barbare d'humilier son
» maître, en le rapprochant, autant
» qu'il le peut, de la misere de son état.
» Ce qu'il y a de singulier, c'est qu'ils
» n'essayent point leurs poisons sur
» les blancs, parce qu'ils sont persuadés
» que leur effet dépend uniquement de
» la puissance de leurs dieux, qui, dans
» leur opinion, n'ont aucun pouvoir
» sur les Européens. Cette idée nous
» met à couvert de leurs attentats,
» sans quoi nous en serions souvent
» les victimes. Les négresses, quoi-
» qu'aussi emportées dans toutes leurs

» paſſions, ne s'abandonnent point à
» ces ſortes d'excès, ſoit que leurs
» maris ne leur communiquent point
» leurs déteſtables ſecrets, ſoit que la
» timidité, la foibleſſe ou la douceur
» de leur ſexe les éloignent de ces
» cruelles entrepriſes.

» Les traits que nous remarquons dans
» les negres qui peuplent nos colonies,
» ne ſont pas même ceux qu'avoit tracés
» la nature, ni qu'auroient formés la li-
» berté, l'éducation, & l'influence du cli-
» mat, s'ils étoient reſtés dans leur pays:
» leur aviliſſement dans nos iſles doit les
» avoir altérés. A l'égard du caractere,
» on ne peut guere connoître celui
» d'une race d'hommes opprimés, qui
» voit les châtimens ſans ceſſe levés
» ſur ſa tête, & la violence toujours
» ſoutenue par la politique, l'intérêt &
» la ſûreté publique. Comment juger
» du vrai génie d'une nation enchaînée,
» chez qui le deſir même de la liberté
» eſt un crime ? Des Européens pris &
» faits eſclaves à Tunis, ont avoué,
» que dans cet état, ils étoient auſſi
» méchans, & ſervoient auſſi mal
» leurs maîtres, que ceux de nos iſles.

I v

» Tels sont pourtant les hommes avec
» qui nous avons à vivre ; voilà les
» agens nécessaires de ces fortunes,
» dont l'éclat éblouit les Européens,
» & leur dérobe les inquiétudes qui
» les accompagnent. »

Je suis, &c.

A Saint - Domingue, ce 4 Août 1750.

LETTRE CXXVIII.

LES ANTILLES.

DEPUIS plus de trois mois, Madame, je parcours, dans le nouveau monde, un Archipel moins célébré par les poëtes, mais plus connu dans l'histoire du commerce, plus fréquenté aujourd'hui, que l'Archipel de la Grece. Chaque jour il part d'une Antille à l'autre, plusieurs vaisseaux qui rendent si aisée la communication entre ces isles, que profitant de cette facilité, j'ai cédé à la curiosité de les voir; & voici, en peu de mots, le chemin que j'ai suivi. De Saint-Domingue à Portorico, de Portorico à la Guadeloupe, de la Guadeloupe à la Martinique, de la Martinique à Sainte-Lucie, Saint-Vincent, la Barbade, Tabaco, la Grenade, & Surinam, où je suis présentement. J'ai passé successivement chez les Espagnols, les François, les Anglois, les Hollandois, les Danois; j'ai vu des contrées nombreuses, couvertes de troupeaux d'esclaves, & les trois quarts des habitans changés en bêtes, pour le service de l'autre quart. J'ai vu, malgré l'influence & l'empire du climat, les mœurs Européennes transportées en Amérique; j'ai vu l'Espagnol orgueilleux & indolent, se procurer, avec son or, un luxe que sa paresse lui refuse. J'ai vu l'Anglois, ennemi du repos & de la gêne, aussi jaloux de la liberté, que de l'étendue de son commerce. J'ai vu le François léger, vif, entreprenant, mais toujours soumis aux loix de son pays, toujours guidé par la sagesse du gouvernement. Les Danois & les Hollandois méritent à peine d'être mis au nombre des propriétaires de l'Amérique; ils possedent un ou deux rochers, sur lesquels ils déploient les miracles de leur frugalité & de leur industrie, vertus favorites de ces deux nations.

San-Juan de Portorico, capitale de l'isle de ce nom, est éloignée de quinze ou vingt lieues de celle de S. Domingue. Ce pays fut découvert par Christophe Colomb; les Espagnols le nommerent Portorico, à cause de l'excellence de son port, & les François Portoric. A son entrée est une petite isle, qui a été jointe à la grande, par le moyen d'une chaussée faite au travers du havre. Ponce de Leon y jetta les premiers fondemens d'une colonie : il commença par y bâtir une bourgade, & voulut ensuite asservir les Indiens, comme on avoit fait à Saint-Domingue ; mais il reconnut qu'il s'étoit trop flatté, en croyant pouvoir disposer de ces insulaires comme d'un peuple conquis. Ils n'eurent pas plutôt senti la pesanteur du joug Castillan, qu'ils cherchèrent les moyens de s'en délivrer. Ils s'assemblerent entr'eux ; & le premier objet de leur délibération, fut de s'assurer si les Espagnols étoient effectivement immortels, comme ils en avoient la réputation. L'occasion d'éclaircir un fait de cette importance, ne tarda pas à se présenter. Un Castillan s'étant fait accompagner par quelques Indiens, pour l'aider dans un passage difficile, arrriva au bord d'une riviere qu'il fallut traverser. Un de ses guides se présenta pour le charger sur ses épaules ; & lorsqu'il fut au milieu de l'eau, il se laissa tomber avec son fardeau. Les autres Indiens se joignirent à lui pour tenir long-tems l'Espagnol sous les flots; & le voyant enfin sans aucune marque de vie, ils tirerent le corps sur la rive. Cependant, comme ils ne pouvoient encore se persuader qu'il fût mort, ils lui firent des excuses de lui avoir laissé boire tant d'eau, en protestant que sa chûte les avoit beaucoup affligés. Leurs discours étoient accompagnés des plus grandes démonstrations de douleur, pendant lesquelles ils ne cessoient de tourner le cadavre, & d'observer s'il respiroit. Cette comédie dura trois jours, c'est-à-dire, jusqu'à ce qu'ils fussent assurés de la mort de l'Espagnol, par la puanteur qui commençoit à s'exhaler.

Désabusés de la prétendue immortalité de leurs tyrans, ces insulaires prirent la résolution de s'en défaire à toute sorte de prix. Leur entreprise fut conduite avec beaucoup de secret; & les Castillans étant sans défiance, ils en massacrerent un grand nombre, avant que les autres eussent ouvert les yeux sur le danger. Ponce, alarmé pour lui-même, rassembla aussi-tôt tout son

LES ANTILLES. 207

monde; & preſſant les ſauvages dans leurs retraites, il en tira une vengeance qui leur ôta pour jamais l'eſpérance de rentrer en liberté. Il fut admirablement ſecondé par un chien, dont l'hiſtoire nous a conſervé le nom & les exploits. Brezerillo (c'eſt le nom de cet animal) faiſoit des exécutions ſurprenantes, & ſavoit, dit-on, diſtinguer les Indiens ennemis, de ceux qui vivoient en paix avec les Eſpagnols: auſſi, ajoute-t-on, étoit-il, lui ſeul, plus redouté que quatre-vingt-dix Caſtillans. On lui donnoit la même portion qu'à un arbalêtrier, non-ſeulement en vivres, mais en or, en eſclaves, & en butin, que ſon maître recevoit. Les Eſpagnols, qui aiment à ſe repaître de faits où il entre du merveilleux, racontent que, voulant faire dévorer une vieille Indienne qui leur déplaiſoit, ils la chargerent d'une lettre qu'elle devoit porter à quelque diſtance. Lorſqu'ils la virent ſortie, ils lâcherent le dogue, qui courut à elle avec fureur. La femme effrayée prit une poſture ſuppliante; & lui montrant la lettre, elle lui dit: « l'écrit que je porte, » ſeigneur chien, s'adreſſe aux chré- » tiens vos freres; ce ſont eux qui m'en-

» voient ; ne me faites point de mal ;
» je fuis à leur fervice ». L'animal s'a-
doucit, la flaira, leva la jambe, piffa
contre elle, & la laiffa.

Dans fa plus grande longueur, l'ifle
de Portoric n'a pas plus de quarante
lieues, fur quinze ou feize de largeur,
& cent vingt de circuit. Elle eft remplie
de montagnes, dont quelques-unes
font revêtues de bois & de verdure.
Elle a peu de plaines, beaucoup de vallons, & quantité de rivieres qui fervent à la rendre fertile. Elle abonde en
fucre, en coton, en caffe, en vanille,
riz, maïs & manioc. Les vaches &
les bœufs fauvages y font communs ;
& leur cuir ne fait pas la partie la moins
effentielle de fon commerce. Elle produit auffi quantité d'arbres fruitiers,
& autres bois propres à toutes fortes
d'ouvrages. On y voit beaucoup de
gibier ; & le poiffon que fournit la
mer voifine, eft excellent. La ville capitale n'a ni murs ni remparts ; mais
le port eft gardé par un château ; & la
petite ifle qui la joint, eft impénétra-
ble, à caufe des bois épais qui la couvrent : deux petits forts en défendent
l'approche.

LES ANTILLES. 209

Les rues de la ville font larges, peu longues; les maisons assez bien bâties, mais point ornées. Il y a peu de fenêtres, mais de grandes portes pour recevoir le vent qui rafraîchit l'air. Les croisées ne font garnies, ainsi que dans la plus grande partie des Antilles, que d'un canevas très-fin; car le verre ne résisteroit point à la violence des ouragans. La cathédrale, dédiée à S. Jean-Baptiste, a un double rang de colonnes; & sa structure est assez belle. L'évêque est suffragant de l'archevêque de Saint-Domingue. Le gouverneur réside dans la capitale, auprès de laquelle on voit une abbaye de Bénédictins. Les autres lieux les plus considérables, sont les forteresses de Quadanilla & San-Germano, l'une au midi, & l'autre à l'occident de l'isle.

Pendant le tems que nous restâmes à Portoric, notre vaisseau changea ses marchandises contre de l'argent en barre, de la poudre d'or & des piastres. Vous n'imagineriez pas combien il est difficile, aux étrangers, d'y faire le commerce, ainsi que sur toutes les côtes soumises à la domination Espagnole. Il faut user d'une infinité de précautions & de rufes, pour fe garantir de la violence qu'exerce ordinairement cette nation, contre tous les bâtimens dont elle peut s'emparer. Un navire qui veut entrer dans le port, feint d'avoir befoin d'eau, de bois, ou de vivres. Un placet préfenté au gouverneur, expofe les befoins & les dangers de l'équipage. Quelquefois c'eft un mât qui menace ruine, & qu'on ne peut raccommoder, fans débarraffer le vaiffeau, & conféquemment fans décharger les marchandifes. Le gouverneur fe laiffe perfuader par un préfent ; & les autres officiers ne réfiftent pas mieux à la même amorce. On obtient la permiffion d'entrer dans le port : nulle formalité n'eft négligée ; on enferme foigneufement toute la cargaifon ; on applique le fceau à la porte du magafin, par laquelle on l'a fait entrer ; mais on a foin qu'il y en ait une autre, qui n'eft pas fcellée, par laquelle on prend le tems de la nuit, pour la faire fortir & mettre à la place les marchandifes d'échange. Auffi-tôt que ce commerce eft fini, le mât fe trouve rétabli ; & le vaiffeau met à la voile.

C'est ainsi que se débitent les plus grosses charges : à l'égard des moindres, qui viennent ordinairement dans des barques étrangeres, on les mene à l'embouchure des rivieres, sans sortir de son bord. On avertit les habitations voisines par un coup de canon ; & les Espagnols qui veulent trafiquer, s'y rendent dans des canots avec leurs marchandises. C'est toujours la nuit, que se fait ce commerce ; mais on doit user de beaucoup de circonspection, & sur-tout ne laisser jamais entrer, dans le bâtiment, trop de monde à la fois, crainte d'insulte. Il faut aussi être bien retranché, bien armé, bien attentif à observer les Espagnols; car ce sont de grands escamoteurs. Si l'on s'apperçoit de quelque subtilité, on ne doit les avertir que d'un ton civil, en feignant de la prendre pour une méprise, si l'on ne veut s'exposer à de fâcheuses querelles.

On appelle ce commerce, où jamais il n'est question de crédit, *traiter à la pique.* L'usage est de faire, devant la chambre du capitaine, un retranchement avec une table, sur laquelle on étale les échantillons de tout ce qui est à vendre. Le marchand, ou son commis, à la tête de quelques gens armés, est derriere cette table. Le reste de l'équipage est sur le pont, pour faire les honneurs & offrir des rafraîchissemens à ceux qui arrivent. Si ce sont des personnes de distinction, qui fassent des emplettes considérables, on n'oublie point, à leur départ, de les saluer de plusieurs coups de canon. Mais il ne faut jamais cesser d'être sur ses gardes, ni se trouver les plus foibles ; car si les Espagnols peuvent s'emparer de la barque, il est rare qu'ils y manquent ; ils la pillent, & la coulent à fond. Il est vrai que sur la moindre plainte de cette nature, ils seroient forcés à la restitution de tout ce qu'ils auroient enlevé, non pas en faveur des propriétaires, mais au profit des officiers de justice. Malgré cela, cette maniere de négocier est plus sûre, moins coûteuse & plus usitée, que celle de feindre des besoins d'eau, de bois, ou de vivres, pour entrer dans le port ; cette derniere est sujette à quantité d'inconvéniens & d'embarras.

Le commerce avec les Espagnols a encore d'autres difficultés, par la bisarrerie de leur caractere. A moins qu'on ne sçache les tromper, ils ne veulent payer la marchandise qu'au-dessous de sa valeur. Il faut alors sçavoir se relâcher; & comme ils se piquent de noblesse, on est sûr de réparer sa perte, en flattant leur vanité. Les Anglois & les Hollandois excellent dans ces petites ruses. Quand un Espagnol, qui achete de la toile pour se faire une ou deux chemises, s'obstine à demeurer au-dessous du prix, ils ne laissent pas de la lui donner; mais ensuite, ils lui montrent des dentelles, qu'ils lui font payer dix fois plus qu'elles ne valent, en lui persuadant que les grands d'Espagne n'en portent plus d'autres.

De Portoric à la Guadeloupe, on rencontre plusieurs isles, où nous ne jugeâmes point à propos de nous arrêter. J'en parlerai cependant, d'après le récit d'un naturaliste Danois, qui montoit le même vaisseau, & voyageoit par ordre de sa cour. L'histoire naturelle des Antilles, n'étoit pas l'unique objet de ses observations: elles rouloient également sur la partie historique, civile & politique de ces isles. Il nous les nomma toutes, suivant leur position, en commençant par Saint-Thomas, les Vierges, Anégada, Sainte-

Croix, Sombrera, Anguilla, Saint-Martin, Saint-Barthelemi, Saba, Saint-Euſtache, Saint-Chriſtophe, la Barboude, Nieve, Antigoa, Montferrat, la Déſirade, Marie-Galante & les Saints, qui forment une eſpece de quart de cercle dans le golphe du Mexique.

La premiere appartient au roi de Danemarck, ſous la protection duquel les Pruſſiens & les Brandebourgeois y ont des poſſeſſions ; mais ce ſont les Hollandois, qui, ſous le nom des Danois, en font preſque tout le commerce. On y voit auſſi quelques François refugiés, & un petit nombre de catholiques. « Il eſt aſſez ſingulier, me diſoit » notre ſçavant (& c'eſt ici que com- » mence ſont récit) que toutes ces » différentes religions n'y ayent encore » aucun temple. Les deux dominan- » tes ſont la luthérienne & la calvi- » niſte.

» Cette iſle eſt renommée par la » commodité naturelle de ſon port : » c'eſt un enfoncement formé par deux » montagnes aſſez hautes du côté de » la terre, mais qui, en s'abaiſſant in- » ſenſiblement vers la mer, forment

LES ANTILLES. 215
» deux mottes plates, propres à rece-
» voir chacune une batterie pour la
» défense de l'isle. Elle n'a guere que
» six à sept lieues de tour ; & l'on ob-
» serve, en y arrivant, une forteresse
» au fond du port, avec de très-petits
» bastions, sans fossés, & sans ouvra-
» ges extérieurs.

» La ville se présente à cinquante
» pas de ce fort, & suit la figure
» de l'anse. Elle ne contient qu'une
» longue rue, qui se termine au comp-
» toir de la compagnie Danoise, grand
» & bel édifice, composé de quantité
» de logemens, & de magasins com-
» modes, soit pour les marchandises,
» soit pour la garde des negres, dont
» cette compagnie fait un grand com-
» merce. Les maisons, qui n'étoient
» que des fourches plantées en terre,
» revêtues de torchis, & couvertes de
» roseaux, sont bâties de brique, de-
» puis qu'un incendie les a toutes rédui-
» tes en cendres. Elles sont basses, mais
» propres, pavées de faïance, & blan-
» chies à la maniere des Hollandois.

» Le Dannemarck étant presque tou-
» jours neutre dans les guerres de l'Eu-
» rope, ce port est ouvert à toutes

» les nations. Il sert d'entrepôt, pen-
» dant la paix, pour le commerce que
» les François, les Anglois, les Espa-
» gnols & les Hollandois n'osent faire
» ouvertement dans leurs isles. Pen-
» dant la guerre, il est le refuge
» des vaisseaux marchands poursuivis
» par les corsaires. D'un autre côté,
» c'est là que les pirates menent leurs
» prises & les vendent. Ainsi les habi-
» tans de Saint-Thomas profitent des
» malheurs des vaincus, sans avoir
» contribué à leur perte, & partagent
» avec les vainqueurs, le fruit d'une
» victoire qui ne leur a rien coûté.
» C'est de leur port, que partent aussi
» quantité de barques, pour aller en
» traite sur les côtes de terre ferme,
» d'où elles rapportent beaucoup d'ar-
» gent en especes, ou en barres. Tant
» d'avantages font regner, dans cette
» isle, l'abondance de toutes sortes de
» richesses & de provisions.

 » C'est principalement au monarque
» glorieux qui nous gouverne, dit
» notre Danois, que l'isle de Saint-
» Thomas est redevable de cette pros-
» périté. Les accroissemens les plus
» importans de notre commerce, sont
l'effet

» l'effet de la générosité de ce roi bien-
» faisant ; & la renommée doit appren-
» dre à tout l'univers, la grandeur
» d'ame d'un prince, qui a donné à la
» compagnie des Indes occidentales
» plusieurs millions, pour ouvrir à tous
» ses sujets, de nouvelles sources d'o-
» pulence. Ne condamnez pas, ajou-
» ta-t-il, le juste enthousiasme, qu'ex-
» cite en moi, dans ce moment, le
» souvenir de ses vertus royales, &
» cette attention continuelle à tout ce
» qui intéresse le bonheur de ses peu-
» ples. Dans un âge, où les passions &
» les plaisirs multiplient les desirs des
» rois, il a sçu renfermer ses besoins
» dans les bornes les plus étroites.
» C'est par-là, qu'il s'est mis en état
» de répandre cette multitude de bien-
» faits, qui portent la fertilité dans
» tout son royaume. Les anciennes
» manufactures ont été ranimées ; sa
» main fertile en a ouvert de nouvelles.
» Pour en assurer la perpétuité, il a
» fondé un séminaire d'industrie, où
» les enfans des pauvres apprendront
» à en être un jour les soutiens. Plu-
» sieurs académies, qui lui doivent
» leur naissance, & ornent sa capitale,

» le jardin botanique, dont il va l'en-
» richir, annonceront à la postérité,
» la protection signalée qu'il accorde
» aux arts & aux sciences : l'hôpital
» général qu'il vient de fonder, est
» l'ouvrage de son humanité. La recon-
» noissance me force de vous parler aussi
» de ces pensions données à des sçavans
» pour les faire voyager, de ces grati-
» fications accordées aux artistes & aux
» fabriquans, de ces dons sans nombre,
» répandus sur tous ceux qui se ren-
» dent recommandables par des talens
» utiles. Ces monumens de munificence
» découvrent la grandeur de ses senti-
» mens & de ses idées, & prouvent
» qu'une sage économie fournit aux
» souverains, un fond inépuisable de
» libéralités.

» De Saint-Thomas, je passai entre
» les petites isles, qu'on nomme les
» *Vierges*. C'est une des plus agréables
» navigations ; on croit être dans une
» grande prairie, coupée, de part &
» d'autre, par quantité de bosquets.
» J'en vis quelques-uns d'habités ; mais
» on assure que la plupart sont déserts.
» On appelle la *Grosse Vierge*, la plus
» grande de ces petites isles, occupée
» par les Anglois, qui daignent à peine

» la compter parmi leurs établiſſemens.
» Les habitans y font très-pauvres : ils
» y recueillent un peu de riz, de tabac
» & de coton. Leur nourriture com-
» mune eſt du poiſſon, parce que la
» pêche y eſt extrêmement abondante.
» Ils n'ont d'eau douce, que celle qui
» tombe du ciel, & qu'ils gardent
» dans des futailles. Lorſqu'elle eſt
» conſommée, ou corrompue, leur
» reſſource eſt l'eau de pluie, qui ſe
» trouve dans le creux des rochers, &
» ſur laquelle il ſe forme une croûte
» verte & épaiſſe, qu'on ſe garde bien
» de rompre entièrement. On la con-
» ſerve, au contraire, avec beaucoup
» de ſoin, parce qu'elle modere l'ar-
» deur du ſoleil; & l'ouverture qu'on
» y fait, n'eſt que de la grandeur du
» vaiſſeau, avec lequel on puiſe de
» l'eau.

» Nous nous approchâmes de l'Ané-
» gada, ou l'iſle Noyée, ainſi nommée,
» parce qu'elle eſt plate, baſſe, & ſous
» vent inondée d█████de la mer,
» dans les endroit█████ins élevés.
» On prétend qu'un galion Eſpagnol
» s'y perdit autrefois, & que l'argent
» qu'il portoit, fut caché en terre, ou

» il est resté enseveli. L'espérance d'une
» si belle proie a tenté plus d'une fois
» les habitans des isles voisines & les
» flibustiers. Plusieurs ont répandu
» qu'on avoit trouvé quelque portion
» du trésor, mais que le corps du dépôt
» n'a pas encore été découvert.

» Sombrera est une isle inhabitée,
» à cause du peu de bonne terre qui
» couvre sa superficie. Les Espagnols
» l'ont ainsi nommée, parce qu'étant
» ronde & plate, avec une haute mon-
» tagne au milieu, elle représente assez
» bien la figure d'un chapeau. Vers le
» milieu de l'autre siecle, les François
» abandonnerent l'isle de Sainte-Croix,
» par ordre du gouvernement, pour
» aller peupler la colonie de Saint-Do-
» mingue. Ils l'ont ensuite vendue à la
» compagnie de Danemarck, qui vient
» d'y faire bâtir un fort. Anguilla est
» habitée par les Anglois. Sa figure lui
» a fait donner le nom qu'elle porte;
» dans l'endroit où elle est le plus large,
» on trouve un marais, autour duquel
» ils ont fait quelques cabanes.
» Mais leur extrême paresse les fait
» vivre dans l'indigence. Cependant
» le sol en est très-bon; & des hommes

» plus industrieux pourroient en tirer
» parti. Cette colonie subsiste sans
» prêtres, sans ministres, sans gou-
» vernement, sans magistrats, & ne
» s'en estime que plus heureuse.

» A propos de prêtres, on m'a dit que
» des François & des Hollandois s'étant
» établis dans la petite isle de Saint-
» Martin, les premiers avoient choisi
» parmi eux, pour leur commandant,
» un chirurgien de profession, qui
» faisoit aussi l'office de curé. C'étoit
» lui qui assembloit le peuple à l'église,
» faisoit le prône, récitoit les prieres,
» donnoit avis des fêtes & des jeûnes.
» Aux fonctions de chirurgien, de
» pasteur & de commandant, il joi-
» gnoit celle de juge, assisté du maître
» d'école & de son frater, qui lui te-
» noient lieu, l'un d'assesseur, l'autre
» de greffier. Cette cour décidoit sou-
» verainement & en dernier ressort,
» de toutes les contestations qui s'é-
» levoient dans la colonie. On n'y
» compte guere aujourd'hui, que deux
» cens François, logés dans vingt ou
» trente maisons, qui forment la ville
» de Saint-Martin. Les Hollandois y
» ont leur quartier, séparé de celui

» des François, par une haute monta-
» gne. Ils vivent en bonne intelligence
» dans cette isle, qui a tout au plus
» quinze ou seize lieues de tour. On
» n'y trouve, ni ports, ni rivieres,
» mais seulement quelques fontaines,
» qui ne donnent de l'eau, que dans
» les tems de pluie, & tarissent dans la
» sécheresse. On a recours alors à l'eau
» de citerne ; on y recueille du sel en
» abondance, dans des salines natu-
» relles, d'où il se tire sans dépense
» & sans travail. Les autres produc-
» tions sont le tabac, l'indigo, le rocou
» & le manioc. Les Espagnols ont
» les premiers habité ce pays, & y
» avoient une forteresse, dans la seule
» vue d'empêcher les Européens de
» s'établir dans les isles voisines ; mais
» n'ayant pu s'opposer aux entreprises
» des François & des Anglois, ils se
» déterminerent enfin à l'abandonner.

» La petite isle de Saint-Barthelemi
» appartient à la France, qui ne la
» garde, que parce qu'elle a un excel-
» lent port, où des vaisseaux de toute
» grandeur peuvent être à couvert su:
» un très-bon fond ; car d'ailleurs cette
» terre n'est propre qu'à cultiver du

LES ANTILLES. 223
» tabac. Saba n'est occupée que par
» quelques familles Hollandoises, dont
» le commerce principal est en sou-
» liers ; ils en fournissent à toutes les
» Antilles ; & l'on ne voit nulle part
» autant de cordonniers. Avec ce trafic,
» un peu d'indigo & de coton, ils
» vivent dans une sorte d'abondance,
» ont des maisons commodes, des
» meubles propres, de l'argent & des
» esclaves. Il regne entr'eux une très-
» grande union ; & ils mangent sou-
» vent les uns chez les autres. Ils n'ont
» point de boucherie ; mais ils tuent
» des bestiaux, chacun à leur tour,
» autant qu'il en faut pour la subsistance
» du quartier. Chaque particulier va
» prendre la viande dont il a besoin,
» & la rend en nature, quand son
» tour est arrivé. Cette isle a cela de
» particulier, qu'on la prend d'abord
» pour un rocher escarpé de toutes
» parts. Un chemin en zig-zag, taillé
» dans le roc, conduit à son sommet,
» où le terrein se trouve uni, bon &
» fertile. C'est une forteresse naturelle,
» dans laquelle il est impossible de for-
» cer les habitans, lorsqu'ils ne man-
» quent point de vivres. Ils ont fait,

K iv

» à côté du chemin, des amas de
» pierres soutenues sur des planches,
» qu'ils peuvent faire tomber, par le
» moyen d'une corde, sur l'ennemi
» qui entreprendroit de les attaquer.

» Saint-Eustache est encore une isle
» Hollandoise, mais plus grande &
» mieux peuplée que la précédente.
» Elle n'est séparée de Saint-Christo-
» phe, que par un canal large de trois
» lieues. Cette derniere doit son
» nom à l'amiral Colomb. Il l'appella
» ainsi, disent quelques-uns, à cause
» de la figure de ses montagnes :
» il y en a une fort grande, sur la-
» quelle une autre plus petite est
» assise, comme l'enfant Jesus sur les
» épaules du saint géant. D'autres
» croient qu'il lui donna son nom,
» parce qu'il la découvrit le jour de sa
» fête. Quoique les Espagnols préten-
» dissent s'en être assuré la possession,
» ils n'y ont jamais eu de colonie. L'isle
» n'étoit peuplée que par les Caraïbes,
» ses habitans naturels, lorsque, par
» un pur effet du hazard, deux vais-
» seaux, l'un François, l'autre An-
» glois, y aborderent le même jour.
» Ils sentirent tous les avantages

» qu'ils pouvoient retirer de ce poste,
» contre les Castillans, avec qui ils
» étoient en guerre; & sans dispu-
» ter lesquels y étoient arrivés les
» premiers, ils convinrent de le par-
» tager entr'eux, pour y faire chacun
» un établissement. Ils y vécurent en-
» semble en très-bonne intelligence;
» & après en avoir chassé les Caraïbes,
» qui voulurent les attaquer en trahi-
» son, ils laisserent, de part & d'autre,
» quelques-uns de leurs gens sur la
» côte, & retournerent chercher des
» recrues dans leur patrie. Les cours
» de France & d'Angleterre approu-
» verent leurs démarches, & les ren-
» voyerent quelque tems après, avec
» des provisions, & un nombre d'hom-
» mes suffisant, pour jetter les fonde-
» mens d'une colonie durable. On
» peut la regarder comme le berceau
» de celles que les François & les An-
» glois ont possédées dans les Antilles.
» Ils décrivirent & fixerent les limites
» respectives: la pêche, la chasse,
» les marais salés, le bois des forêts,
» les mines, les havres resterent en
» commun.

K v

„ C'est principalement de cette isle, „ que sont sortis ces aventuriers des „ deux nations, qui, sous le nom de „ flibustiers & de boucaniers, se sont „ emparés de la Tortue & de la côte „ septentrionale de Saint-Domingue. „ Les premiers colons s'appliquerent „ d'abord à la culture du tabac ; & cette „ plante leur a fourni long-temps la „ matiere d'un commerce suffisant pour „ les entretenir ; mais la quantité qu'ils „ en cueillirent, en ayant fait baisser „ le prix, ils cultiverent des cannes „ de sucre, du gingembre, de l'indigo „ & du coton. Les richesses que ces „ productions firent entrer dans la co- „ lonie, la rendirent, en peu de tems, „ très-florissante. Après différentes „ révolutions, causées par les guerres „ de l'Angleterre avec la France, ces „ deux puissances convinrent enfin, que „ Saint-Christophe appartiendroit en „ entier à la couronne Britanni- „ que.

„ Le séjour de cette isle est agréa- „ ble ; & quoique les ouragans y soient „ fréquens, l'air n'y perd rien de sa „ pureté. C'est dans la saison des „ pluies, que regnent ces tempêtes

„ effroyables, le plus redoutable fléau
„ qu'on ait à essuyer de la part du cli-
„ mat. C'étoit un usage établi chez les
„ François & les Anglois de S. Chris-
„ tophe, d'envoyer tous les ans chez
„ les Caraïbes, pour sçavoir si l'on étoit
„ menacé d'un ouragan ; & l'on assure
„ que ces sauvages ne se trompoient
„ jamais dans leurs pronostics : voici
„ les signes, auxquels les Indiens croient
„ les connoître. L'air se trouble, le so-
„ leil rougit, le tems devient calme,
„ le sommet des montagnes se purifie
„ & se nettoie. On entend dans les
„ puits & dans les crevasses de la terre
„ un bruit sourd, semblable à des vents
„ renfermés ; les étoiles paroissent obs-
„ cures & plus grandes qu'à l'ordinaire ;
„ le ciel est noir, & a quelque chose
„ d'effrayant ; la mer répand une odeur
„ désagréable, & s'élève, quoique dans
„ une apparente tranquillité ; bientôt
„ le vent souffle avec assez de violence,
„ & recommence à différentes reprises.
„ Alors une bourrasque terrible se fait
„ sentir, accompagnée de pluie, d'é-
„ clairs, de tonnerre, & quelquefois
„ de tremblement de terre, en un mot,
„ des circonstances les plus destruc-

„ tives, que les élémens puissent rassem-
„ bler. On voit d'abord, pour prélude
„ du désastre qui doit suivre, des
„ champs entiers de cannes de sucre
„ pirouetter dans les airs, & jettés sur
„ toute la surface du pays. Des arbres
„ aussi anciens que le monde, & dont
„ l'énorme grosseur avoit bravé, jus-
„ qu'alors, tous les efforts des orages,
„ sont déracinés, enlevés de terre,
„ & emportés comme du chaume.
„ Ceux qui résistent, sont brisés comme
„ de fragiles roseaux; les plantations
„ de toute espece détruites & boule-
„ versées; les maisons, les granges, les
„ moulins renversés d'un coup de vent;
„ l'herbe même foulée & désséchée,
„ comme si elle eût été brûlée; & l'eau
„ qui monte à cinq ou six pieds, acheve
„ d'entraîner tout ce qui n'avoit pas
„ succombé à la premiere violence.

„ La désolation & la mort accompa-
„ gnent un ourgan. Ses traces sont com-
„ me celles du feu; tout disparoît à son
„ passage; & ce changement est aussi
„ prompt qu'il est terrible. Il détruit dans
„ un clin d'œil, les travaux de plusieurs
„ années, & ruine les espérances du
„ cultivateur, dans le tems qu'il se croit

» au comble de la fortune. Qui ne fré-
» miroit pas, en voyant des lieux, tou-
» jours ornés de verdure, dépouillés
» dans un inſtant, par une main invi-
» ſible, & n'offrant plus que des forêts
» ſemblables aux mâtures d'un vaiſſeau?
» Les horreurs de l'hiver ſuccedent aux
» charmes du printems. Le jour, preſ-
» qu'éclipſé, préſente par-tout l'image
» effrayante de la nuit. Les animaux ef-
» farés cherchent un aſyle ; la nature
» épouvantée ſemble toucher à ſon der-
» nier moment. Un ſilence affreux ré-
» pand la conſternation & la terreur ;
» le vent ſeul ſe fait entendre avec un
» bruit épouvantable. La mer offre,
» en même tems, le triſte ſpectacle de
» tous les ravages d'une tempête ; le
» rivage & les eaux ſont couverts des
» débris des naufrages ; & les bâtimens
» fracaſſés & battus par les lames, flot-
» tent de toutes parts, confondus avec
» les membres & les corps défigurés
» des malheureux, qui en ont été les
» victimes.

» Le plaiſir que trouvent les Anglois,
» à vivre au milieu de leurs planta-
» tions, les détourne de ſe réunir dans
» des villes. Leurs maiſons, répandues

» dans la campagne, forment, avec
» les bosquets & les avenues qui les
» environnent, l'aspect le plus riant,
» & le point de vue le plus agréable
» que je connoisse. Dans le tems que les
» François partageoient l'isle avec eux,
» ils y bâtirent un bourg, sous le canon de
» la citadelle de Basse-Terre : c'est en-
» core la seule place considérable du
» pays. Les Anglois ont construit plu-
» sieurs forts dans les différens endroits
» de la côte, où l'on peut aborder.

» Quoique vos François n'aient pas
» moins contribué, que les autres Eu-
» ropéens, à expulser de S. Christophe
» les Caraïbes, vous êtes pourtant ceux,
» contre lesquels ces sauvages ont con-
» servé le moins de haine : ils détestent
» les Anglois & les Espagnols. Ils disent
» que les Hollandois valent, comme de-
» puis la main jusqu'au coude ; & vous,
» comme depuis une main jusqu'à l'au-
» tre ; ce qu'ils expriment, en éten-
» dant les bras, pour marquer combien
» ils vous considerent.

» La quantité de sucre & des autres
» denrées que produit l'isle de Saint-
» Christophe, prouve l'extrême ferti-
» lité de son sol ; mais le milieu du pays

» ne présente qu'un amas de montagnes
» escarpées, & de bois impénétrables.
» Il est vrai que ces monts, s'élevant
» l'un sur l'autre en amphithéâtre, don-
» nent une vue charmante sur toutes les
» plantations, qui s'étendent autour de
» l'isle, jusqu'à la mer. On y trouve
» aussi d'épouvantables rochers, d'hor-
» ribles précipices, d'épaisses forêts,
» des bains chauds & sulfureux ; &
» il en sort plusieurs rivieres, qui four-
» nissent de très-bonne eau. La Cayon-
» ne est une des plus considérables :
» elle servoit autrefois de borne entre
» les François & les Anglois. Il y a une
» saline, au bord de la mer, d'où l'on
» tire beaucoup de sel.

» L'air pur de Saint-Christophe y
» rend le sang très-beau ; les femmes y
» ont le teint admirable, & les traits fort
» réguliers. La plupart sont vêtues à la
» Françoise, avec une magnificence à
» laquelle il ne manqueroit rien, si,
» voulant enchérir sur vos modes, elles
» n'y ajoutoient pas des ornemens qui
» les défigurent. Vous n'avez vu nulle
» part autant de franges d'or, d'argent
» ou de soie. A table, malgré cette pa-
» rure, ce sont les maîtresses de l'habi-

» tation qui coupent les viandes, &
» qui servent. Elles le font avec autant
» de grace que de propreté; & ordi-
» nairement elles boivent à merveille,
» pour exciter la compagnie par leur
» exemple. L'esprit & la vivacité sont
» des qualités communes aux deux
» sexes. Les habitans sont parfaitement
» bien faits, avantage commun à tous
» les créoles de l'Amérique Françoise &
» Angloise, où il est aussi rare de trouver
» des bossus, des borgnes & des boi-
» teux, qu'il est ordinaire d'en voir en
» Europe.

» A la ville comme à la campagne, la
» plupart des maisons sont de bois,
» proprement lambrissées dans l'in-
» térieur, & peintes en dehors,
» c'est-à-dire, revêtues d'une cou-
» che de couleur à l'huile, pour les
» garantir de la pourriture, que causent
» nécessairement la chaleur & l'humi-
» dité du climat. Cette peinture leur
» donne de l'agrément & de l'éclat. La
» distribution des chambres est bien
» entendue, la propreté admirable, &
» les meubles magnifiques. La cour &
» l'entrée des maisons sont ornées de
» tamarins & d'orangers, dont l'odeur
» embaume les appartemens.

LES ANTILLES. 233
» On vante la fertilité d'un autre isle,
» possédée par les Anglois, appellée la
» Barboude, qu'il ne faut pas confon-
» dre avec la Barbade, soumise aux
» mêmes maîtres. Les habitans s'occu-
» pent à élever des bestiaux, & en ont
» une grande quantité, sans négliger
» néanmoins les autres parties de la vie
» champêtre. Leur commerce princi-
» pal consiste en grains & en provisions
» de bouche, qu'ils vendent à leurs
» voisins. Bornés à ce soin, ils voient,
» sans jalousie, les richesses que la cul-
» ture du sucre procure aux autres isles,
» & n'y participent, qu'en les échan-
» geant contre leurs denrées.

» Nieve ou Névis, qui n'est éloignée
» de Saint-Christophe que de quelques
» milles, doit avoir été découverte en
» même tems. Quoiqu'une des plus
» petites des Antilles, elle a été une des
» plus florissantes colonies. Quarante
» ans après que les Anglois s'y furent
» établis, on y comptoit dix mille blancs
» & plus de vingt mille noirs ; ce qui
» paroîtroit incroyable dans une éten-
» due de six lieues de circonférence,
» sans le commerce immense qui s'y
» faisoit alors, soit en sucre, dont elle

» chargeoit annuellement plus de cent
» vaisseaux pour l'Europe; soit en vin,
» dont elle fournissoit, presque seule,
» toutes les Antilles. Ce fut durant ce
» tems de prospérité, qu'on y vit naître
» la ville de Charles-Town & quelques
» forts, dont une partie est aujour-
» d'hui fort négligée Les guerres que
» l'Angleterre eut à soutenir avec la
» France, une affreuse mortalité, &
» un ouragan terrible, qui renversa les
» édifices, déracina les arbres, dé-
» truisit les plantations, tous ces mal-
» heurs, arrivés successivement & dans
» l'espace de peu d'années, laissèrent
» l'isle dans un état, dont elle ne s'est
» jamais bien relevée. Ce n'est, à pro-
» prement parler, qu'une haute mon-
» tagne, dont le sommet est couvert
» d'arbres. Les plantations regnent
» tout autour, en commençant au bord
» de la mer, & continuant, par une
» pente très-douce, jusqu'à la cime.
» Les sources, qui en descendent de
» plusieurs côtés, forment des ruisseaux
» dont quelques-uns peuvent mériter
» le nom de rivieres. On y voit aussi des
» eaux minérales chaudes, où l'on
» alloit prendre les bains, pour les
» mêmes maladies, qui font recher-

» cher ceux de Bath en Angleterre, &
» en France les eaux de Bourbon. Ne-
» vis, quant à ses productions & à son
» commerce, ressemble aux autres An-
» tilles. Le sucre est sa principale denrée;
» il y sert de gage d'échange dans tou-
» tes les affaires de commerce. On
» compte par livres de sucre, au lieu de
» livres sterlings. Les habitans ne sont
» pas plus embarrassés, pour conclure
» un marché de cette maniere, que
» s'ils traitoient avec de l'argent.

» Antigoa n'a aucun ruisseau d'eau
» douce; & les sources y sont si rares,
» qu'elle fut long-tems inhabitée. Mais
» aujourd'hui, on y conserve l'eau de
» pluie dans des citernes; & l'on en
» manque rarement. Cette isle n'a rien
» d'ailleurs, qui la distingue particulié-
» rement des autres Antilles Angloises.

» Les Espagnols, sans avoir jamais
» habité l'isle de Mont-Serrat, lui ont
» donné le nom qu'elle porte. Ils cru-
» rent, dans leurs premieres décou-
» vertes, lui trouver quelque ressem-
» blance avec une montagne de Cata-
» logne, appellée de même, & que
» deux circonstances rendent égale-
» ment célebre. La premiere est une
» chapelle dédiée à la Vierge, & pres-

» que aussi miraculeuse, aussi fréquen-
» tée par les pélerins, que celle de Loret-
» te. La seconde, est d'avoir servi, com-
» me de berceau, à l'ordre des jésuites;
» ce fut-là, que leur fondateur Ignace
» prit le titre de chevalier de la Vierge.
» Ces deux raisons n'ont pas empêché
» les Anglois, qui se sont emparés de
» cette isle, de lui conserver son ancien
» nom. Outre qu'elle offre, comme je
» l'ai dit, les mêmes productions que les
» autres Antilles, elle a aussi éprouvé les
» mêmes révolutions, est sujette aux
» mêmes ouragans, fait le commerce
» des mêmes denrées, est soumise au
» même gouvernement, est régie par
» les mêmes loix, qui sont celles de
» l'Angleterre.

» Les petites isles de la Désirade,
» de Marie-Galante & des Saints ne
» sont pas estimées valoir la peine, que
» les françois les gardent, les habitent,
» ou les cultivent. » Tous les pays dont
parloit notre Danois, se présentoient
successivement à nos yeux, à mesure
que nous approchions de la Guadeloupe. J'ai recueilli ses propres paroles ; & j'en ai composé cette lettre, sans
y faire de changement. Je suis, &c.
A la Guadeloupe, ce 9 novembre 1750.

LETTRE CXXIX.

SUITE DES ANTILLES.

Un canal, formé naturellement par [l']eau de la mer, long de trois lieues, [la]rge de cinquante toises, nommé la *Riviere salée*, sépare, en deux parties [p]resqu'égales, la Guadeloupe, posséd[é]e par les François, depuis plus d'un [siè]cle. La partie occidentale, qui donne [s]on nom à toute l'isle, est la mieux peup[l]ée. Elle a, dans son centre, plus[i]eurs montagnes escarpées, d'où sor[t]ent des eaux abondantes, qui arro[s]ent le pays. On y trouve aussi des [s]ources chaudes, & même bouillantes, [d]es souffrieres, & quantité de ces san[g]liers, qu'on appelle, aux isles Fran[ç]oises, *porcs marons*. Du haut des [m]onts on apperçoit les isles voisines ; [&] l'univers n'a pas de plus beau point [d]e vue. Le bourg principal est situé au[p]rès du fort Saint-Pierre : il y a un con[s]eil supérieur & un commandant. Le fort Louis est dans la partie orientale, nommée la *Grande-Terre*. Les paroisses de l'isle sont desservies par les dominicains, des jésuites, des carmes & des capucins. Voilà, Madame, tout ce que je puis vous dire d'un pays, où les productions, les usages, les mœurs, le commerce, les loix, le gouvernement sont les mêmes, que dans les autres isles Françoises.

La Dominique, placée entre la Martinique & la Guadeloupe, nous offre des objets tout différens. Elle est au pouvoir des Caraïbes, fameuse race d'Indiens, que les Européens ont trouvé établis dans les Antilles, & qui en sont comme les habitans naturels. Les Anglois ont voulu s'emparer de cette terre, pour couper notre communication entre nos isles; mais nous nous y sommes toujours fortement opposés. Ils ne laissent pas, dans des titres particuliers, de s'en attribuer la souveraineté; mais cette affectation ridicule & frivole excite la risée des Caraïbes mêmes, dont ils se sont fait détester par leurs trahisons & leurs violences. Il seroit dangereux, pour un Anglois, de paroître aujourd'hui dans leur isle ; & ceux que la tempête y a quelquefois jettés, ont payé cher les perfidies de leur nation. Nous avons, avec ces sauvages, d'anciens traités qu'ils n'ont jamais rompus, & sur la foi desquels nous habitons & commerçons librement & paisiblement avec eux.

On ne s'accorde point sur l'origine de ce peuple: les uns le font venir de l'isle de Cuba, les autres du continent, mais sans pouvoir déterminer si c'est de la partie méridionale ou septentrionale de l'Amérique. Le tems & les causes de cette transmigration sont aussi fort incertains; & l'on ne peut former là-dessus, que des conjectures très-douteuses. Ce qu'il y a de plus probable, c'est qu'ils descendent tous d'une même nation: la ressemblance de leur figure, de leur langue, de leurs usages dans toutes les isles qu'ils ont possédées, comme dans celles qu'ils habitent encore, paroît en être une preuve non équivoque. Ils ont généralement la taille médiocre, renforcée, & nerveuse, la jambe pleine & bien faite, les cheveux noirs & lisses, les yeux gros & un peu saillans, le regard stupide & effaré, le nez épaté, le front applati, les dents blanches, bien rangées, la physionomie triste, l'odeur forte & désagréable. Ils n'ont point de barbe, soit qu'ils en soient privés naturellement, soit qu'ils se l'arrachent pour l'empêcher de croître. Je ne leur ai vu de poil, ni aux jambes, ni aux cuisses, ni aux bras, ni à la poitrine. Il est difficile de bien juger de leur teint, & de la couleur de leur peau, parce qu'ils se frottent le corps tous les jours avec du roucou détrempé dans de l'huile. Outre l'agrément qu'ils croient lui devoir, il les conserve contre l'ardeur du soleil, & la piquure des moucherons, qui ont une extrême antipathie pour cette odeur. Lorsqu'ils vont à la guerre, ou qu'ils veulent paroître avec éclat, leurs femmes emploient un certain suc noir, pour leur faire des moustaches qui durent plusieurs jours. Elles se peignent aussi elles-mêmes, comme leurs maris, excepté la moustache, qu'il ne leur est pas permis de porter. Le noir luisant de leurs cheveux leur vient aussi d'une préparation propre à produire cet effet. La forme extraordinaire de leur front n'est pas un défaut qu'ils apportent en naissant

naissant. L'usage est de la faire prendre aux enfans nouveaux nés, avec une petite planche, fortement liée par derriere, & qu'ils y laissent jusqu'à ce que le crâne soit tellement applati, que sans hausser le visage, ils voient presque perpendiculairement au-dessus d'eux.

Ce n'est pas seulement par leur couleur & la singularité de leurs traits, que les Caraibes different des Européens; ils en sont encore plus éloignés par la foiblesse de leur conception, & leur excessive simplicité. Qu'il y a loin de l'intelligence bornée de ces hommes stupides, à ces génies transcendans, qui nous ont tracé, sur les eaux, une route assurée, pour nous faire connoître ce nouveau peuple! Cette réfléxion, qui paroît appliquable à tous les sauvages en général, l'est plus particuliérement à ceux dont je parle. Leur raison n'est, ni plus éclairée, ni plus prévoyante, que l'instinct des animaux. Il faut avouer cependant, que leur raisonnement, à la vue des premiers Espagnols qui aborderent dans leurs isles, n'est pas si dénué de sens commun. Surpris du long trajet de mer

qu'avoient fait ces étrangers, « il
» faut, leur difoient-ils, que la terre
» foit bien mauvaife chez vous, ou
» que vous en ayiez bien peu, pour
» en venir chercher de fi loin, à tra-
» vers tant de périls ». Auffi ne fe fi-
rent-ils pas une peine de nous céder
le terrein qu'ils occupoient; & à mefure que nous nous étendions par la
culture de nos poffeffions, ces fauvages s'éloignoient & reculoient leurs limites. S'ils ont fait des difficultés en
quelques occafions, ce n'étoit pas pour
difputer une propriété qui leur étoit
indifférente: ils vouloient obtenir de
legers préfens, avec lefquels on leur
fait bientôt céder le champ qu'ils cultivent. S'ils ont pris quelquefois les
armes contre nous, ce n'étoit pas pour
repouffer des ufurpations, auxquelles
ils fe prêtoient eux-mêmes, mais pour
défendre leur liberté, fur laquelle la
fupériorité de nos forces nous avoit
fait croire que nous avions des droits.
Ils ne s'accoutument point non plus
à notre avarice; & c'eft toujours un
nouveau fujet d'étonnement pour eux,
de nous voir préférer l'or au verre &
au criftal.

Ces hommes simples n'ont pas multiplié, comme nous, les objets du bonheur, & par conséquent les obstacles pour y parvenir. Leurs desirs sont bornés, leurs besoins en petit nombre, & facilement satisfaits. Il est cependant un point, sur lequel ils ne sont rien moins qu'indifférens, l'amour de la vengeance. Je ne connois pas de peuple, qui pousse plus loin cette passion cruelle, que la nature a donnée à tous les êtres animés. Elle semble être la seule, qui puisse émouvoir le cœur de ces hommes que nous appellons barbares, parce qu'ils n'ont pas les mêmes vices que nous. Au milieu des plaisirs, un Caraïbe qui en voit un autre, dont il se souvient d'avoir reçu quelque injure, se leve, & va froidement, par derriere, lui fendre la tête d'un coup de massue, ou le percer à coups de couteau. S'il tue son ennemi, & que le mort n'ait point de parens pour le venger, c'est une affaire finie. Mais si la blessure n'est pas mortelle, ou s'il reste des vengeurs, le meurtrier, sûr d'être traité de même à la premiere occasion, change promptement de domicile.

L ij

Ces Indiens passent leur vie, tantôt accroupis, tantôt dans leurs hamacs, à dormir ou à fumer : jamais de soucis pour l'instant qui doit succéder au moment présent. La faim les oblige-t'elle d'aller chercher leur nourriture à la pêche ou à la chasse ? ils apportent leur proie ; & leurs femmes l'apprêtent. Leur table est ouverte à tout le monde ; pour y avoir place, il n'est pas nécessaire d'y être invité, ni même connu. Ils ne prient jamais ; mais ils n'empêchent personne de manger avec eux. Leur sauce favorite est de la pimentade ; ils la font avec du suc de manioc, mêlé de jus de citron, dans lequel ils écrasent beaucoup de piment. Ils usent rarement de sel ; ce n'est pas qu'ils en manquent ; car il y a des salines naturelles dans toutes les isles ; mais il n'est pas de leur goût. Ils font rarement bouillir leur viande ; tout est rôti ou boucané. Leur maniere de la cuire est de l'enfiler par morceaux dans une broche de bois, qu'ils plantent en terre devant un brasier ; & lorsqu'elle est rôtie d'un côté, ils la retournent simplement de l'autre. Si c'est un oiseau de quelque grosseur, tel qu'une poule, un pigeon, ou un perroquet, ils le jettent dans le feu, sans prendre la peine de le plumer, ni de le vuider. La plume n'est pas plutôt brûlée, qu'ils le couvrent de cendres & de charbons, & le laissent cuire dans cet état. Ils le tirent ensuite, & en enlevent une croûte, que les plumes & la peau ont formée sur la chair. Ils ôtent les boyaux, & le jabot, & mangent le reste sans autre préparation. Un oiseau, ainsi accommodé, est plein de suc, tendre, & d'une extrême délicatesse.

A la chasse, les armes ordinaires des Caraïbes sont l'arc, les flêches & le couteau. Leur joie est fort grande, lorsqu'ils peuvent se procurer un fusil ; mais quelque bon qu'il puisse être, ils le rendent bientôt inutile, soit en le faisant crever à force de poudre, soit en perdant les vis, ou quelque autre piece ; car comme ils sont fort désœuvrés, ils passent les jours entiers dans leurs hamacs, à le démonter & le remonter ; & oubliant de remettre chaque chose à sa place, dans leur dépit, ils jettent l'arme & n'y pensent plus.

Les flêches dont les Indiens se servent, sont presque toujours empoisonnées. Ils font une fente dans une plante venimeuse, y mettent la pointe, jusqu'à ce quelle soit bien imbibée d'un lait épais & visqueux. Ce poison est si pénétrant, que pour lui ôter sa force, on est obligé de faire passer le bout de la flêche dans le feu. Celles qu'ils emploient à la chasse, ne sont point empoisonnées, & n'ont pas même de pointe, quand ils ne tirent qu'aux oiseaux, mais seulement un petit bouton, tel qu'on en met aux fleurets, qui les tue sans les percer. Les enfans se livrent de très-bonne heure à cet exercice, & y deviennent si adroits, qu'ils ne manquent presque jamais leur coup.

Les Caraïbes ont une maniere assez ingénieuse de prendre les perroquets. Ils observent, à l'entrée de la nuit, les arbres où ils se perchent; & dans l'obscurité, ils mettent, au bas, des charbons allumés, sur lesquels ils brûlent de la gomme & du piment. L'épaisse fumée qui en sort bientôt, étourdit ces animaux, & leur cause une ivresse qui les fait tomber, comme s'ils étoient morts. Ils les prennent alors, leur lient les pieds & les aîles, & les font revenir, en leur jettant de l'eau fur la tête. Enfuite, pour les apprivoifer, ils les font jeûner pendant quelque tems; & lorfqu'ils les croient bien affamés, ils leur préfentent à manger. S'ils les trouvent encore revêches, ils leur foufflent au bec de la fumée de tabac, qui les étourdit, jufqu'à leur faire perdre toute leur férocité. Ces oifeaux deviennent non-feulement fort privés, mais apprennent à parler auffi facilement, que ceux qu'on a pris jeunes.

Les Indiens les apportent dans nos ifles, avec les productions de leurs terres, les fruits de leur chaffe, & quelques ouvrages de leur façon. Ils achetent en retour, des fabres, des couteaux, & fur-tout de l'eau-de-vie, qu'ils aiment paffionnément. Souvent ils entreprennent un voyage dans une faifon dangereufe, uniquement pour fe procurer une bagatelle qu'ils defirent. Ils offrent, pour l'avoir, tout ce qu'ils ont apporté; tandis que pour une boutique entiere d'autres marchandifes, dont ils n'auroient alors ni envie, ni besoin, ils ne donneroient pas la plus petite partie de ce qu'ils ont.

Dans les comptes qu'on fait avec eux, il faut les payer en petite monnoie, & jamais en or, ni en argent. Un louis ne vaut pas, pour eux, deux sols marqués; parce qu'ils attachent plus de prix au nombre, qu'à la matiere. Il est encore à propos d'étendre les pieces qu'on leur donne, de les ranger les unes après les autres, à quelque distance, sans jamais doubler les rangs, ni mettre une partie l'une sur l'autre. Cet ordre ne satisferoit pas assez leur vue; & l'on ne concluroit rien. Mais lorsqu'ils voient une longue file de sols marqués, ils rient & se réjouissent comme des enfans. Une autre observation qui n'est pas moins nécessaire, c'est d'enlever bien vîte ce qu'on achete d'eux, de peur qu'il ne leur vienne la fantaisie de le reprendre, sans vouloir rendre l'argent qu'ils ont reçu. Il est vrai qu'on les y force aisément, sur-tout lorsqu'ils viennent trafiquer dans nos isles; mais il est toujours important de ne point avoir de querelles avec eux.

Ils font ces voyages dans des canots, où tout ce qu'ils apportent, est attaché de maniere, que, si le mauvais tems fait tourner la pirogue, ils se jettent dans la mer, & la retournent sans rien perdre de leurs effets. S'ils donnent passage à quelque Européen qui ne sache pas nager, il y a toujours quelques-uns de leurs préposés, pour veiller à sa conservation. Je ne connois point de nageurs plus habiles, ni de spectacles plus amusans, que de les voir occupés à cet exercice dans les mers les plus courroucées, & au milieu des vagues les plus effrayantes. Ils ont même alors assez d'adresse, pour se défendre contre les requins ou autres poissons voraces, avec un couteau qu'ils tiennent à la main. Ils y accoutument leurs enfans dès le plus bas âge.

La simplicité des Caraïbes paroît encore dans leurs logemens, leurs meubles, & leurs habits. Figurez-vous les cabanes les plus rustiques, couvertes de chaume, palissadées avec des pieux, & vous aurez une idée de leur architecture. Leur lit est un hamac de grosse toile de coton, qui, comme vous sçavez, a cela de commode, qu'on peut le porter par-tout avec foi, qu'on y dort plus au frais, qu'on n'a befoin, ni de couverture, ni de draps, ni d'oreillers, & qu'il n'embarrafse point une chambre, parce qu'on peut le plier, lorfqu'on cefse d'en avoir befoin. Ce lit, & quelques corbeilles qu'ils font avec des rofeaux, compofent tout leur ameublement. Ces paniers, dans lefquels ils renferment tout ce qui eft à leur ufage, font également propres, légers & commodes. L'art confifte à en rendre le travail fi ferré, que quelque pluie qu'il fafse, quelque quantité d'eau qu'on jette defsus, ce qu'ils contiennent foit toujours fec. Les Européens des ifles s'en fervent autant que les Caraïbes; ils ne vont pas d'une habitation à l'autre, fans une de ces corbeilles, dans laquelle ils font porter leurs hardes fur la tête d'un negre.

Un bonnet de plumes, un collier d'os ou de coquillages, des bracelets de verre ou de pierres colorées, des efpeces de brodequins, & une légere bande de toile, qui femble vouloir couvrir une partie de leur nudité: voilà, Madame, en quoi confifte le vêtement de ces Indiens. On peut les peindre, hommes & femmes, comme les amours, nuds, armés de fleches, le carquois sur le dos, un arc à la main. Il ne s'agiroit que de déplacer le bandeau, & de leur mettre, sur les yeux, celui qu'ils portent à la ceinture. C'est dans cet équipage, leste & dégagé, qu'ils paroissent dans nos isles. Encore ne se servent-ils de voile, que pour complaire aux Européens ; car, chez eux, ils se croient suffisamment habillés de cette couleur rouge, de ce suc de roucou, dont ils se frottent tout le corps. Voilées de leur seule innocence, les femmes s'offrent sans honte aux regards des hommes ; & les hommes desirent peu ce qu'on ne prend nul soin de leur cacher.

L'amour paroît être, pour les Caraïbes, comme la faim ou la soif. Jamais il ne leur échappe aucune attention, jamais la moindre démonstration de tendresse ou d'amitié, pour ce sexe si recherché par les nations policées, si avili par celles qui ne suivent que la nature. Leur inclination fait leurs mariages ; ils se prennent & se quittent, selon cette même inclination ; mais il est rare qu'ils se séparent. Ils n'ont point à se plaindre réciproquement d'infidélité : des femmes qui ne connoissent, ni la coquetterie, ni la vanité, ne doivent pas trouver de plaisir dans l'inconstance, ou n'ont tout au plus que celui de la curiosité. Elles sentent qu'elles sont nées pour obéir, & se soumettent. De quelque côté qu'elles portassent leur cœur, elles ne feroient, en changeant d'amans, que changer de maîtres. Cependant les maris sont jaloux jusqu'à la fureur ; mais c'est une jalousie sans amour. Ils ont pour leurs épouses le même attachement, que pour toute autre propriété ; ils ne peuvent souffrir qu'on les en dépouille ; ils ne veulent pas même la partager.

C'est ordinairement dans leur propre famille, que les Caraïbes choisissent leurs femmes. A l'exception de leurs sœurs, il leur est libre d'épouser leurs plus proches parentes, nieces, tantes, cousines, & d'en prendre plusieurs à la fois. Le même homme épousera les quatre sœurs, persuadé que de jeunes filles, élevées ensemble, s'en aimeront mieux, vivront en meilleure intelligence, se rendront plus volontiers des soins mutuels, serviront mieux leurs parens, s'attacheront plus à leurs maris. L'usage qu'ont ces derniers de se mettre au lit, quand leurs femmes accouchent, usage que vous avez vu établi chez d'autres sauvages, l'est aussi chez les Caraïbes. La femme se leve, vaque aux besoins du ménage; & l'époux reçoit, dans son hamac, les visites, les complimens & les soins des amis & de la famille. Il y reste pendant quatre ou cinq semaines, pour se reposer des peines qu'il s'est données à procréer un nouvel être.

La religion de ces peuples est très-difficile à saisir & à définir. Il paroît qu'ils reconnoissent un bon & un mauvais principe. C'étoit, comme vous sçavez, la doctrine des anciens manichéens. Qui croiroit que ce système, qui a tant exercé la plume de saint Augustin, pût se trouver aussi dans la tête des Caraïbes ? Ils font des offrandes à l'être malfaisant, & ne rendent aucun culte à son adversaire ; c'est qu'il est plus aisé d'émouvoir les hommes par la crainte, que de les intéresser par la reconnoissance.

Il y a, chez ce peuple grossier, des pernages importans, qui font, tout à la fois, médecins & ministres de leurs dieux, & s'attribuent la double puissance de donner la mort au corps & à l'ame. Avec de pareilles armes, quel empire n'usurpe-t-on pas sur ses semblables, ailleurs même que chez les Caraïbes? Ces prêtres, qu'ils nomment *Boyés*, ont chacun leur divinité particuliere, dont ils vantent le pouvoir, & promettent l'assistance contre la malignité des génies malfaisans. Chaque homme, disent-ils, a dans le corps autant d'ames, que de battemens dans les arteres. La principale est dans le cœur, d'où elle se rend au ciel après la mort, pour y mener une vie heureuse. Les autres, voltigeant dans les airs, se répandent dans le pays, où elles font tout le mal qu'elles peuvent, sur terre & sur mer. La crainte de ces esprits destructeurs, & l'art plus destructeur encore des médecins de la nation, sont les deux ressorts que les *Boyés* ont dans leurs mains, pour subjuguer ce peuple crédule & imbécille.

Les missionnaires se sont donné des peines infinies, pour persuader aux Caraïbes les vérités de notre religion; mais ces barbares ne se faisant

Suite des Antilles. 255

baptiser, que pour avoir les présens qui sont toujours d'usage en pareils cas, reprennent ensuite leur ancienne façon de vivre. Quelques-uns même, par ce seul motif, reçoivent plusieurs fois le baptême. Ce qui leur a donné le plus d'éloignement pour l'évangile, c'est le caractere de ceux qui le leur ont annoncé dans les premiers tems. Des hommes, avides de leur bien, leur prêchoient le désintéressement; & en les immolant à leur vengeance, leur recommandoient le pardon des injures. Que dirai-je des divisions qui ont si souvent éclaté entre les missionnaires des différens ordres, de leurs cabales, de leurs querelles, de leurs haines, toujours occasionnées par l'orgueil, la cupidité & l'amour propre? Ceux, pour qui les Caraïbes ont le plus de vénération, sont les capucins : ils leur paroissent plus détachés des choses du monde, plus fideles observateurs de la morale qu'ils prêchent. Il ne faut, à ce peuple stupide, ni de profonds théologiens, ni de fameux orateurs, ni de subtils philosophes, mais des hommes simples, patiens, laborieux, de bonne foi; & avec cela même, il n'en est pas plus docile à leurs instructions.

L'attachement des Caraïbes pour un genre de vie facile, & leur peu de pénétration, offrent encore d'autres obstacles, pour les convaincre de nos vérités. Comment faire comprendre à ce peuple grossier, l'existence d'un Dieu ? Les principes métaphysiques, qui nous forcent de convenir que celle de l'univers & la construction du corps humain ne sont point l'effet du hasard, passent les bornes étroites de leur intelligence. Comme ils ne réfléchissent point, le spectacle de la nature, l'organisation des êtres créés, ne leur causent aucune admiration ; & des ouvrages qu'on n'admire pas, n'inspirent aucun intérêt de connoître leur auteur. Demandez-leur de qui ils tiennent le jour : Ils vous diront que c'est de leur pere, celui-ci de son grand-pere ; peut-être n'iront-ils pas jusqu'au trisayeul. A plus forte raison, ne leur ferez vous pas entendre qu'il faut remonter à une cause qui n'a point eu de commencement, & à laquelle tous les êtres créés doivent leur origine.

La langue naturelle de ces indiens

est un idiome particulier, qui a de la douceur, sans prononciation gutturale, comme celui de la plupart des autres sauvages. Mais quand ils parlent aux étrangers, ils se font un jargon, mêlé de mots européens, auquel ils donnent des inversions, & une construction très-informe. Ils ont une sorte d'aversion pour la langue angloise. Soit que son sifflement leur blesse l'oreille, soit que leur haine contre une nation qu'ils détestent, s'étende jusque sur leur langage, on les voit souffrir lorsqu'ils entendent parler Anglois. Dans leur propre idiome, ils ont des dialectes qui ne se ressemblent point. Les deux sexes ont même des expressions différentes, pour signifier les mêmes objets; & les vieillards en ont aussi, qui ne sont point usitées par les jeunes gens. Enfin, ils ont une langue particuliere pour les conseils, à laquelle les femmes ne comprennent rien; & de tous ces idiomes, il n'y en a aucun, qu'ils veuillent apprendre aux étrangers: ils en sont plus jaloux, que de leurs propres possessions. Avant l'arrivée des Espagnols, ils n'avoient point de termes pour exprimer l'oppression & la tyrannie; ces deux mots leur sont devenus depuis, très-familiers; mais ils ne connoissent point encore celui de bienfaiteur.

Suivant leurs usages, il est nécessaire que tous les parens d'un Caraïbe nouvellement décédé, le voient après sa mort, pour s'assurer qu'elle est naturelle. S'il s'en trouvoit un seul, qui eût manqué de le voir, le témoignage de tous les autres ensemble ne suffiroit pas pour le persuader : jugeant au contraire, qu'ils auroient tous contribué à le faire mourir, il se croiroit obligé d'en tuer quelqu'un pour venger le défunt. En conséquence, ils s'assemblent tous, pour assister à ses obseques. La fosse, où l'on met le mort, a la forme d'un puits d'environ quatre pieds de diametre, & de six ou sept de profondeur. Le corps y est accroupi sur ses jarrets; ses coudes portent sur ses genoux; & les paumes de ses mains soutiennent ses joues. Il est peint de rouge, avec des moustaches; & ses cheveux sont liés derriere la tête. Son arc, ses flêches, sa massue & son couteau sont à côté de lui. Il n'a de la terre que jusqu'au genoux, c'est-à-dire, autant qu'il en faut, pour fe foutenir dans cette pofture ; car il ne touche point aux bords de la foffe. Il eft ainfi expofé aux yeux de tout le monde, afin que chacun puiffe l'examiner. Quand il eft bien prouvé que fa mort eft naturelle, & que tous les parens font arrivés, on couvre de terre le cadavre ; & les affiftans fe retirent.

Le gouvernement de ces infulaires differe peu de celui des autres fauvages. Ils ont des capitaines qui font, pour l'ordinaire, les chefs des plus nombreufes familles, & dont l'autorité n'eft reconnue que pendant la guerre. Le mérite militaire les éleve auffi très-fouvent à cette dignité. A chaque ennemi que tue un combattant, ou qu'il met hors de défenfe, il fait faire, par le commandant, une entaille à fa maffue qu'ils nomment boukton ; & quand il arrive une nouvelle guerre, où il eft queftion de choifir un général, c'eft toujours celui qui a le plus d'entailles, qui eft élu. Le boukton eft un morceau de bois très-dur, long de vingt-fix pouces, d'une groffeur inégale, & percé à une de fes extrêmité, pour y paffer un cordon qui le tient au poignet.

Ces Indiens sont dans l'usage de manger leurs prisonniers ; mais ce n'est que dans le premier emportement du triomphe, & sur le champ même de la victoire. Ils traitent avec humanité, non-seulement les étrangers qui viennent les visiter, mais les captifs même qu'ils prennent sans résistance, & ont surtout beaucoup de compassion pour les femmes & les enfans. A juger de leurs destinées par leur conduite, & par la tradition obscure de ce qui s'est passé chez eux, avant l'arrivée des Européens, leur histoire n'offre point, comme les nôtres, des guerres longues & sanglantes, de ces catastrophes funestes, de ces révolutions générales, si souvent répétées parmi nous. Les infidélités, les trahisons, les parjures, les vols, les assassinats, si communs chez les nations civilisées, leur sont presque inconnus. La morale, les loix, les échauffauds, les supplices sont donc inutiles à des hommes qui ne suivent que la nature, & à qui nos crimes font horreur.

On ne trouve presque plus aujourd'hui, dans les isles, que les débris de la

SUITE DES ANTILLES. 261
[n]ation Caraïbe, soit qu'elle ait été dé[t]ruite par nos guerres avec elle, soit [q]ue le plus grand nombre, dégoûté du [v]oisinage des Européens, se soit retiré [d]ans le continent de l'Amérique. Quel[q]ues-uns, dit-on, vivent encore dis[p]ersés à la Guadeloupe; mais ce n'est [q]u'à la Dominique & à Saint-Vincent, [q]u'ils sont assez nombreux, pour for[m]er un peuple.

La premiere de ces deux isles, à la[q]uelle on ne donne pas moins de treize [li]eues de long, sur neuf dans sa plus [g]rande largeur, a, pour centre, de [h]autes montagnes, qui passent pour [i]naccessibles. On y voit les plus beaux [a]rbres de l'univers; & il en croît de [t]outes les especes. Le manioc y vient [f]acilement, ainsi que le maïs, les pa[t]ates & le coton. Les habitans laissent [l]eurs volailles en liberté autour des ca[b]anes, où elles pondent & couvent [s]ans autres soins, & amenent leurs [p]oussins au logis pour chercher à vivre. [L]e pays est arrosé de quantité de rivieres : les eaux y sont bonnes, & le [p]oisson excellent. On assure que, près [d]e la Soufriere, montagne de l'isle, [a]insi nommée, parce qu'elle donne eaucoup de soufre, il y a une mine d'or, dont les Caraïbes ne permettent point l'accès. C'est apparemment pour en éloigner les étrangers, qu'ils font l'effrayant récit d'un monstre qui veille à la garde de ce trésor.

La crainte qu'ont ces sauvages d'être surpris des Européens, leur a fait poster, sur leurs côtes, de petits corps-de-gardes, pour découvrir les barques qui en approchent. Ils se hâtent de les faire reconnoître par quelques canots ; & s'ils les croient ennemies, ils s'assemblent aussitôt, pour défendre leurs possessions ; mais ce n'est jamais à force ouverte ; ils dressent des embuscades, d'où ils s'élancent avec fureur, en faisant pleuvoir une grêle de flèches : ensuite ils emploient leurs massues ; & s'ils trouvent de la résistance, ils prennent la fuite, & se retirent dans les bois. Ils ne se rallient qu'après avoir doublé leur nombre, pour ne rien donner au hasard.

Il y a, parmi ces peuples, une autre nation qui a adopté leurs usages, vit confondue avec eux, & leur est cependant très-étrangere. Ce sont des negres, dont l'origine, quoique récente, n'est pas mieux connue, que celle des gens auxquels ils se sont associés. Les uns disent qu'un navire, chargé de noirs pour l'Amérique, échoua sur les côtes de Saint-Vincent, & que ceux qui purent se sauver, furent accueillis par les Caraïbes. D'autres prétendent que ce sont des negres échappés de nos isles, ou enlevés aux Espagnols, dans les premieres guerres de ces mêmes Caraïbes avec les Castillans. Quoi qu'il en soit, ces noirs introduits à S. Vincent, prirent les mœurs & les coutumes des leurs hôtes. Ils applatirent, comme eux, la tête de leurs enfans, en la comprimant entre deux planches ; & cette difformité, qui empêche que les Européens ne les confondent avec les autres negres de nos colonies, est le signe de leur liberté. Ils sont hauts de taille, bien faits, forts, robustes, & d'une physionomie qui n'a rien de barbare. Ils ont les cheveux comme de la laine, les yeux bien fendus, le nez long, la bouche grande, les levres épaisses, & les dents d'une extrême blancheur. On les appelle les Caraïbes noirs ; & ils sont sans cesse en mésintelligence avec ceux qui les ont adoptés. Devenus plus puiffans par la population, ils veulent dominer fur les naturels du pays. Ceux-ci, opprimés par le nombre, font quelquefois obligés d'implorer le fecours du gouverneur de la Martinique ; mais les negres ont fur éux l'avantage des ufurpateurs, l'audace & la bravoure. Ils font en même tems plus induftrieux & plus actifs. Mais ce qui chagrine le plus les véritables Caraïbes, c'eft l'enlevement fréquent de leurs femmes & de leurs filles, dont les noirs fe faififfent lorfqu'ils en ont befoin, & qu'ils ne rendent, que quand elles ne leur conviennent plus.

La petite ifle de Saint-Vincent, qui peut être regardée comme le centre de cette république, n'a rien de défagréable ni de fauvage. De hautes montagnes, couvertes de bois, laiffent par-tout de petits vallons défrichés autour des rivieres. On y trouve beaucoup de familles Angloifes & Françoifes, qui préferent la vie libre de ces barbares, aux commodités qu'on leur offre dans leurs propres colonies. L'ifle peut avoir huit lieues de long, fur fept de large. Elle produit l'excellent tabac de Saint-Vincent,

SUITE DES ANTILLES. 265
cent, un des plus estimés de l'Amérique. On n'en voit guere de pur en France, quoiqu'on fasse passer sous son nom, celui qui se fabrique dans les pays bas, où on le dénature. Ces insulaires croient que le tabac étoit le fruit défendu du paradis terrestre, & que ses feuilles servirent à couvrir la nudité de nos premiers peres, lorsqu'ils en eurent fait l'essai. Mais pour ne point intervertir l'ordre de mon voyage, je dois d'abord vous parler de la Martinique.

D'Enambuc, gentilhomme Normand, en prit possession en 1638, & l'ayant peuplée à ses propres frais, en acquit la propriété. Il mourut peu de tems après, & laissa tous ses biens, avec ses droits sur cette isle, à son neveu du Parquet. Depuis que les François s'en sont rendus maîtres, ils en ont toujours été les seuls habitans. Les premiers qui l'occuperent, venoient de Saint-Christophe, qui, comme je l'ai dit, a été la mere ou le berceau de toutes nos colonies dans les Antilles.

On donne, à la Martinique, dix-huit lieues de long, & quarante-cinq de circonférence. Elle est entrecoupée par-tout de collines, ou, comme on dit en Amérique, de *mornes* fort élevés. Mais elle n'a que trois montagnes remarquables : la principale, vers l'extrémité occidentale, porte tous les caracteres d'un ancien volcan; les terres des environs, à plusieurs lieues à la ronde, ne sont composées que de pierres ponces, & de débris pulvérisés. Sa plus grande partie est encore couverte de bois ; les nuages s'y arrêtent sans cesse ; ce qui rend ses environs très-mal sains. On l'appelle la montagne Pelée : son sommet est une espece de plate-forme d'une médiocre étendue. Il est rare de trouver des terreins unis au haut des montagnes de cette isle; leur cime est presque toujours tranchante ou pointue.

La seconde, dans la partie orientale, se nomme *Vauclin*, de la paroisse où elle est située. Elle est moins haute, plus accessible que la précédente, & presque toute cultivée en caffé. La troisieme, moins élevée que les deux autres, est un peloton de monticules faits en forme de pains de sucre. Elle n'est éloignée de la premiere, que d'une lieue & demie, & a pris, comme la seconde, le nom d'une paroisse : on l'appelle les *pitons du Carbet*. Quoique droite & rapide, on commence aussi à y planter du caffé. On ne peut pas douter que toutes ces montagnes n'aient été couvertes d'eau, puisqu'on y trouve des coquillages pétrifiés jusqu'à leur sommet.

Les rivieres de la Martinique ne font, à proprement parler, que des ruisseaux, qui, dans les tems ordinaires, n'ont environ que sept à huit pouces de profondeur; une pluie de quelques heures en fait aussi-tôt des torrens. Le plus grand nombre découlent de la montagne Pelée, & se répandent dans la cabestere: c'est le nom qu'on donne, dans les isles, aux lieux les plus immédiatement exposés aux vents alisés. Les eaux les plus claires, les plus légeres, les plus saines sont celles qui passent sur les terres ponceuses. Celle de la riviere du fort Saint-Pierre fait, sur les étrangers, le même effet, que l'eau de la Seine à Paris, sur ceux qui n'y sont pas habitués.

La ville ou le bourg de Saint-Pierre, qui prend son nom de celui du fort, est situé à l'Ouest. Une moitié est bâtie le long de la mer, sur le rivage même. C'est là que les vaisseaux vont mouiller & déposer leurs marchandises dans des magasins. L'autre moitié occupe une colline peu élevée, sur laquelle est construit le fort qui défend la rade. Ces deux parties du bourg sont séparées par la riviere dont je viens de parler. La première est adossée à un côteau coupé à pic, qui, l'entourant de presque tous les côtés, intercepte l'air, & renvoie, sur la ville, la chaleur qui lui est communiquée, le long du jour, par le soleil. Ses rayons réfléchis, tant par la mer que par le sable du rivage, sont encore des circonstances qui causent, dans ce séjour, une ardeur insupportable. Elle y rend l'air mal-sain & dangereux; & c'est-là néanmoins, que logent les marins, & presque tous les étrangers qui viennent à la Martinique. Le gouverneur particulier & l'intendant font, dans cette ville, leur résidence ordinaire. Les Dominicains & les Jésuites desservent les paroisses; on y voit aussi des religieuses & des freres de la Charité; ces derniers ont soin de l'hôpital.

Les autres places de l'ifle font le fort Royal, le fort de la Trinité, le fort Marigot & celui de la Riviere Salée. Le premier eft le mieux fitué; & fon port paffe pour un des meilleurs du pays. La ville eft le féjour du gouverneur général, & le fiége du confeil fupérieur. Les affemblées de cette cour de juftice fe tiennent tous les deux mois, jugent en dernier reffort, & font compofées des deux gouverneurs, de l'intendant, de douze confeillers, & d'un procureur du roi. Le gouverneur général y préfide; mais c'eft l'intendant, & dans fon abfence, le plus ancien confeiller, qui recueille les voix, & prononce les arrêts. Les charges de confeillers ne s'achetent point; elles ne doivent être données qu'au mérite : mais la plûpart s'accordent encore plus fouvent aux recommandations & à la faveur. C'eft le miniftre de la marine, qui en expédie les brevets. Ces officiers n'ont point de gages; leurs profits fe réduifent à l'exemption du droit de capitation pour douze negres, avec quelques légers émolumens pour leurs vacations. La juftice eft accordée gratuitement à ceux qui la réclament;

& cependant, ici comme ailleurs, les procès exigent de très-grands frais. Je n'ose assurer que ces charges, quoiqu'elles ne soient recherchées que pour l'honneur, procurent la noblesse, comme celles de nos parlemens.

Le fort de la Trinité est le chef lieu de la partie septentrionale ; celui de la Riviere Salée occupe celle du midi. Dans presque toutes ces petites places, la garnison est composée de quelques compagnies Françoises, ou de milice Créole. Il y a peu d'années, qu'on y envoyoit des détachemens d'un régiment Suisse, en garnison à Rochefort. Chaque ville a son état major, plus ou moins nombreux, suivant l'importance de la place.

L'administration spirituelle de toute l'isle n'est confiée qu'aux Jacobins, aux Capucins & aux Jésuites. Ces derniers sont les plus riches, & y font un commerce si considérable, qu'il pourra peut-être un jour causer la perte & la destruction de leur ordre. On parle ici d'un pere de la Valette, qui se charge de plus d'affaires, & passe pour les mieux entendre, que tous les négocians des Antilles. Ses lettres de change sur Lisbonne, sur Cadix, sur Londres, sur Hambourg, sur Amsterdam, sur Marseille, sur Nantes, sur Bordeaux, sur Paris, lui donnent des relations avec tous les banquiers de l'Europe : mais, s'il est permis de lire dans l'avenir, je crains qu'en étendant ainsi les bornes de son commerce, il ne resserre prodigieusement celles de sa société.

Le roi entretient tous les curés de la Martinique ; & leurs pensions, qui se prennent sur le domaine, ne se paient qu'en sucre brut. Les cures nouvelles en ont, par an, chacune neuf mille livres, & les anciennes, douze mille. Je ne parle point du casuel, qui varie ici, comme ailleurs, suivant la différence des lieux, & le nombre des paroissiens.

Le gouvernement civil & militaire est le même qu'à Saint-Domingue & dans toutes les Antilles Françoises ; ce sont aussi les mêmes usages, les mêmes loix, les mêmes mœurs des habitans negres & créoles. On y exerce également, envers les étrangers, cette tendre & généreuse hospitalité, dont l'histoire ne nous offre plus que les anciennes traditions des premiers âges du monde. Elle procure à la colonie ce double avantage, qu'on n'y voit, ni mendians, ni voleurs.

On accuse les hommes de ce pays d'être prompts, impatiens, décidés, attachés à leurs volontés ; & l'on attribue ces défauts à la foiblesse des parens, à l'habitude de commander, dès l'enfance, à des esclaves, & à la liberté qu'inspirent les mœurs du pays. A l'égard des femmes, leur cœur s'enflamme aisément, & s'attache fortement à celui, avec lequel elles sont unies. Cependant dès que ce dernier cesse de vivre, sa mort décide bien vîte du bonheur d'un autre. Il n'est presque point de veuve, qui, malgré sa tendresse pour ses enfans, & son amour pour son époux, n'efface aussitôt, par un second mariage, le nom & le souvenir d'un homme, dont elle paroissoit éperduement éprise. Toutes entieres à ce qu'elles possedent, elles sont rarement infidelles à leurs maris; mais cette pureté de mœurs est moins soutenue par leur vertu, que par l'indolence de leur caractere, le défaut d'attaques, & le goût dépravé des hommes pour les négresses.

Ces mêmes femmes écoutent froidement le récit qu'on leur fait, à tout inſtant, des agrémens de la France. Rien ne peut émouvoir leur curioſité, ni leurs deſirs, pour les déterminer à venir y fixer leur ſéjour. Attachées à leur climat, elles n'ont pas la force de rompre leurs habitudes. La plupart préferent de laiſſer venir leurs maris ſeuls en Europe. Ce fait, dont on a des exemples fréquens, & qui ſemble contredire leur attachement & leur jalouſie, a peut-être ſon principe dans leur fierté : elles craignent la comparaiſon, que, ſans doute, on ne manqueroit pas de faire, de l'éducation qu'elles ont reçue, avec celle des femmes de Paris.

Les hommes au contraire n'aſpirent qu'après le ſéjour de la France, & ſont preſque tous dégoûtés de leur patrie. Ce penchant, ſi naturel, ſi général, pour les lieux qui nous ont vu naître ; ce ſentiment gravé dans preſque tous les cœurs, n'a nul attrait pour les Américains de nos colonies ; & leur pays eſt preſque le ſeul dans le monde, qu'ils veuillent fuir. Ce dégoût ſe conçoit d'autant moins, que leur iſle eſt toujours favorifée d'un beau ciel, la campagne toujours ornée de verdure, les faifons toujours uniformes ; & la terre, à peine cultivée, femble offrir d'elle-même, en tout tems, de riches productions à la main qui les lui demande.

Il y a d'ailleurs, beaucoup de maladies en Europe, dont on eft exempt à la Martinique. La goute, la gravelle, la pierre, les apoplexies, les pleuréfies, les fluxions de poitrine, & toutes celles qu'entraîne ordinairement un long hiver, font à peine connues dans cette contrée; mais il y en a d'autres qui font propres du climat : les unes attaquent particuliérement les blancs, d'autres les noirs, & quelques-unes les negres & les créoles. Une de celles qui ne font communes qu'aux blancs, fe nomme la *maladie matelotte*, parce qu'elle enleve, tous les ans, un grand nombre de matelots, qui ne peuvent fe faire à l'air du pays. On l'appelle auffi *mal de Siam*, d'où l'on prétend qu'elle fut apportée par un vaiffeau des Indes, qui relâchoit à la Martinique. Elle confifte dans une fievre opiniâtre & brûlante, dont l'efpèce eft marquée par des hémorrhagies qui font fortir le fang par le nez, par les yeux

& quelquefois par tous les pores. Le sang tranquille & doux, que les Européens apportent dans ce climat brûlant, éprouve le même effet, que le lait sur le feu : il bout dans l'instant ; & rien ne peut l'empêcher de s'extravaser. Quand on s'embarque pour aller respirer l'air de la zone torride, ne seroit-il pas à propos, que ceux qui n'y sont pas accoutumés, se fissent saigner & purger dans la route, lorsqu'ils commencent à sentir, dans l'air, une température plus chaude, & qu'ils renouvellassent les mêmes précautions en arrivant aux isles? Ce seroit, je crois, l'unique moyen de se garantir de cette maladie ; encore ne seroit-il pas toujours suffisant.

Malgré l'excessive chaleur du climat, la population a toujours été très-nombreuse à la Martinique ; & il en est sorti des essains qui ont servi à peupler d'autres colonies. Il est assez ordinaire de voir dix à douze enfans dans une maison : il est même étonnant que les femmes, qui sont meres de meilleure heure qu'en France, cessent quelquefois plus tard de l'être. On raconte, à ce sujet, des faits incroyables : on a vu, dit-on, une Indienne, âgée de cent ans, avoir une fille qui n'en avoit que cinq.

A l'exception du caffé, qu'on vante fort ici depuis quelque tems, l'histoire naturelle du pays n'offre presque rien, qui differe de celle des autres Antilles. C'est dans le quartier appellé les *anses d'Arlet*, qu'il vient le mieux, comme c'est au Macouba, que croît le tabac le plus recherché de l'Amérique. Il a naturellement une légere odeur de rose, quelquefois celle de violette, & est connu en Europe, sous le nom du canton où on le cueille.

Le grand débit du caffé a presque fait renoncer à toute autre production. La plupart des habitans ont abandonné le coton, le cacao ; plusieurs même ont arraché les cannes à sucre, pour y planter cet arbuste, qui a été apporté de France à la Martinique. Je tiens cette anecdote d'un homme, qui a fait d'excellentes remarques sur les productions de cette isle. « Il fut un tems, m'a-t-il
» dit, où l'on n'osoit espérer de culti-
» ver le caffé dans nos colonies. Parce
» que les graines que nous recevions,
» ne pouvoient pas germer, on imagi-
» noit que les Hollandois, qui nous

» les envoyoient, les paſſoient au four,
» pour en détruire le germe. Ils en
» avoient des plantations à Surinam; &
» nous admirions leur bonheur, ſans
» ſonger à le partager. Le jardin du
» Roi nous a procuré cet avantage,
» devenu une ſource de richeſſes pour
» le royaume. L'état, le commerce
» & les Américains en ont l'obliga-
» tion à un M. Déclieux, de qui on
» raconte le trait ſuivant. La provi-
» ſion d'eau devint ſi rare dans le
» vaiſſeau qui le portoit en Amérique,
» qu'elle n'étoit plus diſtribuée à cha-
» cun, qu'avec meſure. Il fut obligé de
» partager, avec les plantes de caffé
» qu'il avoit avec lui, la portion qu'on
» lui donnoit pour ſa boiſſon, afin de
» conſerver le précieux dépôt dont il
» étoit chargé. Il les entretint, en effet,
» dans leur fraîcheur, juſqu'à la Marti-
» nique, où elles fructifierent merveil-
» leuſement ».

    Je ſuis, &c.

A Surinam, ce 13 novembre 1750.

LETTRE CXXX.

SUITE DES ANTILLES.

LA petite isle de Sainte-Lucie, ou Sainte-Alouzie, est, Madame, le sujet d'un différend qui existe, depuis long-tems, entre les François & les Anglois. Ceux-ci ont fait plusieurs tentatives, pour s'en rendre maîtres, & ont pris, pour un droit légitime sur cette isle, le desir qu'ils avoient de la posséder. Ils ont exposé plusieurs fois leurs prétentions; mais la décision de cette affaire a toujours été remise; & enfin, depuis la derniere paix, en 1748, le roi a bien voulu consentir à nommer des commissaires, non pour examiner les droits respectifs des deux couronnes, car on n'en suppose aucun à l'Angleterre, mais pour mettre en évidence la légitimité de ceux des François.

Depuis que les Espagnols ont fait la découverte de Sainte-Lucie, on ne trouve pas qu'aucune nation de l'Eu-

SUITE DES ANTILLES. 279
rope y ait établi des colonies, jufqu'à
l'année 1639, que les Anglois en prirent
poffeffion. Il eft vrai que, de tems
en tems, quelques Européens y abordoient;
mais les courfes paffageres,
ou même les débarquemens de divers
particuliers qui ont difparu, ne fauroient
être regardés comme des établiffemens.
C'étoient, pour la plupart,
des gens fans aveu, qui vivoient comme
les fauvages de l'ifle, fans nulle
forme de gouvernement, & fans reconnoître
ni la Grande-Bretagne, ni la
France, ni aucune autre domination.
Il eft vrai encore que, vers la fin du
feizieme fiecle, trois vaiffeaux, partis
d'Angleterre, firent voile vers les Antilles,
& vinrent fe rafraîchir à Sainte-
Lucie; mais cet armement n'avoit pour
objet, que la courfe contre les Efpagnols,
& le pillage de leurs colonies.

Dix ou douze ans après, un autre
vaiffeau Anglois, dont la deftination
étoit pour la Guiane, fut obligé de
laiffer une partie de fon équipage dans
cette même ifle, n'ayant pas affez de
vivres pour retourner en Europe avec
tout fon monde. Soixante-fept hommes
y defcendirent, & y trouverent des fau-

vages qui parloient françois & espagnol, mais aucun qui entendît l'anglois. Ils n'y resterent que quelques jours ; & dans ce court intervalle, ils furent réduits à dix-neuf, qui se sauverent pendant la nuit, les quarante huit autres ayant été tués par les Caraïbes.

Si des aventures particulieres d'armateurs ou de commerçans pouvoient être prises pour des titres d'établissement, chacune des Antilles appartiendroit, en même tems, à toutes les nations de l'Europe, puisque toutes les ont continuellement fréquentées, soit pour la course ou pour la traite. De plus, si les soixante-sept hommes, qui descendirent à Sainte-Lucie, ne purent se faire entendre des habitans, que par le moyen de la langue françoise, les François l'avoient donc fréquentée avant les sujets de sa Majesté Britannique, & auroient, par conséquent, plus de droit qu'eux, de s'en regarder comme les premiers possesseurs.

Depuis cette époque, jusqu'à l'an 1639, on ne lit pas qu'il ait été fait aucune tentative sur cette petite isle. On sçait seulement que les Anglois, s'y étant établis cette même année, ne purent s'y soutenir contre les sauvages naturels du pays. Ces Indiens attaquerent la nouvelle colonie, & la ruinerent entiérement, après un séjour de huit mois. Cette irruption jetta une telle frayeur dans l'ame des Anglois, qu'ils ne songerent plus à y revenir.

Dix années se passerent, sans qu'aucune autre nation entreprît d'y fonder des établissemens. Du Parquet, neveu de d'Enambuc, & lieutenant-général pour le roi au gouvernement de la Martinique, voyant le pays abandonné, le conquit par la force des armes, non sur les sujets de la Grande-Bretagne, qui y avoient renoncé, mais sur les Caraïbes, qui en étoient seuls possesseurs, & qui journellement nous faisoient la guerre. Les François, en s'en rendant maîtres, se fonderent sur ce principe de droit public,» qu'une terre,
» quoique découverte & possédée par
» quelque nation, si elle a été aban-
» donnée par la suite, devient au rang
» des terres vacantes; & comme telle,
» elle est le partage de celui qui vient
» l'occuper. L'abandonnement est pré-
» sumé, lorsque l'ancien possesseur, se

» trouvant forcé de quitter le pays, n[e]
» fait aucune tentative pour y rentrer,
» & qu'il ne réclame point contre u[n]
» tiers, qui présumant mieux de lu[i]
» même, s'en empare publiquement, &
» s'y maintient. » Voila précisement l[e]
cas où se trouvent les François.

Cependant les Caraïbes ne cessoie[nt]
de traverser les colonies Européenne[s]
qui venoient s'établir dans leurs i[sles]
On sentit combien il étoit important d[e]
se réunir contre ces ennemis commu[ns]
& ce fut le sujet d'un traité entre l[a]
France & l'Angleterre, dans lequel [il]
fut convenu, qu'on agiroit de conce[rt]
contre ces sauvages, en cas de guerr[e]
& que si au contraire, ces peuples vouloient vivre en paix, on leur laisseroi[t]
à eux seuls, Saint-Vincent & la Dominique. Les Caraïbes sentant bien qu'il[s]
ne seroient pas les plus forts, accé-
derent au traité, par lequel ils recon-
nurent les droits des deux nations E[u]-
ropéennes, sur les isles qu'elles poss[e]-
doient en Amérique. Elles se garanti[s]-
soient aussi mutuellement la jouissan[ce]
tranquille des pays qu'elles occupoien[t]
or nous étions alors maîtres de *Sain[te]-*
Lucie ; & l'on ne fit aucune exceptio[n]
à cet égard.

Malgré un acte si authentique, les anglois ont formé en différens temps, diverses entreprises contre cette isle. En 1664, ils y firent une descente, & nous obligerent d'en sortir; mais ils ne tarderent pas à être molestés par les sauvages, & eurent d'ailleurs tant de maladies, & une si grande disette à essuyer, qu'ils l'abandonnerent une seconde fois. Nous y rentrâmes immédiatement après; & il s'écoula une espace de plus de vingt ans, sans que personne entreprît de nous inquiéter.

En 1686, le gouverneur de la Barbade fit, de nouveau, attaquer la colonie; on pilla les habitans; on en chassa une partie; on mit le feu à leurs maisons; & l'on commit toutes les hostilités que la guerre seule autorise. On étoit cependant en pleine paix, & précisément dans le tems que l'Angleterre renouvelloit à Louis XIV, par un traité solemnel, les assurances de ne causer, à ses sujets, aucun dommage en Amérique. Ce prince en fit porter des plaintes à la cour de Londres: on nomma des commissaires de part & d'autre, pour terminer le différend: en attendant, les François rentrerent dans leur ancien Domaine, qu'ils n'avoient pas même entierement abandonné.

Les divisions intérieures, qui survinrent en Angleterre, & la guerre qui embrasa une grande partie de l'Europe, interrompirent la négociation, mais ne troublerent point la paix de Sainte-Lucie ; car quoiqu'il n'y ait pas eu de décision, cette isle a toujours continué d'être habitée par des François, sans que les Anglois fissent aucun mouvement pour s'en rendre maîtres.

En 1722, on vit leurs prétentions se ranimer : ils publierent une proclamation qui enjoignoit à tous les habitans, ou de se soumettre au gouvernement Britannique, ou de se retirer promptement. Vous jugez bien que cette invasion ne pouvoit point être tolérée par la cour de France ; aussi le chevalier de Feuquieres, gouverneur général de nos isles, eut ordre de sommer les sujets du Roi d'Angleterre de sortir dans la quinzaine, & s'ils ne le faisoient pas, de les y contraindre par la force des armes. Ils n'obéirent qu'à la derniere extrêmité ; & sur de nouveaux différens survenus entre les deux couronnes, on prit le parti de faire

Suite des Antilles. 285
évacuer Sainte-Lucie par les deux nations, en attendant une décision définitive.

Les choses resterent dans cet état, jusqu'à la guerre de 1741, que sa majesté y fit passer une garnison, pour s'en conserver la possession, & y soutenir les établissemens de ses sujets. A la fin de la guerre, le roi d'Angleterre en a, de nouveau, demandé l'évacuation. Louis XV y a consenti, en déclarant néanmoins, qu'il n'entendoit porter aucun préjudice à son droit ; & qu'en nommant des commissaires, il n'avoit d'autre objet, que de mieux faire connoître la droiture de ses intentions, & le desir sincere d'entretenir l'union entre les deux puissances.

Il résulte de ce détail historique, qui a pu, Madame, vous paroître un peu long, que Sainte Lucie appartient incontestablement à la France ; & cette légitimité est fondée, comme vous voyez, sur dix années d'intervalle, entre le moment où les Anglois se sont retirés, & celui où nous nous y sommes établis ; sur vingt-trois ans de silence du côté de l'Angleterre ; sur un traité de paix conclu avec les Caraïbes, auquel elle a accédé, & dans lequel elle n'a point réclamé contre notre établissement; sur un second abandon de sa part, & une jouissance paisible de la nôtre, pendant l'espace de vingt autres années. Si tout cela ne suffit pas, comment justifiera-t-on la plupart des possessions actuelles de l'Amérique ? L'histoire des Antilles fourmille d'exemples d'isles abandonnées par une nation, & occupées légitimement par une autre. Antigoa & Mont-Serrat l'avoient été par les François, avant que les Anglois y fissent des établissemens. L'isle de Saint-Eustache n'a appartenu aux Hollandois, que par l'abandon que nous en fîmes; & elle est, par rapport à la Hollande, dans le même cas, que Sainte-Lucie, à l'égard de la France. On peut joindre à cet exemple celui de Sainte-Croix, que nous occupons après les Espagnols, les Hollandois & les Anglois. Enfin, le rétablissement même de ces derniers dans l'isle de Saint-Christophe, est une nouvelle preuve du droit de posséder ce que les autres abandonnent. Si leurs prétentions sur Sainte Lucie avoient lieu,

elles bouleverferoient tous les principes de propriété, détruiroient toutes
les notions du droit des gens, attaque-
roient les fondemens de toutes les
poffeffions des puiffances Européennes,
& fur-tout des poffeffions Angloifes
dans l'Amérique.

Il n'eft pas étonnant qu'une ifle favorifée de la nature comme celle-ci, ait
caufé tant de jaloufie. L'air y eft pur
& fain, parce qu'ayant peu de largeur, & fes montagnes n'étant pas
affez élevées pour arrêter les vents
d'eft, qui y fouflent continuellement,
la chaleur n'y eft prefque jamais excef-
five. On lui donne fept à huit lieues
de longueur, fur vingt ou vingt-deux
de circonférence. Quoique monta-
gneufe en divers endroits, fa plus
grande partie eft une fort bonne terre,
arrofée de plufieurs rivieres & d'autres
eaux. On y voit de très-grands arbres,
la plupart d'un bois propre aux édifices. Ses bayes & fes ports font vantés
pour le mouillage des vaiffeaux. Ce
qu'on nomme le petit carénage, paffe
pour le plus commode de toutes les
Antilles, & tire fon nom de la facilité
que les bâtimens trouvent à s'y caré-
ner. Les Anglois y avoient conftruit

un fort, que M. de Feuquieres les obligea d'abandonner.

La Barbade est située à l'orient de Sainte-Lucie, dont elle n'est éloignée que de vingt-cinq lieues. Les Portugais l'habiterent les premiers, sa situation leur offrant un lieu de rafraichissement commode, dans leurs voyages au Bresil. Les Anglois la leur enleverent ; & le comte de Carlisle en obtint la propriété sous Jacques I. Il en vendit les terres à tous ceux qu'il trouva disposés à s'y transporter ; & l'agrémment du pays y attira tant de monde, qu'on n'a point d'exemple d'une colonie, dont la formation ait jamais été si prompte. C'est, après la Jamaïque, la plus puissante de toutes celles que l'Angleterre possede dans les Antilles.

Les habitans ne s'appliquerent d'abord, qu'à la culture du gingembre, du coton, de l'indigo & du tabac. Les cannes à sucre leur furent long-tems inconnues ; mais quelques colons ayant trouvé moyen d'en faire venir du Bresil, elles multiplierent heureusement. Cependant, comme ils ne savoient, ni le tems de leur maturité, ni la maniere

de

SUITE DES ANTILLES.

de les travailler, ils essayerent inutilement de fabriquer du sucre; à peine purent-ils faire de la mauvaise cassonade. Ce ne fut qu'après plusieurs tentatives, & différens voyages entrepris par des particuliers, pour s'instruire dans cette manufacture, qu'ils parvinrent à perfectionner leurs sucreries.

Cette connoissance fit prospérer encore plus promptement la colonie. Des familles nobles d'Angleterre, qui avoient été ruinées pendant les troubles des guerres civiles, attirées par l'espérance de s'enrichir, quitterent leur pays, pour s'établir à la Barbade. Ils y trouverent tant de facilité, qu'un nommé Drax, sollicité par ses parens, de retourner à Londres, promit de les satisfaire, lorsqu'il auroit acquis dix mille livres sterling de revenu, & tint parole sur ces deux points.

De pareils exemples attirerent tant de gens, que peu d'années après, on présumoit que dans l'isle, il n'y avoit pas moins de cinquante mille blancs, dont plusieurs, en récompense de l'industrie qu'ils ont montrée dans la conduite de leurs travaux & de leur commerce, ont mérité le titre de chevaliers baronets.

On y voyoit des habitations divisées en plusieurs grandes rues, dont la plupart étoient bordées de belles maisons, & pouvoient porter le nom de villes. On auroit pris même l'isle entiere pour une vaste cité, tant les édifices étoient près les uns des autres ; & dans la maniere de bâtir, comme dans les usages, on affectoit de se conformer aux modes de Londres. Il y avoit des foires & des marchés, dont les boutiques étoient remplies de tout ce qui peut satisfaire la curiosité, le plaisir, les besoins & le luxe ; & rien ne cause autant d'admiration, que les progrès de cette colonie dans l'espace de vingt années. Il est vrai qu'il n'en fut pas de cet établissement, comme de ceux dont on doit l'origine à l'indigence, au chagrin & à la misere de leurs premiers habitans : pour former une plantation à la Barbade, il falloit un fonds considérable : on n'y alloit pas pour commencer sa fortune, mais pour achever de s'enrichir.

Comme cette isle étoit alors sans défense, on se hâta d'élever quelques redoutes dans les lieux, où les côtes n'étoient pas naturellement fortifiées.

Des écueils l'environnent dans la plus grande partie de sa circonférence : il est peu d'endroits, par où l'on puisse y aborder ; & dans ces endroits là même, on a tiré des lignes défendues, de distance en distance, par des forts garnis d'un nombre suffisant de pieces de canon.

Tout le pays est divisé en onze paroisses, dont plusieurs prennent le titre de villes ou de bourgs. La capitale, située au midi de l'isle, est Bridge-Town, qu'on appelle aussi Saint-Michel, du nom de l'archange, auquel l'église principale est dédiée. Elle occupe le fonds de la baye de Carlisle; & il semble que dans le choix du terrein, on a eu moins d'égard à la santé, qu'à la commodité des habitans. Sa disposition, qui la rend un peu plus basse que le rivage, l'expose à des inondations, d'où il s'éleve des vapeurs très-nuisibles. Il est vrai qu'à force de travailler, on est venu à bout de dessécher les parties marécageuses, & même de fermer le passage aux eaux de la mer. S'il reste un marais boureux à l'Est de la ville, il vient des débordemens extraordinaires, contre lesquels on n'a pas encore pu trouver de défense. Cette capitale est grande, riche, bien bâtie, & bien peuplée. La maison de ville est très-belle; & le port est défendu par des forts si bien construits, que la place n'auroit rien à craindre, s'ils étoient mieux entretenus, & munis avec plus de soin. L'église est de la grandeur de nos cathédrales ordinaires. Le clocher en est majestueux ; on ne vante pas moins une orgue admirable, & sur-tout un carillon de sept cloches, qu'on donne pour un ouvrage moderne. Bridge-Town est la résidence du gouverneur, le siége du conseil & de l'assemblée générale, & le centre de toutes les affaires de l'isle. Les autres villes ont presque toutes le nom d'un saint, & le plus souvent d'un apôtre, tels que saint-Pierre, saint-Jacques, saint-Thomas à l'ouest ; saint-André dans la partie septentrionale ; & à l'orient saint-Jean & saint-Philippe.

 Cette colonie entretient, pour sa défense, près de huit mille hommes. A l'égard de l'administration politique, civile & ecclésiastique, elle est modelée sur le gouvernement de la Grande

Bretagne, de même que celui des autres isles, & en particulier de la Jamaïque, dont vous pouvez vous rappeller les détails. Le commerce est aussi à peu près le même: mais ce que ce pays-ci offre de particulier, c'est cette liqueur délicieuse, connue en Europe, sous le nom d'eau de Barbade, extraite de l'écorce de citron. On fait aussi, avec cette écorce, d'excellentes confitures seches, dont on vend une assez grande quantité. A l'égard du fruit même, il s'en transporte en nature à Londres, plusieurs milliers de caisses tous les ans, depuis que le ponche y est devenu à la mode.

Le sucre, raffiné dans cette isle, est infiniment plus blanc, que celui qui se travaille en Angleterre : peut-être doit-on attribuer cet avantage à la facilité qu'on a ici, de le faire blanchir au soleil. On se sert, pour cela, d'une machine de trois ou quatre pieds de haut, qui a plusieurs tiroirs, dans lesquels on serre le sucre. Quand le soleil est dans sa force, on tire les tiroirs ; & à la moindre apparence de mauvais tems, on les referme. On n'apporte pas beaucoup de ce sucre dans la Grande

Bretagne, à cause d'un droit d'entrée fort considérable, qu'on y fait payer à cette marchandise. Le peu qu'il en vient, ne s'y vend pas même dans toute sa pureté, ou du moins, il est difficile d'en trouver qui ne soit pas altérée. Les raffineurs Anglois sophistiquent cette denrée, comme les cabaretiers de Paris falsifient le vin de Bourgogne. Le sucre fin de la Barbade est d'un blanc bleuâtre, qui a quelque chose d'éblouissant au premier coup d'œil; mais il perd de son prix à l'examen.

Les richesses que cette petite isle a produites aux Anglois, dans le tems le plus florissant de son commerce, leur ont valu la mine d'or la plus abondante. Elle a nourri une infinité de bouches, occupé de grandes flottes, formé un nombre prodigieux de matelots, & augmenté considérablement la masse du fonds national des isles Britanniques. Sous le regne de Charles II, la Barbade entretenoit quatre cens navires; ce qui faisoit un embarquement de plus de soixante mille tonneaux. L'article seul du sucre montoit alors à trente mille barriques. La moitié s'en consommoit en Angleterre; le reste étoit réexporté. Le prix de ces sucres pouvoit aller à cinq millions, celui des autres denrées de l'isle à plus du tiers ; & ces deux sommes étoient presque toutes payées en productions naturelles du royaume, ou en marchandises sorties de ses manufactures.

On peut assurer, sans exagération, que ce commerce a fait subsister, pendant bien du tems, soixante mille personnes dans la Grande-Bretagne, & cinquante autres mille à la Barbade, sans compter un plus grand nombre de negres. Par des supputations très-exactes, faites pour connoître le bénéfice que cette colonie a procuré à la métropole, il résulte que, dans l'espace de cent ans, elle a ajouté plus de deux cens quarante millions à la masse des richesses de la nation Angloise.

Cette isle a deux agens à Londres, auxquels elle donne des honoraires, pour suivre, auprès de la cour & du parlement, les affaires de la colonie. On leur reproche quelquefois de la négligence ; mais quelquefois aussi, ils se font un parti si puissant, parmi les négocians & la chambre des communes, qu'ils viennent à bout de forcer le miniſtere de donner, à cet établiſſement, toute l'attention qu'il mérite. On en a vu des effets en 1721, & dans les années ſuivantes, à l'occaſion du commerce du ſucre, qu'on laiſſoit dépérir. Ils éveillerent les légiſlateurs de leur nation, les inſtruiſirent, & vainquirent les préjugés qui leur faiſoient dédaigner ce négoce, dans la fauſſe ſuppoſition, que les terres des iſles étant laſſes de produire, les ſoins devenoient inutiles.

Cette opinion, que ces terres ſont uſées, eſt fort ancienne : on s'en plaignoit déja, il y a plus de cent ans. Ces plaintes étoient d'autant plus mal fondées, que les récoltes y ſont aujourd'hui plus abondantes, qu'elles ne l'étoient au commencement de ce ſiecle, & qu'elles pourroient l'être encore davantage, ſi les colons avoient un plus grand nombre de bras à employer. Si l'on vouloit ſe donner la peine de conſidérer les exportations de ſucre, depuis la même époque, on trouveroit, dans les degrés de leur accroiſſement, de fortes raiſons contre le ſentiment de ceux qui ſoutiennent cet épuiſement prétendu. Il est vrai que ces exportations ont diminué ensuite, d'années en années ; mais c'est moins l'effet de l'altération dans la fécondité des terres, que du découragement du cultivateur. Les droits excessifs, imposés successivement sur le sucre, en ont arrêté la consommation ; & la colonie n'en a plus trouvé le même débit. Ajoutez à cela le commerce clandestin, que les Anglois du continent de l'Amérique entretenoient avec les isles Françoises. La nouvelle Angleterre seule tiroit de nous, chaque année, plus de vingt mille barriques de melasse, pour faire, chez elle, cette espece de rum ou de taffia, que l'on appelle du *tue-diable*. Les réglemens qui défendent l'entrée de cette liqueur en France, & le grand accroissement de nos plantations la faisoient donner à si grand marché, que les Anglois, ne pouvant s'en fournir dans leurs isles, au même prix, prenoient, chez nous, non-seulement le rum & les melasses, mais encore le sucre dont ils avoient besoin.

Notre dessein, en quittant l'isle de la Barbade, étoit de nous rendre en droiture à Surinam ; mais une tempête nous obligea de relâcher à Tabaco, & ensuite à la Grenade, qui, de toutes les Antilles, est la plus voisine du continent. La premiere de ces deux isles, autrefois habitée, est aujourd'hui presque déserte. Les François & les Anglois y ont des prétentions ; & elle est encore un sujet de dispute entre les deux puissances.

La Grenade nous appartient depuis l'année 1650, que nous l'avons achetée des Caraïbes. Ce fut encore du Parquet, alors propriétaire de la Martinique, qui fit cette acquisition; & elle ne coûta qu'une certaine quantité de merceries & d'eau-de-vie. En échange, les sauvages lui céderent leurs droits sur cette isle, & ne s'y réserverent que leurs habitations. Il y envoya d'abord une colonie de deux cens hommes ; & le premier établissement se fit dans la partie occidentale, où est le port. On y bâtit une espece de forteresse, pour contenir les Caraïbes, qui ne tarderent pas à se repentir de leur marché. Ils n'oserent cependant pas attaquer le fort ouvertement; mais s'étant répandus dans les bois, ils tuerent tous les François qui s'éloignoient à la chasse. Du Parquet fit passer dans l'isle, trois cens hommes bien armés, qui détruisirent une partie de ces barbares, & obligerent les autres à la fuite. On raconte qu'une troupe de ces sauvages, ayant été poussée, par les François, sur une roche fort escarpée, aima mieux se précipiter de cette hauteur, que de se soumettre à leurs vainqueurs. Ce lieu a pris le nom de morne des Sauteurs qu'il conserve encore aujourd'hui.

Du Parquet vendit la nouvelle colonie au comte de Cerillac. Ce dernier en fit prendre possession par un officier d'un caractere si dur, que la plupart des habitans, révoltés contre sa tyrannie, abandonnerent leurs établissemens, pour se retirer à la Martinique. Ceux qui resterent, se saisirent de sa personne, lui firent son procès dans les formes, & le condamnerent au gibet ; mais comme il représenta qu'il étoit gentilhomme, ils se contenterent de lui faire couper la tête. De toute cette cour de justice, un seul homme sçavoit lire & écrire ; & ce fut lui que l'on chargea de rédiger les pieces du procès. Celui qui fit les informations, étoit un maréchal ferrant. Il prit, pour marque, un fer à cheval, qui fe garde encore au greffe de la Grenade, & fur lequel font écrits ces mots : « marque de M. de la Brie, » confeiller rapporteur ». La cour de France voulut venger l'attentat commis, par cette troupe de brigands, contre un officier, dont, à la vérité, elle défapprouvoit les violences, mais qui tenoit d'elle fon autorité. Elle envoya un vaiffeau de guerre, avec des troupes pour en prendre connoiffance; mais quand on fe fut affuré que les auteurs du crime n'étoient que des miférables, dont la plupart avoient déja pris la fuite, les recherches ne furent pas pouffées plus loin; & perfonne ne fut puni. Le greffier lui-même, qui avoit dreffé par écrit toute la procédure, en fut quitte pour être chaffé de l'ifle. Il fe retira à Marie-Galante, où ayant voulu trahir les François, un général Anglois, honnête homme, & indigné de cette perfidie, le fit pendre, à la porte de l'églife, avec deux de fes fils.

Jufqu'à préfent, nous n'avons pas tiré de grands avantage de la Grenade.

L'isle est pauvre, peu habitée, & ne fait qu'un très-petit commerce. Les maisons y sont mal bâties, encore plus mal meublées, & presque au même état où elles étoient au commencement de ce siécle. Les habitans, quoiqu'aisés, ont l'air rustique, & ne paroissent pas vouloir se civiliser; ce qui rend ce pays peu agréable, & n'invite point à s'y établir. Ce n'est pas qu'il ne soit excellent, & ne produisît beaucoup, s'il étoit assez peuplé, pour recevoir une meilleure culture. La terre en est bonne, arrosée de plusieurs rivieres, & plus belle, à mesure qu'on s'éloigne du fort: avec un peu de travail, on rendroit les chemins commodes pour toutes sortes de voitures. Les eaux & la nourriture y sont saines, la volaille grasse, tendre & délicate; le gibier, les tortues, les lamentins, & généralement toutes sortes de poissons s'y trouvent en abondance. Il y a de très-beaux arbres, propres aux ébénistes & aux teinturiers.

L'entrée du port est dans une grande baye, qui donne, à cette isle, la forme d'un croissant irrégulier, dont la pointe, du coté du nord, est plus épaisse que celle du sud. Ce port est d'un bon fond, sans aucune roche, & capable de contenir un grand nombre de navires, avec cet avantage, que pouvant y être arrêtés par les seuls grapins, ils n'ont pas besoin d'y mouiller l'ancre. A peu de distance est un étang, qui n'en est séparé que par une langue de sable. On pourroit la couper avec peu de travail; & elle formeroit un second port de la grandeur du premier. Celui-ci est environné de mornes peu élevés, mais si près les uns des autres, qu'ils ne laissent entr'eux que de très-petits vallons.

La Grenade n'est éloignée du continent, que d'environ trente lieues. Sa longueur, du nord au midi, en a neuf ou dix, sa largeur, quatre ou cinq, & son circuit, vingt ou vingt-deux. Elle est entourée de quantité de petites isles, appellées les Grenadins, où l'on est sûr de trouver une infinité de choses qui manquent dans la grande. On donne à la plus apparente, le nom de petite Martinique, parce qu'elle nourrit, comme cette isle, beaucoup de viperes, & que ce sont presque les seuls endroits, dans les Antilles, si

SUITE DES ANTILLES. 303
l'on en excepte encore Sainte-Lucie, qui produisent de ces animaux. Entre ces isles, il y en a cinq ou six, dont les plus grandes n'ont, tout au plus, qu'une ou deux lieues. Quelques-unes manquent de bois, & sont couvertes d'herbe semblable à nos joncs marins.

Je suis, &c.

A Sérinam, ce 16 novembre 1750.

LETTRE CXXXI.

SUITE DES ANTILLES.

Je crois, Madame, vous avoir parlé de la plupart des productions propres des différens pays que j'ai parcourus. Il y en a de communes à toutes les Antilles, telles que le sucre, le caffé, l'indigo, le tabac, le coton, le sel, le piment, le cacao, le roucou, le maïs, les patates, le manioc, le gingembre, &c, qui ont déja fait le sujet de plusieurs articles de mes lettres. Je me suis moins étendu sur le tabac, qui est, peut-être, la plante de l'Amérique, la plus généralement cultivée dans ces isles. On en distingue trois especes principales, la grande, la moyenne & la petite, que l'on reconnoît par la qualité & la figure de leurs feuilles.

La premiere, qui est le vrai tabac mâle, a la racine blancheâtre, fibreuse, & d'un goût fort âcre. Elle pousse une tige à la hauteur de cinq à six pieds, plus groffe que le doigt, ronde, velue, remplie de moëlle blanche. Ses feuilles font amples, alternes, cotonées, nerveufes, maniables, d'un verd pâle, un peu jaunâtres, glutineufes au toucher, fans queue, & d'une odeur très-pénétrante. Le haut de la plante fe divife en plufieurs rejettons, qui foutiennent des fleurs faites en godets, découpées en cinq parties, & de couleur purpurine. Les fruits qui fuccedent font oblongs, membraneux, partagés en deux loges, & contenant une grande quantité de graine, petite & rougeâtre, qui peut fe conferver huit ou dix ans dans fa fécondité, & les feuilles, cinq ou fix ans, dans toute leur force. Le tabac eft une production d'été en Europe; cependant il réfifte quelquefois à un hiver modéré dans nos jardins: mais elle n'y eft ordinairement qu'annuelle; au lieu que dans les pays chauds, comme au Brefil, aux Antilles, &c, elle fleurit continuellement; & la même plante vit au moins dix ou douze années.

On nomme la premiere efpece, le petun verd, ou autrement, le grand petun ; & elle ne diffère de la seconde, que par ses feuilles : celle-ci les a plus étroites, plus pointues, & attachées à leur tige par des queues assez longues. On l'appelle tabac à langue, par la ressemblance qu'elles ont avec une langue de bœuf. Elles sont moins remplies de suc, que le grand petun ; d'où il arrive qu'elles diminuent moins à la pente, c'est-à-dire, lorsqu'on les suspend à des perches, pour les exposer à l'air & les faire sécher.

Le tabac de la petite espece n'a souvent, qu'une racine simple, comme une carotte ; quelquefois elle est divisée en plusieurs fibres tendres, blancheâtres & rampantes. La tige qui en sort, & qui ne s'éleve guere qu'à la hauteur de deux pieds, est ronde, dure, velue, rameuse, & gluante. Ses feuilles sont espacées, oblongues, grasses & d'un verd foncé. Cette plante, qui vient originairement de l'Amérique, s'est comme naturalisée dans presque toute l'Europe. Dès qu'une fois elle a été transplantée dans un jardin, elle y pullule tous les ans avec abondance. En Portugal & en Espagne, elle demeure toujours verte, comme le citronier ; mais dans les pays froids, elle périt à la premiere gelée ; & pendant l'hiver, on ne peut la conferver que très-difficilement dans les ferres.

On emploie indifféremment les feuilles de toutes les trois efpeces, pour faire du tabac en corde, à mâcher, ou en poudre. C'eſt moins par leur diverſité, que par la préparation qu'on leur fait ſubir, qu'on parvient à produire de la différence dans les diverſes fortes de tabac. Tantôt on y mêle du firop de ſucre ou de pruneaux, tantôt de l'eau de bois de violette ou de bois de roſe. La nature du climat, le tems de la récolte, l'efpece de leſſive dont on l'arroſe, le mêlange du tabac d'un pays, avec celui d'un autre, tout contribue à lui donner une certaine couleur, une certaine odeur, une certaine faveur. Celui de la Havanne & de Séville, vulgairement appellé tabac d'Eſpagne, eſt préparé ſans aucune drogue odoriférante. Celui de vérine, qui tire fon nom d'un petit village, ſitué près de Cumana, dans la terre ferme, d'où l'on prétend que ſa graine eſt venue aux iſles, paſſe pour le meilleur qu'il y ait dans le monde. Son odeur eſt douce, aromatique, tirant ſur celle de muſc, qu'il a naturellement, qu'il conſerve en fumée, comme en poudre, & qu'il communique ſi facilement aux autres eſpeces, qu'un tiers ou un quart de la ſienne, mêlé avec une autre, ſuffit pour transformer le tout en tabac de vérité.

La culture de cette plante varie ſuivant les pays. En général, elle demande une terre graſſe, médiocrement forte, qui ne ſoit, ni trop humide, ni trop ſeche, ni trop expoſée au grand vent & au grand ſoleil. Le froid lui eſt encore plus nuiſible; mais il n'eſt connu aux iſles, que ſur quelques hautes montagnes. C'eſt ordinairement en automne, qu'on y ſeme le tabac. On mêle la graine avec ſix fois autant de cendre ou de ſable, parce qu'autrement, ſa petiteſſe la feroit lever d'une épaiſſeur qui l'étoufferoit. Dès qu'elle ſort de terre, on la couvre de feuillage, pour la garantir de la trop forte chaleur. Pendant qu'elle croît, on prépare le terrein où elle doit être tranſplantée. On le partage en allées parallèles, éloignées d'environ trois pieds les unes des autres, & sur lesquelles on dresse des piquets de distance en distance. On fait un trou en terre, à côté de chaque piquet; on y met une plante bien droite, les racines étendues; on l'enfonce jusqu'à la naissance des plus basses feuilles; & l'on presse mollement la terre tout autour, pour la soutenir sans la comprimer. Elle reprend dans l'espace de vingt-quatre heures, sans que les feuilles même, quoique très-tendres, ayent souffert aucune altération.

Lorsque les tiges sont hautes d'environ deux ou trois pieds, on en coupe le sommet, afin qu'elles se fortifient; & l'on arrache celles qui sont piquées de vers, ou qui veulent pourrir. On connoît que les feuilles sont mûres, quand elles se détachent facilement de la plante, qu'elles se cassent, & que froissées, elles exhalent une forte odeur. On doit alors cueillir les plus belles, les enfiler par la tête, & les faire sécher. On laisse toujours la plante en terre, pour donner le tems aux autres de mûrir.

Il y a plusieurs manieres de façonner le tabac. On le met en andouilles, en torquettes & en paquets. Ce qu'on nomme andouilles, est une espece de fuseau tronqué par les bouts. Il se fait, en étendant les feuilles les unes sur les autres, en les roulant ensuite, & en les couvrant d'un morçeau de toile imbibée d'eau de la mer, liée fortement avec une corde. On les laisse dans cet état, jusqu'à ce qu'elles ne fassent plus qu'un seul corps ; & cette méthode est fort usitée à Saint-Domingue. Les torquettes se font à peu près de même, avec cette différence, qu'elles sont moins pressées & plus longues. Ce qu'on appelle des paquets, ce sont vingt-cinq ou trente feuilles de tabac, attachées ensemble par la queue, pour être transportées & travaillées en Europe. Elle ne sont alors susceptibles d'aucune fraude ; car, comme on les voit sous toutes leurs faces, on est sûr qu'on n'y en a pas mêlé de suspectes.

Le tabac est une production si propre de l'Amérique, qu'avec quelque soin qu'on l'ait cultivé dans les autres pays, on n'a jamais pu en avoir d'aussi bon. En France, on lui donna d'abord le nom de Nicotiane, parce que M. Nicot, notre ambassadeur à Lisbonne, est le premier qui nous l'ait fait connoître. Le cardinal de Sainte-Croix, nonce en Portugal, l'a introduit en Italie, & le capitaine Drack, en Angleterre. Mais on ne s'accorde point sur le lieu où les Espagnols en virent la premiere fois, ni sur l'étimologie du nom qu'il porte aujourd'hui dans toute l'Europe. Les uns le font dériver de Tabasco, province du Méxique, où les Castillans en trouverent l'usage établi; les autres de la petite isle de Tabaco; & d'autres enfin, comme je l'ai dit ailleurs, de l'instrument dont se servoient, pour fumer, les anciens habitans de l'isle Espagnole.

Jamais la nature n'a produit de végétaux, dont l'usage se soit étendu si rapidement, & si universellement, que le tabac: mais il a eu ses adversaires, ainsi que ses partisans. Un empereur Turc, un czar de Russie, un roi de Perse, le défendirent à leurs sujets, sous peine de perdre le nez, ou même la vie. Urbain VIII excommunia, par une bulle, ceux qui en prenoient à l'église. Jacques I, roi d'Angleterre, se contenta de composer un gros livre, pour en faire connoître les dangers; &

la faculté de médecine fit soutenir une these à Paris, sur les mauvais effets de cette plante prise en poudre ou en fumée. On raconte, comme quelque chose d'assez plaisant, que le docteur qui y présidoit, eut sa tabatiere à la main, & ne cessa de prendre du tabac pendant toute la séance.

En Europe, en Turquie, en Perse, & même à la Chine, on se sert de pipe pour fumer; mais les Caraïbes des Antilles, & quelquefois les negres & les créoles enveloppent le tabac dans de l'écorce d'arbre, mince & flexible, comme du papier, en forment un rouleau, l'allument, en attirent la fumée dans leur bouche, serrent les levres, & d'un mouvement de langue contre le palais, la font passer par les narines. En Italie, on se sert de la graine de tabac pour appaiser le priapisme; & c'est de-là, dit-on, qu'on a donné à cette plante le nom de Priapée.

La vigne, apportée de France dans les isles, ne s'est pas naturalisée aussi facilement au climat de l'Amérique, que le tabac à celui de l'Europe. Les raisins y arrivent rarement à leur parfaite maturité. Ce n'est, ni faute de chaleur,

chaleur, ni manque de nourriture ; mais leur accroissement est si inégal, que dans une même grappe, il se trouve des grains qui sont mûrs, d'autres verds, d'autres en fleurs. Le muscat, venu de Madere ou des Canaries, est exempt de ce défaut ; & l'on observe que les seps s'améliorent en vieillissant. Ce qu'il y a de plus remarquable, c'est qu'ils portent du fruit deux fois l'an.

Il est défendu aux habitans des isles de Cuba, de Saint-Domingue, de Portoric, & autres lieux voisins, soumis à la domination Espagnole, de cultiver la vigne & les oliviers : autrement l'huile & le vin, qui sont si abondans en Espagne, y demeureroient inutiles; & les galions n'auroient pas de quoi faire leur cargaison. Sans qu'il soit besoin d'une pareille défense dans les isles Françoises, la petitesse du terrain y rend cette culture comme impossible : il est occupé beaucoup plus utilement en sucre, en caffé, en indigo, &c. Le même espace qu'on destineroit à faire du vin pour la subsistance de dix hommes, suffit pour en nourrir cinquante, s'il est employé en marchandises du pays. D'ailleurs, que viendroient faire ici les vaisseaux d'Europe, si les insulaires tiroient, de leur fonds, toutes nos denrées ?

Parmi les légumes apportés de France aux Antilles, les uns y ont prospéré ; & d'autres se sont affoiblis jusqu'à changer presque entiérement de nature. Les oignons qu'on y mange, arrivent d'Europe ; & il n'est pas possible d'en avoir de ceux qu'on seme, ou qu'on plante dans le pays : ils n'y fleurissent point, & ne produisent que des ciboules qui viennent en touffes.

On ne s'occupe point ici à perfectionner le goût des fruits : la plupart ne sont que des sauvageons, qui, sans doute, pourroient devenir meilleurs, en y employant une culture plus recherchée. On néglige encore plus le soin des fleurs. En général, elles ne fixent point l'attention, parce qu'elles manquent d'odeur & que leurs couleurs, simples & communes, ne sont nuancées par aucun mélange.

Les bois de haute-futaie sont plus épais & plus sombres que ceux de France. La multiplicité des arbres les rend presque impraticables. D'ailleurs, à chaque pas, on est arrêté par une prodigieuse quantité de plantes sarmenteuses & grimpantes, qui se traversent & se croisent d'arbre en arbre. Elles sont connues ici sous le nom de lianes, & ressemblent à des cordages qu'on auroit suspendus dans les bois.

Les moindres bruits résonnent dans ces épaisses forêts, comme sous une voûte souterraine ; mais il y regne ordinairement un profond silence. Les oiseaux n'habitent que sur les bords ; & comme je crois vous l'avoir dit, le plus grand nombre n'a point de chant : les frais que la nature a faits pour eux, semblent avoir été employés uniquement à leur parure. Tout inspire donc une secrette horreur dans ces déserts : leur solitude, leur obscurité, leur silence, & l'inquiétude continuelle que causent les reptiles vénimeux.

Les Antilles produisent différentes sortes de serpens ; & dans quelques-unes de ces isles, leurs piqûres passent pour mortelles ; dans d'autres, elles sont moins nuisibles. On distingue des viperes jaunes, grises & rousses, dont le venin est contenu dans de petites vessies, de la grosseur d'un pois, qui environnent les dents. Les premieres l'ont jaune, un peu épais ; & c'est le moins dangereux ; les grises l'ont comme de l'eau un peu trouble ; les troisiemes, clair comme de l'eau de roche ; & c'est le plus subtil.

Les unes & les autres sont attirées dans les habitations, & autour des cases, par les rats & la volaille. Rencontrent-elles une poule qui couve? Elles se mettent sur les œufs, restent sous la poule, jusqu'à ce que les poussins soient éclos, les avalent tout entiers, & mordent la mere, qui meurt aussi-tôt de sa blessure.

C'est dans la saison de leurs amours, que ces animaux sont plus redoutables. Mais quelles amours ! Elles sont affreuses ; & vous ne lirez pas sans frémir, ce qu'on m'a raconté de leurs effroyables accouplemens. « Ils sifflent; » ils s'appellent, se répondent, & s'approchent. Bientôt vous les voyez » cordés ensemble ; & ils paroissent » comme les tourillons d'un gros cable. » Ils se soutiennent droits, sur les deux » tiers de leur longueur, se regardent » la gueule ouverte, comme s'ils vou-

» loient se dévorer : puis avançant la
» tête, l'un vers l'autre, ils sifflent,
» bavent, écument de la maniere la
» plus hideuse ».

On ne connoît guere de quadrupedes dans ces isles, que ceux que les besoins & la nourriture des hommes, ou la culture des terres y ont fait amener d'Europe; tels que les chiens, les chats, les bœufs, les ânes, les mulets, les chevaux, les brebis, les porcs & les lapins. Les rats & les souris y ont aussi été apportés de nos climats par les vaisseaux; & l'on n'imagineroit jamais le dégât qu'ils font dans ce pays. Ils mangent le caffé, quand la pulpe, qui environne cette graine, est encore tendre. Ils rongent les cannes à sucre; & il y a des habitations dont ils détruisent le tiers du revenu.

Les grenouilles sont si grosses, dans certaines isles, qu'on les prépare en fricassée, comme des poulets; & souvent les étrangers s'y méprennent. Toutes sortes de poissons ne sont pas également bons à manger; quelquesuns incommodent si fort, qu'on les croit une espece de poison. La nature a peint ceux de l'Amérique, comme les oiseaux du pays, de couleurs brillantes ; mais, comme nourriture, ils n'approchent pas de ceux d'Europe. Quelques-uns font bons & délicats ; tous les autres, en général, ont à peu près le même goût. Il n'en est point de plus abondans aux Antilles, que ce qu'on appelle les *titiris*, ou, pour abréger, les *tritris*. Ils sont si petits, qu'on en mange un très-grand nombre à la fois, avec la tuilliere. Aux pleines & aux nouvelles lunes, ils entrent en foule dans les rivieres, où l'on va les pêcher par millions.

Un aliment que la nature fournit encore libéralement à ces isles, & qui fait la ressource ordinaire des negres, à qui des maîtres avares & cruels ne donnent qu'une partie de leur subsistance, sont les crabes de terre, de mer ou de riviere, connus ici, sous les noms de cériques & de tourlouroux. Les caraïbes n'ont presque point d'autre nourriture ; & les créoles même ne sont pas indifférens pour ce mets, qui se sert sur toutes les tables.

Les tourlouroux sont des especes de cancres ou d'écrevisses amphybies, dont l'écaille, unie & mince, est sur le dos & sur le ventre, d'un rouge plus ou moins foncé, suivant les lieux où ils se trouvent. Les cériques sont une autre espece, dont les unes se prennent dans l'eau douce, les autres dans la mer. Elles sont communément grosses comme le poing, ont quatre jambes de chaque côté, dont elles se servent pour marcher & pour grater la terre. Elles ont d'ailleurs deux tenailles, serres, ou mordans, qui pincent vivement à leurs extrémités, & coupent les racines ou les feuilles, dont ces animaux se nourrissent. Lorsqu'on les prend par une jambe, ou par un de ces mordans, ils laissent ce membre dans la main de celui qui le tient, & s'enfuient. Ces parties se détachent si facilement, qu'on croiroit qu'elles ne sont que collées : il leur en revient d'autres l'année suivante.

Les crabes font, tous les ans, un voyage à la mer, pour changer d'écaille & déposer leurs œufs. « C'est » un spectacle admirable, me disoit un » naturaliste qui les avoit observées » plusieurs fois, de les voir descendre

» les montagnes aux premieres pluies.
» Elles quittent les creux d'arbres, les
» souches pourries, le dessous des ro-
» chers, & les trous qu'elles avoient faits
» elles-mêmes en terre. Les champs sont
» alors tellement couverts de ces ani-
» maux, qu'il faut les chasser devant
» soi, pour se faire place, & poser le
» pied sans les écraser. La plupart se
» rangent le long des rivieres & des
» ravines les plus humides, pour se
» mettre à l'abri des chaleurs. Elles
» emploient environ six semaines à ce
» voyage, & se divisent ordinai-
» rement en trois bandes. La pre-
» miere, comme l'avant-garde, n'est
» composée que des mâles, plus
» gros & plus robustes que les femelles.
» Ils sont souvent arrêtés par le défaut
» d'eau, & contraints de faire halte,
» toutes les fois qu'il y a de nouveaux
» changemens dans l'air. Cependant le
» gros de l'armée se tient clos dans les
» montagnes, jusqu'aux grandes pluies.
» Il part alors, & forme des bataillons
» d'une lieue & demie de longueur,
» larges de quarante ou cinquante
» pas, & si serrés, qu'on apperçoit
» à peine la terre. Trois ou quatre

» jours après, on voit suivre l'arriere-
» garde en même ordre, & en auffi
» grand nombre, que les troupes pré-
» cédentes. Indépendamment de ces
» bataillons réglés, qui fuivent le cours
» des rivieres & des ravines, les bois
» font encore remplis de traîneurs.

» Ces animaux marchent lentement,
» & choififfent prefque toujours le
» tems de la nuit, ou les jours de pluie,
» pour ne point s'expofer au foleil.
» Dès qu'ils voient que le ciel s'éclair-
» cit, ils s'arrêtent à la lifiere d'un bois,
» & attendent que la nuit foit venue,
» pour paffer outre. Si quelqu'un s'ap-
» proche du gros de l'armée, & leur
» donne l'épouvante, ils font une re-
» traite confufe à reculons, en préfen-
» tant toujours les armes en avant,
» je veux dire ces redoutables mor-
» dans, qui ferrent jufqu'à emporter
» la piéce. Ils les frappent de tems en
» tems, l'un contre l'autre, comme
» pour menacer leur ennemi, & font
» un fi grand cliquetis avec leurs écail-
» les, qu'on croit entendre le bruit
» d'un régiment qui fait l'exercice.

» Si la pluie ceffe tout-à-fait, pendant
» cette marche, ils font une halte gé-

» nérale ; & chacun prend son logis où
» il peut ; les uns sous des racines, les
» autres dans des creux d'arbres, &
» ceux qui ne trouvent point de gîte
» tout préparé, se donnent la peine de
» creuser la terre, & de se faire eux-
» mêmes un logement. Il y a des an-
» nées, où, par l'interruption des
» pluies, ils sont deux ou trois mois
» à ce voyage ; mais il ne faut quelque-
» fois, que huit ou dix jours d'eau,
» pour leur faire vuider leurs œufs.

» Cette opération est d'autant moins
» difficile, que ces œufs, plus petits
» que ceux d'une carpe, étant lége-
» rement attachés à leur queue, com-
» me des œufs d'écrevisse, ils n'ont
» qu'à la secouer, pour les faire tom-
» ber dans la mer. Aussi-tôt que les
» petits sont éclos, ils s'approchent
» des rochers ; & bientôt après, ils
» sortent de l'eau, se retirent sous les
» premieres herbes qu'ils rencontrent,
» & se disposent à partir avec leurs
» meres pour la montagne, en obser-
» vant le même ordre qu'en descen-
» dant. Il ne faut pas croire que
» celles-ci les conduisent, comme
» une poule mene ses poussins ; elles

» ne paroissent pas même les connoi-
» tre.

» Les combats de ces animaux sont
» cruels, sur-tout dans le tems de l'a-
» mour. Ils s'entre-battent, se heurtent
» de front à diverses reprises, à la ma-
» niere des béliers ; & lorsqu'il s'agit
» de l'accouplement, le mâle renverse
» la femelle sur le dos. Ils s'emboîtent,
» se lient ensemble, ventre à ventre,
» queue contre queue ; & après l'opé-
» ration amoureuse, le mâle aide sa
» compagne à se remettre sur ses jam-
» bes.

Les crabes, ainsi que tous les crus-
» tacés & les serpens, ont la propriété
» singuliere de se dépouiller, au prin-
» tems, de leur vieille robe ; & alors
» elles se tiennent cachées dans le sable,
» jusqu'à ce qu'elles aient recouvré un
» habit, qui, en les préservant des in-
» jures de l'air, leur permette de re-
» prendre des forces, & leur caractere
» courageux. On en voit qui sont tou-
» jours en vedette, au bord de la mer,
» & ont l'industrie d'épier les huitres,
» ou autres coquillages bivalves, que
» la marée y amene. La crabe attend
» qu'elles ouvrent leurs coquilles, &

» y jette un petit caillou qu'elle tenoit
» entre ſes pattes, & qui les empêche
» de ſe refermer : par ce moyen, elle
» les attrape facilement, & en fait ſon
» repas ».

Les crabes ſont une vraie manne pour les iſles ; & la manière de les prendre, eſt d'aller la nuit, autour des cannes ou dans les bois, avec un flambeau. C'eſt alors qu'elles ſortent de leurs trous, pour chercher à vivre ; & la lumière du flambeau les fait découvrir aiſément. Au moment où l'on veut mettre la main deſſus, elles ſe renverſent & préſentent leurs ſerres pour leur défenſe. Mais alors on les retourne ſur le ventre, pour les prendre par-deſſus le dos. Il faut être prompt à les ſaiſir ; car elles s'écartent peu de leurs trous, & ſe retirent fort vîte dans les premiers qu'elles rencontrent. On doit, avant que de les emporter, leur lier étroitement les bras dans un ſac ; ſans cette précaution, elles ſe couperoient les jambes, & s'entre-tueroient.

Il eſt certaines façons de les accommoder, qui en font une aſſez bonne nourriture ; mais leur chair, quoique

Suite des Antilles. 325
d'un goût agréable, est difficile à digérer. Les œufs sont plus délicats, ainsi que le taumalin, substance verdâtre & grainue, qui se trouve sous l'écaille du dos, & dont on fait leur assaisonnement, en y mêlant de l'eau & du jus de citron, délayés avec un peu de sel & de piment. Les œufs de crabes tiennent les uns aux autres, comme des grappes de raisins, & rougissent en cuisant.

Je suis, &c.

A Surinam, ce 19 novembre 1750.

LETTRE CXXXII.

LA GUIANE.

Sur des récits ampoulés de quelques Espagnols visionnaires & enthousiastes, on s'étoit fait, en Europe, les plus superbes idées de ce vaste pays. On parloit d'un lac, dont le sable étoit d'or, d'une ville, dont les toits étoient couverts du même métal, & où regnoit la magnificence la plus éclatante. On ajoutoit que la poudre d'or y étoit si commune, que les habitans, dans certaines fêtes solemnelles, s'en couvroient tout le corps, après l'avoir frotté d'un baume gluant, auquel s'attachoit cette riche poussiere ; & que, dans le palais de l'empereur, la vaisselle, les meubles, les tables, les siéges, les lits, les armoires étoient composés des matieres les plus précieuses. Ces idées, quelque chimériques qu'elles dussent paroître, éveillerent toutes les puissances. La reine Elisabeth envoya, en 1596, une flotte sous le

LA GUIANE. 327

commandement du savant & malheureux Raleigh, pour disputer aux Espagnols ces nouvelles dépouilles. Vous ne serez pas fâchée, Madame, de connoître ce célebre navigateur, qui, comme vous l'imaginez, sans doute, ne trouva, ni le lac, ni la ville, ni le palais où tant de richesses devoient être rassemblées.

Walter Raleigh, fameux amiral de la Grande-Bretagne, naquit en 1552, d'une famille noble, dans le comté de Devonshire en Angleterre. Au sortir du collége d'Oxfort, il servit contre la France dans l'armée des huguenots, sous l'amiral de Coligni. On le vit ensuite, en qualité de volontaire, dans les guerres de Flandres, sous le prince d'Orange, d'où étant allé à Londres, le hasard le fit connoître de la reine. Un jour qu'il rencontra cette princesse dans un passage étroit & mal propre, il ôta son habit, & l'étendit sur l'endroit sale, où la reine alloit mettre les pieds. Elisabeth lui sçut gré de cette galanterie, & parut ne l'avoir jamais oubliée. Il écrivit, un autre jour, sur un carreau de vitre, dans le palais, avec un diamant : « Je voudrois m'élever ;

» mais je crains de tomber ». La reine
elle même mit au-dessous : « Si le cœur
» te manque, il ne faut pas entrepren-
» dre de monter ».

Raleigh, fait pour s'avancer à la cour, par une figure noble, une physionomie heureuse, une adresse insinuante, tourna néanmoins ses vues du côté de la mer. Il y fut encouragé par l'espoir qui animoit presque tous les naviga-teurs de son siecle, celui de faire des découvertes. Je passe sous silence ses premieres expéditions maritimes, & son voyage dans la partie septentrio-nale de l'Amérique, où j'ai dit ailleurs, qu'il avoit fondé un établissement en Virginie. A son retour, il fut fait capi-taine de la garde de la reine, & con-tracta une liaison des plus intimes avec une des filles d'honneur de Sa Majesté. Leur amour eut des suites trop visi-bles ; Elisabeth irritée le fit mettre en prison. Elle lui rendit la liberté, mais avec ordre de quitter la cour, quoi-qu'il eut fait toutes les réparations né-cessaires, en épousant sa maîtresse.

Pendant que ce nuage obscurcissoit sa fortune, il partit pour la Guiane, jugeant, par les rapports merveilleux qu'on en faifoit alors, que l'établiffement d'une colonie Angloife dans cet excellent pays, feroit un contre-poids à l'augmentation de puiffance, qu'apportoit à l'Efpagne la conquête du Méxique & du Pérou. Après fix femaines de navigation, il vint débarquer dans l'ifle de la Trinité, poffédée par les Caftillans. Le gouverneur étoit un homme courageux, mais cruel, qui, depuis plus de dix ans, qu'il occupoit cette place, avoit attiré la haine des Indiens contre toute fa nation. Raleigh efpéra qu'en fe faifant connoître pour l'ennemi des Efpagnols, il gagneroit la confiance des infulaires, & affureroit fes progrès dans le pays. Il attaqua le gouverneur lui-même dans fon fort, le fit prifonnier, & donna la liberté à plufieurs captifs, que les Caftillans retenoient dans les fers. Parmi eux fe trouverent cinq caciques, attachés à la même chaîne, & renfermés dans un lieu où, après les avoir arrofés avec du lard enflammé, en les laiffoit mourir de faim. Si on en croit la tradition, on pendoit ces malheureux douze à douze, en l'honneur des faints apôtres.

Pour s'attacher de plus en plus ces sauvages, Raleigh assembla leurs chefs, & particuliérement ceux qui étoient ennemis des Espagnols (c'étoit le plus grand nombre) , & leur dit, qu'il étoit sujet d'une reine vierge & très-puissante, qui avoit plus de caciques sous sa domination, qu'on ne voyoit d'arbres dans leur isle ; que cette princesse haïssoit les Castillans, à cause de leur tyrannie; qu'elle en avoit délivré tous les pays voisins de ses états, & les parties septentrionales du monde; qu'il étoit envoyé par elle , dans leur isle, pour les affranchir de la servitude, & défendre leur patrie contre ces cruels usurpateurs. Ensuite, il leur fit voir le portrait de la reine, qu'ils regarderent avec admiration ; & l'on eut beaucoup de peine à les empêcher de lui rendre les honneurs divins.

Ces discours , & d'autres semblables, que Raleigh tint dans plus d'une occasion, accoutumerent les habitans au nom & aux vertus d'Elisabeth, & les attacherent aux Anglois par les liens d'une forte amitié. Il s'avança vers l'embouchure de l'Orénoque; mais n'ayant pu aborder à la Guiane , il réduisit en cendres la ville de Cumana, qui lui avoit refusé des vivres, & revint en Angleterre, où il fut en grande estime auprès de la reine.

La mort de cette princesse, qui arriva quelque tems après, le priva d'une puissante protectrice. Le comte d'Essex l'avoit représenté sous des couleurs peu favorables au roi d'Ecosse, avec lequel il entretenoit des correspondances. Ce prince, qui parvint ensuite à la couronne d'Angleterre, sous le nom de Jacques I, prit de fâcheuses impressions contre Raleigh, & le sacrifia enfin à la vengeance des Espagnols. Il fut condamné à perdre la tête, sur des accusations mal prouvées ; mais le roi se contenta de le faire mettre en prison, où il demeura treize ans, profitant de sa retraite, pour composer une histoire du monde. Il fut remis en liberté, à condition qu'il retourneroit sur les côtes de la Guiane ; mais son expédition n'ayant pas été heureuse, son procès fut instruit de nouveau, sa premiere sentence confirmée ; & il eut la tête tranchée, à la sollicitation de l'ambassadeur d'Espagne. Ce n'est pas une des moindres taches du regne de Jacques I.

Les Anglois ne furent pas les seuls, qui, éblouis par les magnifiques récits des Espagnols, chercherent à pénétrer dans la Guiane. Immédiatement après la découverte du nouveau monde, les François y avoient déja fait quelques voyages. Villegagnon, chevalier de Malthe, & vice-amiral de Bretagne, livré aux opinions de Calvin, & piqué de quelques chagrins qu'il avoit essuyés dans l'exercice de sa charge, conçut le projet d'y former une colonie de protestans. Ses desseins furent déguisés à la cour, sous la simple vue de faire, à l'exemple des Espagnols & des Portugais, un établissement François en Amérique. Sous ce prétexte, il obtint de Henri II, deux ou trois vaisseaux bien équipés, qu'il remplit de calvinistes, & arriva sur les côtes du Bresil.

L'amiral de Coligni, qui desiroit d'y établir sa secte, prit à cœur cette entreprise ; & Calvin saisit avidemment l'occasion d'étendre sa doctrine dans un pays, où toutes les apparences lui promettoient, pour ses partisans, une pleine liberté. Malheureusement, il envoya plus de prédicans, que de sujets soumis ; & ces ministres, qui vouloient dominer, comme c'est l'usage, eurent, avec le commandant, de violentes querelles. Ils exciterent des séditions qui diviserent la colonie ; les Portugais en profiterent pour la détruire. Villegagnon renonça à Calvin, traita ses ministres de perturbateurs ; ceux-ci le traiterent d'athée ; & tous ces beaux projets s'évanouirent.

Forcés de quitter le Bresil, ceux des François qui renoncerent à leur patrie, se retirerent dans la Guiane ; mais ce ne fut que bien des années après, qu'on y fonda des établissemens avoués par le gouvernement. Des marchands de Rouen y envoyerent une colonie de vingt-six hommes, qui vinrent habiter les bords du Sinamary ; d'autres se fixerent sur la riviere de Conamarac ; & ces deux troupes s'accrurent par de nouveaux renforts d'hommes & de munitions. Enfin, il se forma une compagnie, avec des lettres-patentes qui l'autorisoient à faire seule le commerce de la Guiane, dont elles marquoient les bornes entre les rivieres des Amazones & de l'Orénoque.

Cette compagnie devint fameuse, par l'intérêt que la cour permit d'y prendre à diverses personnes de qualité, en leur accordant de nouveaux priviléges. Elle eut le titre de compagnie de la France équinoxiale, nom qu'on donnoit alors à la Guiane, que les François appelloit Cayenne. L'abbé de Marivaux, docteur de Sorbonne, Roiville, gentilhomme de Normandie, & Laboulaie, intendant de la marine, quoique poussés par des motifs différens, se réunirent pour la même entreprise. Le zele de la conversion des Américains, animoit seul l'abbé de Marivaux : Roiville avoit envie, dit-on, de se créer une espece de souveraineté : Laboulaie ne pensoit qu'à faire fleurir le commerce & la marine de France, dont il avoit la direction sous M. de Vendôme.

Ces trois hommes, à la tête de six cens autres, engagés au service de la compagnie, s'embarquerent à Paris, devant le jardin des Thuilleries, pour descendre la Seine, dans de grands bateaux, jusqu'à Honfleur. Mais le succès fut malheureux dès l'embarquement : Marivaux, qui avoit été l'ame de l'entreprise, & qui devoit se rendre à Cayenne, en qualité de directeur général, tomba dans la riviere en donnant ses ordres, & se noya devant la porte de la Conférence. Roiville fut poignardé dans une sédition qui s'éleva sur la route ; & de tout ce monde, il ne restoit plus, six mois après, que les cadavres de cinq ou six cens hommes, morts de maladie, ou par les armes des sauvages. Une autre compagnie, sous le même titre, & sous la direction de la Barre, maître des requêtes, rétablit la nation dans cette partie de l'Amérique, dont les Hollandois s'étoient déja emparés ; & cette nouvelle colonie devint bientôt florissante.

Ces mêmes Hollandois, qui nous avoient succédé dans la Guiane, venoint d'y former un magnifique établissement. Forcés, comme nous, par les Portugais, d'abandonner le Bresil, où ils avoient fait d'abord des conquêtes brillantes, ils songerent à se dédommager de leurs pertes, en fondant une colonie sur la riviere de Surinam. Dès l'année 1640, les François s'étoient rendu maîtres de cette contrée ; mais les terres y étant marécageuses & mal-saines, ils la quitterent bientôt ; & les Anglois qui s'en saisirent, n'en firent guere plus de cas. Les Hollandois, dont la patrie n'est qu'un marais, s'en accommoderent mieux ; & l'Angleterre n'eut pas de peine à s'en défaire en leur faveur. Le terrein n'étoit alors si mal-sain, que par la multitude d'épaisses forêts, qui empêchoient le vent & le soleil de le desfécher : mais lorsqu'on vit qu'on en pouvoit tirer beaucoup de sucre, on y fit un si grand abattis de bois, qu'on ne tarda pas à respirer un meilleur air.

La nation Hollandoise, destinée à cultiver des marais, & à faire naître des campagnes fertiles, où les autres peuples ne trouvent qu'un terroir ingrat, & des fonds stériles, a porté à Surinam, le génie de son pays, qui est de couper des terres en canaux, & y a fait, comme à Batavia, une nouvelle Amsterdam. Sur un sol humide & bourbeux, elle a bâti un fort nommé Zelandia, proche de la ville de Paramaribo ; & cette colonie, accrue par des François refugiés, s'est étendue, du nord au sud, le long de la riviere dont elle porte le nom. Quelques particuliers ont aussi commencé des habitations sur le Berbice, à l'ou-est de Surinam ;

nam; mais ces derniers établissemens, moins encouragés, ne faisoient aucun progrès, tandis que les premiers envoyoient en Europe une très-grande quantité de sucre. Depuis peu de tems, ils ont aussi essayé de planter du caffé qui a très-bien réussi. Il deviendra encore meilleur, en perfectionnant la maniere de le cultiver.

Par tout ce que je viens de dire, vous concevez, Madame, que la Guiane peut se diviser en deux parties, la Françoise, appellée la Cayenne, & la Hollandoise, autrement dite la province de Surinam, où je compte demeurer encore quelque tems. M. Mauritius, qui en est le gouverneur, & chez qui je loge, me procurera des facilités que je ne trouverois pas ailleurs, pour entreprendre différentes courses, que je dois faire encore sur les côtes de Terre-Ferme. En attendant, je vais vous parler de ces deux parties de la Guiane, même de trois, même de quatre, car les Portugais & les Espagnols y ont aussi des possessions. Je commence par Surinam.

Les premiers établissemens Hollandois y furent fondés par quelques habitans de Zéelande, sous la protection des états de cette province. Ces états les céderent à la compagnie des Indes occidentales, qui ne se trouvant pas en état d'y envoyer les secours nécessaires, en accorda un tiers aux magistrats d'Amsterdam, un autre tiers à un particulier, & se réserva le reste. Ce partage a fait appeller cette colonie, la société de Surinam; & elle a toujours été depuis, sous l'administration de ces trois propriétaires.

La riviere, dont elle a pris le nom, est une des principales de cette contrée. A deux lieues de son embouchure, il y a, de chaque côté, une redoute, où sont plusieurs pieces de canon, & autant d'hommes qu'il en faut, pour défendre ce passage en tems de guerre. Ces redoutes font face aux vaisseaux qui voudroient monter le fleuve, & avertissent la forteresse, placée à une lieue au-dessus, de se tenir sur ses gardes. On l'appelle le fort d'Amsterdam; elle est située au confluent de deux bras de la riviere, & en face des deux redoutes. Elle ne manque d'aucuns des magasins nécessaires, pour toutes sortes de munitions. On y a conſtruit juſqu'à des moulins à vent, pour moudre le grain de la garniſon. En tems de paix, on n'y entretient guere que cent hommes, ſous les ordres d'un capitaine d'artillerie, qui a le titre de commandant.

Pour peu qu'on voulût faire de violence, après avoir paſſé les redoutes, pour arriver à ce fort, on pourroit courir de très-grands riſques au milieu de ces trois feux. Lorſqu'un vaiſſeau entre dans la riviere, il doit envoyer ſon paſſeport, & faire demander la permiſſion de pourſuivre ſa route. S'il manque à ce cérémonial, on lui tire un boulet, pour lequel il eſt obligé de payer quinze florins. S'il perſiſte, il en reçoit un ſecond, dont le prix double ; & il triple au troiſieme, s'il s'obſtine. Un plus long entêtement le feroit couler à fond. S'il obtient le paſſage, il doit, dès qu'il peut ſe faire entendre, ſaluer la forteresse par neuf coups de canon ; & elle, à ſon tour, lui en rend trois autres pour le remercier.

Une des branches de la riviere, où eſt conſtruite cette citadelle, a, d'un côté, des plantations de caffé ; de l'autre, des forêts juſqu'à la ville de Paramaribo, près du fort de Zélandia. En continuant de monter, on trouve une infinité de canaux, dont les bords, à la distance de plusieurs lieues, sont ornés d'arbres qui forment une perspective de verdure perpétuelle. Dans les intervalles, on respire un air frais, & embaumé des plus délicieuses odeurs. Plus haut, on découvre un petit bourg, & au-dessus, un village, qui ne sont occupés que par des juifs. Enfin, à six lieues plus loin, est une grande montagne, où des soldats, toujours armés, veillent sur la conduite des Indiens. Je n'ai pas suivi le cours des autres rivieres, telles que la Copemane, la Sarameca, la Comowine, la Cotica, la Marawine, &c ; mais je sçais que partout, ce sont des terreins cultivés, des plantations fertiles, de riches habitations, & les plus charmans points de vue.

La ville de Paramaribo, capitale de tout ce pays, étoit anciennement un village habité par les Indiens. Elle est située, ainsi que le fort, sur la riviere de Surinam, & éloignée d'environ douze milles de la mer. Elle ne contient guere que huit cens maisons, ayant chacune un jardin. A l'exception de celles du gouverneur & du commandant, elles sont toutes bâties de bois, mais avec beaucoup de régularité, quoique sans fenêtres, par rapport à la grande chaleur. Elles coûtent depuis cinq jusqu'à vingt-cinq mille florins, tant à cause de l'énorme cherté du bois, que par la nécessité de transporter d'Europe les matériaux nécessaires. La pierre est encore plus rare & plus chere; & la chaux manque totalement.

Le gouvernement occupe un des côtés de la place d'armes, près de l'endroit où débarquent les étrangers. Il a, derriere, un fort beau jardin, par où le gouverneur peut se rendre au fort de Zélandia, qui, comme je l'ai dit, n'est pas loin de la ville. On voit, dans presque toutes les rues, des allées d'orangers qui fleurissent deux fois l'an, & répandent, en tout tems, une odeur des plus suaves. La rade est une des plus belles de l'Amérique : on y compte actuellement près de soixante vaisseaux, outre un infinité de barques, qui donnent à ce lieu un air très-animé.

On ne peut disconvenir que Surinam ne soit un séjour redoutable pour la santé. On y éprouve successivement quatre saisons, qui en rendent la température fort mal-saine, deux de sécheresse, & deux de pluie. Il y regne un équinoxe perpétuel ; & les nuits sont très-funestes à ceux qui s'exposent au serein après les grandes chaleurs du jour. Lorsque le soleil est à son plus haut degré, l'atmosphere embrasée produit, dans les humeurs, une si forte dissolution, & dans le corps une transpiration si continue, si abondante, que toute l'eau qu'on boit passe dans l'instant au travers des pores, comme si elle sortoit d'une éponge comprimée. Les matelots respirent un air encore moins pur sur les vaisseaux : la chaleur y est étouffante, sur-tout lorsqu'on y a chargé du sucre, dont les vapeurs presque enflammées, interceptent la respiration. Joignez à cela l'inconstance du climat, qui est telle, que les quatre saisons se succedent quelquefois toutes dans le même jour. Les vents y sont fréquens & impétueux, les tonnerres des plus violens ; & souvent, au milieu de la plus grande sérénité, tous les météores réunis semblent conspirer à la destruction totale de la colonie.

Ici, comme aux Antilles, & dans presque toutes les contrées de l'Amérique méridionale, on compte trois sortes d'habitans: les blancs, les noirs & les naturels du pays. Ces derniers different peu des autres sauvages, & principalement des Caraïbes, dont ils portent le nom, & paroissent avoir la même origine. Ce sont les mêmes traits, la même couleur, la même taille, les mêmes ornemens, la même parure. A l'égard des mœurs, ce sont les mêmes vices & les mêmes vertus; même respect pour les vieillards, même simplicité, même indolence, même cruauté envers leurs prisonniers, même amour pour la liberté, même éloignement pour le christianisme. Ils ont aussi les mêmes usages, les mêmes amusemens, les mêmes cérémonies, les mêmes armes, la même nourriture, mêmes logemens, mêmes occupations; en un mot, ce que j'ai dit des sauvages des Antilles, convient également à ceux de la Guiane. Ils vivent en paix avec les Hollandois, par le soin qu'on a de leur faire rendre justice, & d'empêcher qu'ils ne soient molestés. Ils font d'ailleurs d'un très-grand secours, & même absolument nécessaires dans une infinité d'occasions.

Les negres forment la partie la plus nombreuse des habitans de Surinam. Comme ils sont tirés des mêmes régions, que ceux de nos isles, il n'y a de différence entr'eux, que celle qui peut provenir du gouvernement sous lequel ils vivent. Ici, par exemple, si un maître veut affranchir son esclave, outre la perte qu'il fait du prix de son negre, il est encore obligé d'acheter fort cher des lettres de franchise, sans lesquelles aucun noir ne peut être instruit dans la religion chretienne, ni baptisé. Il faut de plus, que l'esclave ait appris une profession, & qu'il soit en état de gagner sa vie ; sans quoi, c'est encore au maître à l'entretenir, de peur qu'il ne soit à charge à la colonie. De-là, vous jugez bien, que peu de negres font ici profession du christianisme. Leur religion consiste à croire qu'il y a un Dieu ; mais ils ne peuvent s'empêcher en même tems, de se livrer à des superstitions idolâtres. Ils font choix d'un animal qu'ils adorent ; & chaque famille à le sien ; car le fils n'en connoît pas d'autre, que celui de son pere. Ce culte absurde ne s'éteint, que dans ceux qui, éclairés des lumieres de la foi, ont demandé & reçu le baptême. Le nombre en est petit, par les difficultés qu'ils rencontrent, comme vous venez de le voir, à obtenir leur liberté.

Lorsqu'un negre devient pere d'un garçon, il va prier son maître de lui donner un nom; si c'est d'une fille, il s'adresse à sa maîtresse. Les premiers mots qu'il leur apprend à prononcer, sont, *bon jour, maître*; le premier devoir qu'il leur inspire, c'est de respecter leurs supérieurs. Ce respect va si loin, que quoique très-jaloux de leurs femmes, les negres se font gloire d'en être trahis, si c'est avec leurs maîtres qu'elles ont à faire; au lieu qu'ils les empoisonneroient, elles & leurs amans, s'ils s'appercevoient de quelque liaison, soit avec un Indien, soit avec un noir.

En vous parlant autrefois des négresses, vous ai-je dit, Madame, avec quelle facilité celles qui deviennent meres, se débarrassent d'un fardeau qui cause de si mortelles allarmes, & est quelquefois si funeste aux autres femmes ? Quoiqu'on les applique à des ouvrages très-rudes, jusqu'au moment de leur délivrance, elles ne font jamais incommodées; & il ne leur arrive aucun des accidens, si communs à nos femmes d'Europe. J'ai vu une de ces esclaves, qui, pour avoir commis une faute grave, reçut, cinq ou six heures avant que d'accoucher, plus de cinquante coups de fouet sur les fesses, & n'en mit pas son enfant au monde moins heureusement.

Il résulte, des calculs faits sur le nombre des habitans de Surinam, que celui des noirs se monte à plus de quatre-vingt-dix mille, sans y comprendre les negres Marons. Ces derniers forment un peuple redoutable, qui a souvent molesté la colonie. Le gouvernement a fait les plus grands efforts, pour les ramener à l'obéissance: il a mis leur tête à prix. Ils s'en sont vengés, en saccageant les plantations pendant la nuit, en engageant les autres esclaves à égorger leurs maîtres, & à les venir joindre. Ils ont barré les chemins à ceux qui ont voulu les attaquer; ils ont profité de tous les avantages du terrein, pour multiplier les obstacles, & augmenter la difficulté de les poursuivre. On est actuellement occupé à négocier avec eux un traité de paix ; & l'on parle déja de leur envoyer, par un détachement de la garnison de Paramaribo, les présens convenables. Voici, m'a-t-on dit, quels doivent être les préliminaires & les conditions de ce traité.

« Six conseillers & un secretaire se-
» ront députés par la régence ; &
» du côté des Marons, il y aura seize
» chefs, dont six viendront habiter la
» capitale, pour servir d'otages, avec
» leurs femmes & leurs enfans. On pro-
» mettra à leur nation, de ne plus l'in-
» quiéter ; & il sera permis à chacun
» d'eux, de s'établir où il voudra. Mais ils
» s'engageront à ne pas augmenter leur
» nombre, à rendre les déserteurs qui
» voudroient se joindre à eux, & à
» fournir du secours à la colonie en
» tems de guerre. On leur permettra
» aussi de commercer avec les blancs ;
» & ils seront regardés comme une na-
» tion voisine & libre, avec laquelle
» on desire de vivre en bonne intelli-
» gence. » On compte vingt-cinq mille de ces negres Marons; ils peuvent devenir plus nombreux ; car ils ont pres-

que tous des femmes ; & au défaut des négresses, les Indiennes ne les rebutent pas.

Les Européens établis à Surinam, ou ceux qui sont nés de peres Européens, forment la troisieme classe des habitans. Il regne entr'eux une liberté, que nous ne connoissons point dans nos pays. A la ville, comme à la campagne, en compagnie, comme dans son particulier, chez autrui, comme chez soi, rien n'est plus simple, ni moins recherché, que la maniere générale de se vêtir. L'habillement ordinaire, à moins qu'on ne fasse des visites de cérémonie, est une veste blanche, un bonnet de coton, & un chapeau par-dessus. Il est pourtant des occasions, où l'on étale, comme ailleurs, le luxe & la somptuosité dans les habits. Nos modes se répandent dans ces contrées, peu de tems après qu'elles ont été inventées en Europe ; & les femmes, à qui le desir de plaire ne permet pas de se négliger, ne sont, ni les seules, ni même toujours les premieres à les suivre. Aussi y a-t-il, dans la ville, un grand nombre de boutiques très-bien fournies en tous genres de marchandises. Le drap, le velours, les étoffes, les galons d'or & d'argent, tout y abonde ; mais tout y est à un prix excessif, parce que tout y vient de dehors, & qu'on n'a point ici de manufactures. Vous admireriez surtout la blancheur éblouissante du linge de table, & du linge de corps ; ce sont les négresses qui le lavent & le repassent. On vante, en Amérique, les cordonniers de Saba, les tanneurs de la Jamaïque, & les blanchisseuses de Surinam.

Les tables y sont servies abondamment, quoique les vivres y soient très-chers. La viande de boucherie se vend dix sols, cinq sols la livre de pain ; la volaille n'est pas ce qui coûte le plus. Les riches ont, dans leurs plantations, des negres pêcheurs & chasseurs, qui ne leur laissent manquer, ni de poisson, ni de gibier ; & quoiqu'on ne recueille point de vin dans le pays, on n'y en consomme pas moins, ni de moins bon, que dans toute autre colonie. La délicatesse & l'abondance de ces tables sont encore relevées par un nombre d'esclaves, qui donnent à ces gros Hollandois, l'air d'opulence & de faste, qu'on ne pardonne qu'aux grands seigneurs.

Voulez-vous savoir en détail, la vie que mene un Surinamois ? Il se leve avec le soleil, c'est-à-dire, à six heures. A peine il est de bout, qu'il prend son thé ou son caffé, pendant que ses negres couvrent la table, pour servir le déjeûné, qui se fait dans toutes les maisons, avec du jambon, ou autres viandes salées, accompagnés de beure, de fromage, de bierre forte, & de vin de Madere. Cette table reste ainsi dressée, jusqu'à neuf heures, pour tous les amis qui se présentent. Après ce second déjeûné, il s'occupe de diverses affaires dans sa maison, jusqu'à onze heures, & se rend à la bourse. C'est une espece de cabaret, où il boit du ponche, du vin ou de la bierre, jusqu'à une heure, qu'il se retire chez lui pour dîner. Ce repas est bientôt suivi de la méridienne. A quatre heures, ont sert le thé; & à cinq, il retourne à la bourse, s'amuse à différens jeux, ou se promene jusqu'au souper. Il va rarement en carrosse; les voitures sont peu communes à Surinam; il faut les faire venir d'Europe; & les frais, ainsi que l'achat &

l'entretien des chevaux, sont très coûteux. Je ne connois que le gouverneur, & cinq ou six des principaux de la ville, qui ayent équipage. Quelques autres ont une chaise, uniquement pour la campagne; mais personne ne marche dans les rues, sans avoir un negre qui lui porte un parasol. Les femmes ont, de plus, quelques suivantes qui les accompagnent. En parlant autrefois des dames de Batavia, j'ai presque fait le portrait de celles-ci; c'est le même faste, le même orgueil, la même ignorance, la même dureté pour leurs esclaves, &c.

Il n'est permis qu'aux Anglois, ou à ceux qui dépendent uniquement de la société de Surinam, de faire le commerce dans la province. Aucun vaisseau, de quelque nation qu'il soit, pas même ceux des autres états de Hollande, ne peuvent entrer dans le port, pour y négocier. Les Anglois apportent de la viande, du poisson salé, du tabac en feuilles, des planches de sapin, de la farine, des chandelles, &c; ils reçoivent en échange de la mélasse pour faire leur rum: c'est la seule marchandise qu'ils puissent emporter; sans cette condition, l'entrée du port leur seroit interdite.

Les Hollandois, dépendans de la société, fourniffent le pays de vin, de bierre, de liqueurs fortes, de beurre, de fromage, d'épiceries, de bas, de fouliers, de chapeaux, de toile & d'habits, toutes chofes d'autant plus néceffaires, qu'on n'a ici, que deux cordonniers, deux tailleurs, deux boulangers, deux charpentiers, un maçon, & un maréchal; mais en récompenfe, on y voit beaucoup de médecins, de chirurgiens & & d'apothicaires. Il eft vrai qu'on forme les efclaves à toutes fortes de métiers; mais comme ils ne peuvent fervir que leurs maîtres, les autres font obligés d'avoir recours à ce peu d'ouvriers qui font dans la capitale. Il eft facile de juger que ce petit nombre ne peut fuffire à l'entretien de plus de quatre mille habitans, Européens ou Créoles, tant de la ville que des plantations, fans y comprendre onze ou douze cens hommes de troupes réglées, qui font au fervice de la colonie.

Ces troupes, fous les ordres du gouverneur, nommé colonel en chef par la fociété, & breveté par leurs Hautes Puiffances, font divifées en deux bataillons. Ils ont chacun à leur tête deux lieutenans colonels, quatre capitaines, autant de lieutenans, & d'autres officiers subalternes, le tout à la solde de la Hollande & de la société de Surinam. Indépendamment de ces troupes régulieres, les habitans de la ville forment entr'eux trois compagnies de milice, qui, dans un besoin, doivent se trouver prêtes à combattre, étant toujours munies d'armes, de plomb & de poudre, pour la défense de la province. C'est à quoi les capitaines doivent veiller par une visite générale, qui se fait deux fois l'an suivant les ordres du gouvernement. Il en est de même des rivieres où il y a des plantations : chacune d'elles a plusieurs divisions, qui forment de petits corps détachés. Ils doivent se rendre à leurs départemens, au premier coup de canon qu'on tire en signe d'allarme.

Dans les commencemens de la colonie, le gouverneur & quelques membres du conseil jugeoient de tous les différends, en dernier ressort & sans appel. Mais le nombre des colons ayant augmenté, les procès sont devenus plus importans, les affaires plus multipliées, les contestations plus fréquentes. Les nouveaux venus, en passant la mer, apporterent avec eux l'esprit de chicane, qui obligea d'établir divers tribunaux, où ils pussent appeller d'un premier jugement à une cour supérieure. Ce n'est pas que les membres de ces différens conseils soient fort versés dans l'étude des loix. Ce sont des hommes sages, honnêtes & integres, qui, comme nos consuls ou nos baillifs, jugent suivant la droiture de leur cœur, & les lumieres d'un gros bon sens.

Le gouverneur est le président né de tous ces tribunaux de judicature. Le premier, appellé cour de police & de justice criminelle, est composé de douze personnes choisies entre les principaux habitans, & nommées par eux. On ne peut aspirer à ces places, sans avoir des biens fonds dans le pays. Elles sont toutes à vie, & ne rapportent que de l'honneur. Le second, qui a le titre de justice civile, est formé de douze membres élus par ceux du premier tribunal. Il y a appel de leurs décisions en Europe, au conseil de leurs Hautes Puissances. Aussi sont-ils totalement indépendans des premiers; & ils se qualifient, comme eux, de cour souveraine. Le troisieme enfin, est une petite jurisdiction, où se portent les affaires en premiere instance, ou de peu de valeur. Le gouverneur a droit de présider aussi à ces deux derniers conseils; & les juges peuvent être changés tous les quatre ans. Sans être excédé, comme en France, par cette foule d'avocats & de procureurs, qui dévorent la substance de leurs cliens, il y en a cependant encore ici un assez grand nombre, pour satisfaire le goût de ceux qui aiment la chicane.

Les seules especes qui aient cours à Surinam, sont celles de Hollande, à la réserve d'une petite piece de trois sols, que les Portugais y ont introduite; c'est la monnoie la plus basse; & l'on ne peut rien acheter au dessous de cette valeur. Les repas sont réglés dans les auberges à quarante sous par tête, sans le vin; & la bouteille en coûte trente. Le logement n'y est pas cher, parce qu'on ne couche que dans des hamacs.

Le marché des fruits, des légumes & des esclaves, se tient devant la maison de ville, dans une grande &

belle place, garnie d'orangers. Le haut de cette maison est destiné au service divin. Il s'y fait le dimanche matin en hollandois, l'après midi en françois. Il y a des ministres de l'une & de l'autre nation, à qui l'on donne d'assez bons appointemens. Les Luthériens ont une église superbe, & les juifs Allemands & Portugais, deux sinagogues. On a aussi établi une espece d'hôpital, où l'on reçoit les personnes âgées, & les orphelins indigens. Il est si bien gouverné, qu'on n'est point accablé par cette multitude de pauvres, dont fourmillent la plupart de nos villes d'Europe. Les directeurs sont encore chargés de veiller sur ceux qui meurent sans testament : ils avertissent les héritiers, & leur remettent les fonds, après en avoir tiré, pour leur salaire, dix pour cent de provision.

Les revenus de la société de Surinam consistent en différens impôts, que les habitans doivent payer à divers bureaux. Dans l'un, on perçoit les droits imposés sur toutes les parties du commerce, sur les vaisseaux, sur les denrées qui sortent du pays, sur le bois

LA GUIANE. 357
de charpente, qui se fabrique dans la colonie. On commence par prélever l'argent nécessaire pour payer la garnison ; le reste est remis aux associés.

Le second bureau est celui de la capitation, pour lequel on prend par tête, pour tout le monde, blancs ou noirs, vingt-cinq sols, chaque année, depuis trois ans jusqu'à douze ; & cinquante sols, depuis douze, jusqu'à soixante. Les blancs, qui ne sont point nés à Surinam, en sont exempts pendant les dix premieres années de leur séjour dans la province. Ce droit se leve ou en argent, ou en sucre sur le pied d'un sol la livre, dont le bureau tient compte aux associés ; toute autre denrée n'est point admise. Le gouverneur peut disposer de ces recettes, comme il lui plaît, & n'est comptable qu'envers la société.

Les autres bureaux regardent les achats, les ventes, l'industrie, l'entrée des vins, des liqueurs fortes, la taxe des maisons, des équipages, des bestiaux, &c. Tout vendeur est tenu de payer un certain droit, & l'acheteur un sol par livre pour ce qu'il acquiert.

Chaque habitant est obligé de déclarer par serment, le gain clair qu'il fait dans le courant de l'année, & d'en donner une partie, pour subvenir aux frais des détachemens qu'on envoie contre les negres Marons. L'argent provenant du droit sur les maisons & sur les bestiaux, est destiné à l'entretien des chemins & des places publiques. Les pensions du clergé, c'est-à-dire des ministres, se prennent sur la taxe du vin, de l'eau-de-vie, de la bierre, & autres boissons enyvrantes.

Je suis, &c.

A Surinam, ce 24 novembre 1750.

P. S. Demain, Madame, je pars pour la Cayenne; & mon absence ne sera que d'un mois. Devinez avec qui, & comment je fais ce voyage ? Un chien, un negre, un caraïbe; à pied comme eux, nud comme eux, ou n'ayant, de plus qu'eux, qu'un gillet de coton, & un caleçon de toile. Nous irons en chassant, & ne suivrons de route, que celle du caprice. Les bêtes que nous tuerons, le negre nous les apprêtera; il me servira de cuisinier; le chien, de compagnie; le sauvage d'interprete.

LETTRE CXXXIII.

SUITE DE LA GUIANE.

MALGRÉ les courses des Européens & de quelques Jésuites missionnaires, l'intérieur de ce pays n'est connu que très-imparfaitement. C'est encore une terre vierge, qu'aucun prince, jusqu'à présent, n'a tenté de conquérir. A mesure que nous nous éloignions de la côte, la campagne sembloit s'élever; & nous trouvions, entre les arbres, des terrains plats, découverts, mais quelquefois des prairies marécageuses, qui servent de retraite aux caimans. Les sauts, qui interrompent le cours des fleuves, sont un spectacle pour les voyageurs. Vous savez qu'on donne ce nom à de gros rochers, qui barrent le lit des rivieres, & forment des chûtes d'eau plus ou moins grandes, suivant la hauteur des terres. Ils s'étendent quelquefois à plus d'un quart de lieue, & obligent les Indiens de quitter leurs canots, de les isser, & de les transporter beaucoup au-delà. Il y en a, qui, pour s'épargner cette peine, ont la hardiesse de franchir ces cascades, dont la rapidité cause de l'effroi. Il en coûte souvent la vie aux Européens qui veulent les imiter.

Après plusieurs jours de marche, nous arrivâmes dans une bourgade de sauvages, dont le chef, âgé de cent ans, joignoit à une longue expérience, une santé robuste, & une présence d'esprit admirable. Il avoit été, dans sa jeunesse, à l'isle de Cayenne, où le commerce des François lui avoit appris à connoître la différence des nations & celle des hommes. Il parloit notre langue avec assez de facilité ; & la qualité de François me procura un accueil qui me charma. « J'ai tou-
» jours aimé votre nation, me dit-il;
» vous n'êtes point venus dans ces con-
» trées éloignées, comme les autres
» Européens, pour y détruire notre
» race. Vous n'avez pas même attenté
» à notre liberté ; & en devenant nos
» voisins, vous n'avez pas entrepris de
» nous rendre vos esclaves. Vous nous
» avez traités comme des hommes ; &
» nous

SUITE DE LA GUIANE. 361

» nous vous regardons comme nos
» amis, comme nos freres ».

Je profitai de ces dispositions favorables, pour m'insinuer de plus en plus dans les bonnes graces du vieillard. Son grand âge, son esprit & l'excellence de la mémoire, me firent espérer des éclaircissemens sur l'intérieur du pays, & spécialement sur la fameuse ville d'el-Dorado, dont les Espagnols ont raconté tant de merveilles. « Vous n'êtes
» pas, reprit-il, le premier François qui
» m'ait parlé de cette région fabu-
» leuse ; & pour vous donner quel-
» que satisfaction, voici, continua-t-il,
» ce que je me rappelle d'avoir souvent
» entendu répéter dans mon enfance,
» à une vieille femme, qui passoit pour
» sorciere, & que nous appellions la
» folle. Mon pauvre Ouaco, disoit-
» elle (c'étoit le nom de son mari)
» fut pris par des hommes à longues
» barbes (les Espagnols), qui venoient
» de l'orient, & obligé de leur servir
» d'interprete & de guide dans la re-
» cherche d'une ville toute d'or. Ils
» arriverent d'abord dans un pays,
» dont les habitans ont les yeux sur les
» épaules, la bouche dans la poitrine,

Tome XI. Q

» & les cheveux sur le dos : c'est la
» plus redoutable de toutes les nations.
» Ses armes, qui sont des arcs & des
» flêches, ont trois fois la grandeur des
» nôtres. Le poison dans lequel elle
» les trempe, est toujours mortel, &
» cause des douleurs effroyables, qui
» jettent les blessés dans une espece de
» rage. Ils deviennent noirs ; & la
» puanteur qu'ils exhalent, est insup-
» portable. Je n'oblige personne à me
» croire.

» Ces peuples ne firent point de mal
» aux Espagnols, & les laisserent passer
» tranquillement sur leurs terres. Mais
» plus loin, ils rencontrerent des hom-
» mes plus méchans, qui en firent périr
» une partie, sans autre effort, que
» de les investir dans une vallée, & de
» mettre le feu aux herbes, dont la fu-
» mée & la flamme les étoufferent. Je
» n'oblige personne à me croire.

« Cette vallée est frontiere de la
» ville d'or ; & les habitans ne sont
» occupés qu'à en éloigner les étran-
» gers. Mais si ces derniers ne sont pas
» réunis en corps d'armée, & qu'ils
» paroissent n'y être attirés que par la
» curiosité, ou l'envie de faire fortune,

» ils ne reçoivent aucun mauvais trai-
» tement. On se contente de leur bou-
» cher les yeux, & de leur donner des
» gardes pour les accompagner. On les
» renvoie ensuite chargés d'or ; car ce
» métail y est si commun, qu'on y voit
» des montagnes qui en sont couvertes.
» Les Espagnols en apperçurent une,
» de fort loin, toute éclatante de dia-
» mans & de pierreries. Je n'oblige
» personne à me croire.

« Cette vue anima leur courage ; ils
» firent une marche forcée ; & dans la
» crainte que d'autres Européens ne
» vinssent, avec eux, partager ces tré-
» sors, leur général mit tout le monde
» en corps de bataille, & prit posses-
» sion du pays, au nom du grand caci-
» que d'Espagne. Amis, dit-il, à ses sol-
» dats, vous savez quels soins je me
» suis donnés, pour découvrir le puis-
» sant état de la Guiane, le riche royau-
» me d'el-Dorado : voici le moment
» d'en recueillir le fruit ; ainsi je vous
» charge, vous, dom François Carillo,
» mon lieutenant, de lever cette croix,
» qui est à terre, & de la tourner vers
» l'orient. Carillo obéit ; toute l'armée
» se mit à génoux, fit sa priere ; le

» général prit une tasse pleine d'eau,
» & la but. On lui en présenta une se-
» conde; il jetta l'eau à terre, aussi
» loin qu'il put, tira son épée, & cou-
» pant l'herbe qui étoit autour de lui,
» il dit : au nom de Dieu, je me rends
» maître de cette contrée, pour ma
» nation, & pour le roi mon souverain
» seigneur. Après quoi l'on se remit à
» genoux; & tous les assistans répon-
» dirent qu'ils défendroient cette con-
» quête, jusqu'à la derniere goutte de
» leur sang.

» Le général pénétra deux lieues plus
» loin, & arriva dans un village, où,
» se trouvant le plus fort, il fut traité
» avec beaucoup d'amitié par le caci-
» que, qui lui fit présent de quantité
» d'or. Ouaco eut ordre de lui deman-
» der d'où il tiroit ce métal. Il répon-
» dit : d'une province voisine, où en
» arrachant l'herbe avec sa racine &
» la terre qui tient après, on jette l'une
» & l'autre dans de grands vaisseaux;
» quand on les a bien lavées, on en
» tire l'or le plus pur. Je n'oblige per-
» sonne à me croire.

» Tous les habitans en avoient des pla-
» ques sur l'estomac, & des pendans d'o-

» reilles. Le cacique ajouta que si on
» vouloit lui apporter des haches, des
» sabres, ou des couteaux, il donneroit
» en échange, des lingots d'or. On lui
» en fit venir aussi - tôt ; & pour
» chaque instrument de fer, il donna un
» morceau d'or fin, de la grosseur du
» bras. Le général se rendit maître de
» sa joie ; & sa troupe affecta de ne té-
» moigner aucun empressement à la
» vue de toutes ces richesses. Je n'o-
» blige personne à me croire.

« Les Espagnols étoient tranquilles,
» dans les plus agréables espérances, lors-
» qu'au milieu de la nuit, on vint leur
» dire que les peuples de la montagne
» se mettoient en mouvement pour les
» attaquer........ Ici, la sorciere,
» comme si elle n'eût plus été occupée
» que du sort de son cher Ouaco, se
» livroit à des hurlemens, qui ne lui
» permettoient pas d'achever son his-
» toire.

» Il y a bien de l'apparence, conti-
» nua le vieillard, que les Castillans
» furent arrêtés par la résistance des
» peuples de la montagne ; à moins,
» ajouta-t-il, qu'on ne prenne le parti
» plus sage, de ne rien croire de ces

Q iij

» contes de vieilles femmes. C'eſt, lui
» dis-je, ce que n'ont pas fait les Eſpa-
» gnols ; car on prétend qu'ils ne s'en-
» tretenoient alors, à Carthagene, que de
» la découverte d'el-Dorado. Un d'en-
» tr'eux écrivoit à un de ſes amis, qu'il
» étoit arrivé une frégate, avec une
» ſtatue gigantesque, d'or maſſif, du
» poids de quarante-ſept quintaux. C'é-
» toit, diſoit-on, la divinité d'une
» grande province, dont les habitans
» ayant pris la réſolution d'embraſſer
» le chriſtianiſme, avoient commencé
» par ſe défaire de leur idole.

« Ce qui doit le plus étonner ceux
» qui connoiſſent le génie des peuples
» de l'Europe, c'eſt que des Anglois
» eux-mêmes aient donné dans ces
» chimeres. Raleigh, le célebre Ra-
» leigh, n'a jamais voulu revenir de
» cette folle idée. Son entêtement étoit
» extrême ; & cet homme ne ceſſoit de
» ſolliciter la Cour, & toutes les com-
» pagnies de commerce, de faire les
» derniers efforts, pour s'établir dans ce
» riche & chimérique pays. Il proteſ-
» toit ſouvent, qu'il emploieroit vo-
» lontiers à cette entrepriſe, le reſte
» de ſa fortune & de ſa vie ; & dans

» un mémoire qu'il fit publier à Lon-
» dres, il donnoit l'évaluation du profit
» des marcassites & d'autres minerais
» de la Guiane, qu'il avoit, disoit-il, ex-
» posés à la curiosité des incrédules ».

Dans les divers entretiens que j'eus avec mon vieillard centenaire, il fut souvent question des sauvages de cette contrée. Vous lirez, Madame, avec étonnement, ce qu'il m'a raconté, touchant la maniere dont ces peuples font leurs capitaines & leurs médecins. « Les premiers, me dit-il, sont les
» chefs de nos bourgades, & les géné-
» raux de nos armées. Celui qui aspire
» à cette qualité, fait connoître son in-
» tention, en portant une rondache
» sur sa tête, baissant les yeux, &
» gardant un profond silence. Il se re-
» tire dans un coin de sa case, & s'y
» fait faire un petit retranchement, qui
» lui donne à peine la liberté de se re-
» muer. Il ne sort de ce lieu, que pour
» les nécessités de la nature, & pour
» subir des épreuves terribles, par les-
» quelles les autres capitaines le font
» passer successivement. Il observe,
» pendant quarante jours, un jeûne
» des plus rigoureux ; & durant ce

» tems-là, on vient, matin & soir, lui
» faire une longue harangue, qu'il
» écoute fort patiemment. Il se tient
» de bout, les mains croisées sur la tête;
» & chaque capitaine lui décharge trois
» grands coups de fouet. On le frappe
» en trois endroits du corps, aux mam-
» melles, au ventre & aux cuisses; &
» ce traitement a lieu deux fois par
» jour. Dans la plus vive douleur, il
» ne doit pas faire le moindre mouve-
» ment, ni donner la plus légere mar-
» que de souffrance.

« Cette épreuve finie, il faut qu'il en
» subisse une seconde, précédée d'une
» nouvelle harangue. On amasse autour
» de lui quantité d'herbes très-fortes &
» très-puantes, auxquelles on met le
» feu, sans que la flamme puisse le tou-
» cher. La seule fumée qui le pénetre
» de toutes parts, lui fait souffrir des
» maux étranges. Il devient à moitié
» fou, & tombe ensuite dans de si
» grandes pamoisons, qu'on le croit
» mort. On lui fait prendre quelques
» liqueurs, pour rappeller ses forces;
» mais il n'est pas plutôt revenu à lui-
» même, qu'on redouble le feu, avec
» de nouvelles exhortations.

» Tandis qu'on le tourmente ainsi, tous
» les autres capitaines passent le tems
» à boire au tour de lui. Enfin, lors-
» qu'ils le croient au dernier degré de
» langueur, ils lui font un collier &
» une ceinture de feuilles, qu'ils rem-
» plissent de grosses fourmis, dont la
» piqûre, extrêmement vive, le ré-
» veille bientôt par de nouvelles dou-
» leurs. Il se leve alors; & on lui verse
» sur la tête une liqueur spiritueuse au
» travers d'un crible. Il va se laver dans
» la riviere la plus voisine, & retourne
» dans sa case, pour y prendre un peu de
» repos. On l'oblige encore de garder
» son jeûne, mais avec moins de ri-
» gueur qu'auparavant; & lorsqu'il a
» repris toutes ses forces, il est pro-
» clamé capitaine, & reçoit les armes
» convenables à cette dignité.

» On n'observe pas une méthode
» moins rigoureuse, pour la réception
» d'un médecin. Lorsque le tems de l'é-
» preuve est arrivé, on fait jeûner le
» récipiendaire plus strictement encore
» que les capitaines; mais au lieu de le
» fouetter, on l'oblige à danser avec si
» peu de relâche, qu'accablé de lassitude,
» il tombe sans connoissance. Il revient

Q v

» bientôt à lui, par le moyen des col-
» liers & des ceintures de fourmis; en-
» suite, pour le familiariser avec les
» plus violens remedes, on lui met
» dans la bouche une espece d'enton-
» noir par lequel on lui fait avaler
» plein un grand vaisseau de jus de tabac.
» Cette médecine lui cause des évacua-
» tions, qui vont jusqu'aux sang, &
» durent plusieurs jours. Alors, on le
» déclare médecin, & revêtu de la puis-
» sance de guérir toutes sortes de ma-
» ladies. Pour la conserver, il doit jeû-
» ner encore pendant l'espace de trois
» ans ; & il ne peut être appellé à la
» visite d'aucun malade, qu'après avoir
» achevé ce long cours d'épreuves &
» de pénitences ».

Quoique tous ces récits se fissent en
françois, par notre vieux sauvage, cependant le peu d'habitude qu'il avoit,
depuis long-tems, de parler notre langue, lui faisoit employer quelquefois
des expressions, & sur-tout des cons-
tructions de celle du pays. Par exemple,
dans cette partie de la Guiane, ils ont
bien, comme nous, des substantifs &
des adjectifs ; mais sans distinction de
nombre, sans cas & sans articles. S'ils

veulent vous apprendre que cette cabane appartient à leur pere, ils disent: *cabane pere.* Au lieu du pluriel, ils se servent du mot *papo*, qui veut dire *tout*. Ainsi, pour signifier plusieurs hommes, plusieurs femmes, on dit, *homme tout, femme tout.* S'ils représentent un nombre fort grand, ils montrent leurs cheveux, en prononçant ce mot: *beaucoup.* Ils n'ont qu'une seule terminaison pour tous les genres. S'ils veulent exprimer des qualités contraires à celles des adjectifs, ils ajoutent la négation *non*; par exemple, *les Anglois sont bons non,* pour dire qu'ils sont méchans. A l'égard des nombres, ils ne comptent que jusqu'à quatre; pour marquer celui de cinq, ils montrent les cinq doigts de la main; les deux mains pour celui de dix; les mains & les pieds, pour celui de vingt.

Les autres usages des sauvages de la Guiane, à quelques différences près, sont les mêmes que ceux des Caraïbes. Lorsque la mort leur enleve un vieillard, ils l'enterrent dans la case où il a vécu, sans autre cérémonie, que de s'enyvrer en son honneur. Ils croient, par là, lui témoigner le plus grand respect. Mais lorsqu'ils jugent que les chairs sont consumées, ils assemblent leurs voisins, déterrent les os, les brûlent, & en mettent les cendres dans leur boisson, pour les avaler dans une fête éclatante.

Après avoir quitté notre vieillard, nous nous enfonçâmes dans l'intérieur des terres; & nous y trouvâmes beaucoup de gibier. En traversant les forêts, nous vîmes des cerfs, des sangliers que nous ne tirâmes pas; ils eussent été trop difficiles à emporter. Nous nous contentâmes de tuer des agoutis, petits animaux, qui terrent comme nos lapins. Ils sont de la grosseur d'un lievre, ont la couleur du cerf, le museau pointu, de petites oreilles, les jambes courtes & menues. Les canards, les sarcelles, les bécasses, les ramiers, les tourterelles, les perdrix, les faisans, les perroquets de toutes les especes, voloient au tour de nous; & nous n'étions embarrassés que du choix. C'est vous dire que nous eussions pu faire bonne chere, si nous avions eu la commodité d'aprêter toutes ces différentes sortes de viandes. Les rivieres

Suite de la Guiane. 373
nous offroient une égale variété de poiſſons. Mon negre me faiſoit ſouvent manger du paka : c'en eſt un fort délicat, qu'on peut comparer à la dorade de Provence. On le trouve dans le plus fort du courant. Il eſt, d'ordinaire, tellement attaché à ſucer une eſpece de mouſſe qui naît contre les rochers, qu'on peut en approcher de fort près, ſans qu'il s'en apperçoive. Mon autre compagnon mangeoit auſſi quelquefois des ſerpens, & m'aſſuroit que c'étoit un mets délicieux. Nous en vîmes depuis huit, juſqu'à vingt pieds de long, & gros comme la cuiſſe d'un homme.

Nous paſſâmes ſur les terres de plus de quinze nations différentes, dont quelques-unes font profeſſion du chriſtianiſme, ſous la conduite d'un miſſionnaire. Celles qu'on appelle les *longues oreilles*, les ont en effet pendantes juſques ſur les épaules. C'eſt à l'art, non à la nature, qu'elles ſont redevables de ce biſarre ornement. On perce les oreilles des enfans ; on y paſſe de petits morceaux de bois, pour empêcher que le trou ne ſe referme ; & l'on augmente le volume, juſqu'à ce que l'ouverture ait deux ou trois pouces de diametre. On grave, sur ce bois, des figures grotesques, peintes en noir ou en rouge, & qui, attachées aux oreilles, donnent à celui qui les porte, un air tout-à-fait risible : mais c'est, au gré de ces bonnes gens, une de leurs plus belles parures. Vous avez vu que ce goût n'est point particulier aux sauvages : plusieurs nations Asiatiques comptent aussi pour un agrément, l'avantage de porter de longues oreilles, comme autrefois en France, l'envie d'avoir un grand pied, avoit fait imaginer ces souliers qu'on appelloit à *la poulaine*.

Mon negre s'étant trouvé incommodé pendant la nuit, voulut, le lendemain voir un médecin qui demeuroit à quelque distance de la bourgade où nous avions couché ; mais on lui dit que cet homme laissoit mourir d'inanition, ceux qui l'alloient consulter, & proposoit ensuite à leurs veuves de les époser. Il étoit en effet le mari de trois femmes, qu'il n'avoit eues que par ce moyen.

Le chef de cette même bourgade, venoit de recevoir, du gouverneur de Cayenne, un brevet d'officier, avec la canne de commandement. Cette canne est un jonc orné d'une pomme d'argent, aux armes de France, qui se donne, de la part du roi, aux capitaines sauvages. Cet homme me voyant fort tourmenté des cousins, me proposa de me mener dans ce qu'il appelloit la *tocaye*. C'est une case, écartée dans le bois, qui ressemble à nos glacieres. Les Indiens, pour se garantir de l'importunité de ces insectes, s'y rendent vers les huit heures du soir, & en silence, de peur que ces petits animaux ne les suivent ; car leur instinct les porte à aller où ils entendent du bruit. La tocaye renferme quelquefois trente ou quarante personnes ; & il y fait une chaleur insupportable. Ces cousins, un peu plus gros que les nôtres, sont quelquefois en si grand nombre, que pour prendre ses repas, il faut se retirer dans quelque coin obscur, ou manger en se promenant. On en distingue de deux sortes, connues sous les noms de moustiques & de maringouins. Ces derniers bourdonnent sans cesse ; les premiers piquent sans faire aucun bruit. Les uns tiennent en éveil par leur bourdonnement, & semblent avertir d'être fur fes gardes. L'attaque des autres étant imprévue, en devient plus difficile à éviter. Cependant, foit que le bourdonnement fatigue, foit qu'on n'aime pas à être menacé continuellement, les maringouins font, de l'aveu de tout le monde, plus détestés que les moustiques.

Nous avançons, à grands pas, vers la hauteur de la riviere d'Ouy-à-Pok; & nous nous trouvâmes au milieu de trois nations nombreuses, qui font les Pirious, les Acoquas, & les Palicours. Ces derniers font dans l'ufage de fe graver, fur la figure, des barres, ou des lignes circulaires, qui, traverfant le menton, vont d'une oreille à l'autre. Ils donnent à cette efpece de mafque, le nom de *jouparat*, & les François celui de *barbe à la palicour*. Chez ces mêmes Indiens, les enfans mâles vont tout nuds, jufqu'à l'âge de puberté; alors ils reçoivent la camifa. Je crois vous avoir dit, que c'eft un morceau de toile, que les fauvages paffent entre leurs cuiffes, & qu'ils laiffent pendre, devant & derriere, par le moyen d'une corde qu'ils ont à la ceinture. Avant que de le prendre, chez les Palicours, ils font assujettis à des épreuves fort dures: on les oblige à jeûner pendant plusieurs jours, & à rester dans leurs hamacs, comme s'ils étoient malades. On les fouette fréquemment; & ces petites cérémonies servent, dans leurs idées, à leur inspirer de la bravoure: dès qu'elles sont achevées, ils deviennent hommes faits.

Une autre coutume plus extraordinaire, chez le même peuple, c'est que les femmes mariées sont absolument nues. Elles portent, étant filles, une espece de tablier d'environ un pied en quarré; mais du moment qu'elles ont un mari, elles restent entiérement découvertes, persuadées que leurs charmes, une fois exposés à la vue d'un homme, peuvent l'être indifféremment aux yeux de tous les autres.

Jusqu'à présent, je n'ai nommé que les nations Indiennes, connues des François, & voisines des côtes. Celles qui sont entierement enfoncées dans les terres, doivent être plus nombreuses; mais leur distance les unes des autres, & la difficulté de pénétrer dans une région si vaste, par d'affreux déserts, des forêts de cent lieues, & des rivieres innavigables, ne permettent guere de se procurer les informations qu'on desire, & moins encore, d'y tenter quelque commerce. Joignez à cela l'ignorance des langues, & sur-tout la férocité des habitans, qui n'ayant jamais vu d'Européens, tueroient également un voyageur, pour le plaisir de lui enlever ses habits, & pour celui de le manger; car il est certain qu'ils sont tous antropophages. A l'égard de ceux qu'on nomme Indiens des côtes, leur nombre ne monte pas à plus de douze ou quinze mille. Depuis près d'un siecle, on s'efforce de leur communiquer des principes d'humanité & de religion. Les Jésuites en ont rassemblé une partie dans des habitations régulieres, & ne cessent point d'y exercer leur zele.

Les Palicours, amis des François, nous fournirent un canot pour descendre l'Ouy-à-Pok. C'étoit le tronc d'un arbre creusé, terminé en pointe, & qui pouvoit contenir cinq ou six personnes. Nous trouvâmes plusieurs sauts, qui nous donnerent d'abord beaucoup de peine; mais ensuite notre navigation n'eut plus rien de difficile. Nous rencontrâmes une bande nombreuse d'Acoquas, qui enyvroient la riviere ; c'est le terme dont se servent ces sauvages, pour exprimer le secret qu'ils ont de prendre le poisson, en l'étourdissant par le moyen d'un certain bois qu'ils jettent dans l'eau, & dont il est très-friand.

Pour ne pas vous entretenir trop long-tems de ces petits détails, je supprime d'autres circonstances de notre route, jusqu'au fort d'Ouy-à-Pok. Celui qui commande pour le roi, dans cette forteresse, me fit un accueil, dont je ne puis trop me louer. Cette place étoit dans un état lamentable, par les malheurs qu'elle avoit essuyés dans la derniere guerre. La sensibilité avec laquelle un missionnaire, témoin de cet événement, me l'a raconté, ne me permet pas d'altérer ses expressions.

» A peine la guerre fut-elle déclarée
» en Europe, entre la France & la
» Grande-Bretagne, que des corsaires
» Anglois vinrent croiser aux isles, sous
» le vent de Cayenne, dans l'espérance
» de prendre des vaisseaux, & de pil-
» ler quelques habitations. Comme ils
» manquoient d'eau, ils approcherent
» de la riviere d'Ouy-à-Pok. Quelques

» Indiens, qu'ils arrêterent, leur don-
» nerent des connoissances sur cette
» colonie, dont ils ignoroient l'exis-
» tence. D'autres leur servirent de
» guides ; & tout concourut à la perte
» de ce poste.

» Ce fut le 6 novembre de l'an-
» née 1744, que les Anglois vinrent
» mouiller à la montagne d'Argent,
» nom que l'on donne à la pointe in-
» térieure de la baye d'Ouy-à-Pok.
» Après avoir reconnu la situation, les
» forces, & généralement tout ce qui
» regarde le fort, ils se déterminerent
» à le surprendre ; & la nuit du 11, ils
» descendirent, à cinquante toises de
» la palissade. La sentinelle de la porte
» crut que c'étoit des Indiens ou des
» negres domestiques, qui vont &
» viennent assez souvent pendant la
» nuit. Elle cria ; on ne répondit point;
» elle donna l'alerte dans la place ; &
» chacun s'éveilla en sursaut. Mais les
» Anglois étoient déja dans le fort; &
» à la faveur de cris effroyables, &
» d'un feu très-vif de leur mousquet-
» terie, ils jetterent une telle épou-
» vante dans les esprits, que chacun
» connoissant la foiblesse du poste, ne

» vit d'autre ressource, dans le pre-
» mier mouvement de sa terreur, que
» la fuite. Le commandant tira pour-
» tant, & blessa au bras le capitaine
» Anglois, le seul, des deux côtés, qui
» reçut une blessure. Tout fut livré
» au pillage; & moi-même, continue
» le missionnaire, je fus mis au rang
» des prisonniers. Sur quelques repré-
» sentations que je voulus faire, on me
» répondit que c'étoit le roi de France,
» qui le premier avoit déclaré la guerre
» aux Anglois; qu'en conséquence, les
» François avoient déja fait, au Cap-
» Breton, contre les sujets du roi d'An-
» gleterre, ce qui leur arrivoit à eux-
» mêmes à Ouy-à-Pok; avec cette
» différence, ajoutoient les corsaires,
» que les François ayant mis le feu à
» notre fort, il y eut plusieurs per-
» sonnes, & sur-tout des enfans étouf-
» fés dans l'incendie.

» Dès qu'il fut jour, le pillage recom-
» mença avec la même confusion &
» le même désordre que la veille; cha-
» cun apportoit, & jettoit en tas, ce
» qui lui tomboit sous la main. L'un
» arrivoit, revêtu d'une de mes sou-
» tanes; l'autre, avec une jupe ou un

» tablier ; un troisieme, avec un bonnet
» quarré sur la tête. Il en étoit de même
» de ceux qui gardoient le butin ;
» ils fouilloient dans ce monceau de
» hardes ; & quand ils trouvoient quel-
» que chose qui leur faisoit plaisir,
» comme une perruque, un chapeau
» bordé, un habit, une culotte, ils
» s'en revêtoient aussi-tôt, faisoient
» quatre ou cinq tours de chambre,
» en s'examinant avec complaisance,
» & ensuite reprenoient leurs haillons.
» C'étoit comme une troupe de singes,
» ou comme des sauvages, qui ne se-
» roient jamais sortis de leurs forêts ».

Les missions établies à Ouy-à-Pok, sous la direction des Jésuites, comprennent différentes nations. Il paroît, par le récit qu'on m'en a fait, qu'elles sont gouvernées, comme celles du Paraguay ; que les chrétiens y sont assujettis à un grand nombre d'exercices spirituels, auxquels président les missionnaires. Ceux-ci font le bonheur de ces barbares, puisqu'ils établissent entr'eux l'union & la paix, leur procurent une infinité de commodités, & les mettent à l'abri des maladies & de la misere. Mais c'est à quoi se bornent aujourd'hui tous leurs foins ; on ne leur connoît plus cette glorieufe curiofité, qu'ils favoient fi bien allier autrefois avec les devoirs de leur profeffion, & qui leur a fait rendre, aux fciences humaines, autant de fervices qu'à la religion. Ils croient préfentement en avoir affez dit, dans leurs relations, en nommant quelques églifes qu'ils ont formées, fans jamais jetter leurs regards fur d'autres objets.

Malgré les plus vives inftances pour nous retenir à Ouy-à-Pok, nous partîmes pour Cayenne. Par ce nom, on peut entendre l'ifle, le gouvernement, ou la ville. Le gouvernement s'étend à plus de cent lieues fur le continent ; il eft borné, à l'occident, par la riviere de Maroni, qui le fépare de la colonie de Surinam, & au midi, par la rive feptentrionale du fleuve des Amazones, où les Portugais ont des forts. Les Hollandois, malgré les bornes marquées par le Maroni, nous difputent encore quelques terres en deçà de cette riviere ; & les Portugais, de leur côté, s'emparent infenfiblement de ce qui nous appartient. Il y a vingt-huit ou trente ans, qu'ils pousserent la hardieffe, jufqu'à venir faire un abattis d'arbres fur le Ouy-à-Pok, & à ériger, fur un poteau, les armes de Portugal.

L'ifle, qui donne fon nom à tout le gouvernement, n'en eft guère que la cinquieme partie. Elle eft formée par la riviere de Cayenne, qui fe fépare en deux bras, dont le principal, qui garde fon nom, fe jette dans la mer à l'Ou-Eft. L'autre coule du côté de l'eft, & fe nomme Mahuri, d'une pointe de terre, où il fe joint à l'Océan. L'ifle prefque entiere, à qui l'on donne quinze ou feize lieues de circuit, eft une terre fablonneufe, relevée de collines, fur lefquelles on cultive des cannes de fucre, du roucou, de l'indigo, du cacao, du caffé, du maïs, du manioc, &c. Le refte eft un terrein fort bas, & fi marécageux, dans quelques endroits, qu'on ne peut aller par terre, d'un bout de l'ifle à l'autre. Auffi eft-on fouvent obligé de faire de longs détours, pour fe rendre aux plantations. Il y a pourtant des cantons, furtout du côté de la mer, où ces marais font couverts de mangliers fi épais, que leur entrelacement forme une efpece de chauffée, fur laquelle on peut marcher,

SUITE DE LA GUIANE. 389
marcher, pendant plufieurs lieues, comme fur la terre ferme. Le manglier eft un arbriffeau femblable au faule, qui croît jufques dans l'eau de la mer, &, par la difpofition de fes racines, empêche l'abordage des vaiffeaux, & affure aux poiffons une retraite contre les pêcheurs.

L'air de Cayenne, autrefois fort malfain, y rendoit les maladies très-fréquentes. Les enfans y mouroient prefque auffi-tôt qu'ils voyoient le jour; mais depuis que le pays eft défriché, on commence à s'y mieux porter. On n'y connoît pas même cet affreux mal de Siam, qui fait tant de ravage à la Martinique & à Saint-Domingue; les fievres malignes & la petite vérole y font rares; & l'on n'y reffent point ces vives chaleurs, qui font la principale incommodité des autres ifles. Un vent d'Efts qui s'éleve chaque jour à huit heure, du matin, y rafraîchit l'air.

Le commerce de l'ifle confifte principalement en fucre & en roucou; encore s'en fait-il peu de l'un & de l'autre, parce que les habitans manquent de bras pour y travailler. Auffi les navires y paffent-ils quelquefois près d'un

Tome XI. R

an, pour attendre leur cargaison. Les marchandises qu'on y apporte de France, sont le vin, l'eau-de-vie, la farine, de la viande salée, des merceries, des ferremens, pour négocier avec les Indiens. Les bœufs y sont très-rares; il est même défendu d'en tuer, sans une permission expresse, parce qu'on veut leur laisser le tems de multiplier. On y trouve quantité de chevaux, depuis que les Anglois de Boston & de la nouvelle Yorck traitent avec la colonie. On nourrit aussi des moutons & des chevres sans autre soin, que de mettre le feu dans les savanes. Ces terres brûlées avant la saison des pluies, produisent de l'herbe excellente. Aussi le mouton & le bœuf sont-ils meilleurs à Cayenne, que dans les autres isles, où la viande de boucherie est détestable.

Le plus grand obstacle à la multiplication des bestiaux, vient des tigres, surtout de ceux qu'on nomme dans le pays, tigres rouges, & qui passent du continent à la nage, pour chercher leur proie. On est souvent obligé d'assembler les negres & les Indiens, pour donner la chasse à ces furieux animaux. L'usage est de promener en triomphe, dans les habitations, la mâchoire du tigre; & chacun fait son présent à celui qui l'a tué.

La saison des pluies, qu'on nomme hiver dans toute l'Amérique méridionale, commence à se déclarer, dans cette isle, au mois d'octobre. On les appelle pluies d'acajou, parce que ces fruits mûrissent alors; & bientôt, ils sont suivis de pluies si continuelles, si abondantes, qu'on a peine à conserver les meubles dans les maisons, tant elles causent d'humidité. Mais c'est le tems où le bétail trouve par-tout de bons pâturages; au lieu qu'en été, les campagnes sont quelquefois si arides, que les chevaux, les bœufs, &c, périssent de soif & de faim. Les moustiques, les maringouins, les cousins, les poux de bois, les fourmis, les scarabées, les crapauds seroient d'autres fléaux par leur nombre & leur voracité, si tous ces insectes ne se faisoient une guere mutuelle, où ils se détruisent réciproquement. Rien n'est plus meurtrier, qu'une fourmi passagere, qu'on appelle vulgairement *fourmi coureuse*. Aussi-tôt qu'elle arrive dans un canton, elle y tue tout ce qu'elle trouve; mouches, guêpes, araignées, & jusqu'aux rats : de quelque grosseur qu'ils soient, elles en font de véritables squelettes.

La situation de la ville de Cayenne est à l'occident de l'isle, où la nature & l'art ont également contribué à la fortifier. Elle forme un exagone irrégulier, défendu par un fort qui commande de toutes parts, & par différentes batteries de plusieurs pieces de canon. On y compte deux ou trois cens maisons bâties de terre ou de bois, & dont les plus apparentes & les plus commodes sont celles du gouverneur & des jésuites. Ces derniers desservent la paroisse, dont l'église, quoi qu'assez petite, est le plus bel édifice du pays. La garnison est actuellement composée de deux cens hommes; on parle de l'augmenter de quelques compagnies. Outre l'état major, il y a un conseil souverain, où le commissaire ordonnateur préside dans l'absence du gouverneur & de l'intendant.

La nécessité de faire valoir les terres, oblige les propriétaires de se tenir dans leurs plantations, dont ils préferent le séjour à celui de la ville. L'abondance y regne, particuliérement à l'arrivée des vaisseaux. On y fait très-bonne chere ; & il n'y a point d'habitant aisé, qui n'entretienne une basse cour, où l'on éleve de la volaille. L'isle produit toutes les especes de gibier qui se trouvent dans le continent ; & le poisson est excellent dans les rivieres & sur la côte. Chaque plantation a son jardin, qui fournit toutes sortes de légumes ; & quoique les fruits d'Europe s'accommodent peu du climat, on ne laisse pas d'y manger d'assez bonnes figues. La vigne y vient à merveille ; mais on a beaucoup de peine à sauver le raisin des oiseaux, & sur-tout des fourmis. L'agrément qu'on goûte à la campagne, rend la ville assez déserte. Ce n'est qu'aux grandes fêtes, ou dans le tems des revues qu'elle est passablement habitée. On voit alors arriver tout le monde, les uns dans des canots, les autres dans leurs hamacs, avec une suite de negres & de négresses, qui portent les provisions.

La colonie françoise de Cayenne a éprouvé, en différens tems, & de nos jours même, des échecs & des accroissemens. Au commencement, les habitans s'attachoient à faire valoir leurs plantations; & le profit qu'ils faisoient avec nos navires, excita la jalousie des Hollandois, qui étoient en possession de nous vendre leurs denrées. Ils envoyerent des vaisseaux pour se rendre maîtres de l'isle; & lorsqu'ils s'en furent emparés, ils en augmenterent les fortifications, & l'artillerie. Une escadre, sous le commandement de M. d'Estrées, les en chassa; & les François y rentrerent avec de nouvelles familles, qui vinrent s'y établir. Tout ce qui pouvoit être un objet de commerce, fut de nouveau cultivé avec ardeur; les flibustiers y apporterent les richesses de la mer du sud; & enfin la province redevenoit florissante, lorsque, dans la vue de surprendre Surinam, les habitans s'engagerent dans une entreprise contre les Hollandois. L'expédition fut malheureuse; & les Cayennois, faits prisonniers, furent transportés aux isles Françoises, où d'autres espérances les inviterent à se fixer.

Cette disgrace a réduit la colonie dans un état de foiblesse, dont il lui sera difficile de se relever. On parle cependant de la rétablir, en y envoyant de nouveaux secours de France,

& principalement beaucoup de familles Allemandes. Le succès dépendra des moyens qu'employera le ministere, pour les faire subsister, ainsi que du choix de ceux qu'il mettra à la tête de cette entreprise. S'ils manquent d'activité, de prudence ou de zele, si plus occupés de leurs querelles particulieres, que du bien général, ils agissent par des vues & des intérêts opposés, la colonie retombera dans son ancienne disgrace ; & les millions destinés à repeupler ce pays, n'auront servi qu'à le dévaster.

Je suis, &c.

A Cayenne ce 17 décembre 1750.

LETTRE CXXXIV.

SUITE DE LA GUIANE.

J'AVOIS promis de retourner à Surinam; j'ai fait ce voyage le long de la mer, pour être toujours parmi des François. Ils occupent le poste de Courou, à quatorze lieues de Cayenne, & plus loin celui de Sinamari, l'un & l'autre défendus par des forts & du canon. Les missionnaires, après beaucoup de travaux & de soins, pour apprendre la langue des différentes nations barbares qui habitent ces contrées, en convertirent un assez grand nombre, & les déterminerent à se fixer près d'eux, en bâtissant un village & une église. Ce qu'il y a de singulier dans l'établissement de Courou, c'est que n'ayant point d'argent pour payer l'entrepreneur qui dirigeoit la construction des bâtimens, ils eurent assez d'éloquence, pour engager leurs néophites sauvages, à faires cinq pirogues, propres à contenir chacune cinquante hommes, que l'architecte prit en paiement. Les femmes, de leur côté, filerent, entr'elles, du coton pour huit hamacs, qui acheverent de satisfaire l'entrepreneur. Cette peuplade est située dans une belle anse, arrosée par la riviere de Courou, & fortifiée par des palissades, de petites redoutes, & des especes de bastions. Toutes les rues, tirées au cordeau, aboutissent à une place, au milieu de laquelle est bâtie l'église, où les sauvages Calibis se rendent deux fois par jour pour la priere.

Cette partie de la Guiane est, sans contredit, la meilleure, la plus fertile, la plus abondante en choses nécessaires à la vie. Les étrangers y sont reçus parfaitement. Les femmes y ont de l'esprit ; & la propreté qui leur est naturelle, contribue à la santé dont elles jouissent. Peut-être poussent-elles trop loin leur parure ; car ici, comme dans toutes les colonies, les maris sont obligés de faire, pour elles, une dépense extraordinaire, à l'arrivée de chaque vaisseau. Une loi qui éloigneroit le luxe des familles particulieres, feroit la richesse de la province.

Malgré la multitude de ses productions naturelles, je doute qu'elle puisse se passer des secours d'Europe, & particuliérement de nos farines, pour la subsistance des troupes, des colons & des esclaves. Pour augmenter les vivres que fournit le pays même, la cour recommande aux intendans & aux gouverneurs, d'en encourager la culture; mais comme l'événement peut ne pas répondre à leurs soins, il seroit important d'aprécier l'étendue de cette ressource. Elle consiste, en général, dans trois sortes d'alimens, qui sont les grains, les fruits, & les racines. Entre ces dernieres, c'est le manioc qui tient le premier rang dans presque toute l'Amérique méridionale. On le distingue en rouge & blanc: celui-ci, quoique plus rare, croît plus promptement, rend beaucoup moins, & se pourrit plus facilement en terre. Il n'a pas besoin, comme l'autre, d'être rapé & exprimé, pour être mangé. On peut absolument le faire cuire sous la cendre.

Le manioc rouge se plante en tout tems, & résiste assez bien aux variations du climat. Il se plaît dans les terres légeres, & vient difficilement dans les terres grasses. On le fouille, au bout d'un an, dans les bons terreins; il est plus de tems à donner, & produit moins, dans les médiocres. Le trop de pluie le fait pourrir; la sécheresse le conserve en terre, plusieurs mois après avoir acquis sa maturité.

Il y a deux manieres de préparer cette racine, en farine & en cassave. Dans l'un & l'autre cas, il faut la peler, la laver, la raper, & la mettre dans des especes de sacs ou de chausses, pour en exprimer & faire sortir tout le suc, qui est, un poison des plus subtils. Après cette préparation, si l'on veut faire de la farine de manioc, on desseche, sur le feu, cette rapure, en l'agitant sans cesse, pour empêcher les parties de s'unir. Si, au contraire, on aime mieux la cassave, on étend la rapure, de l'épaisseur d'un demi-doigt, sur une platine de fer; le feu en lie bientôt les différentes parties; on la retourne; & un instant après, on a une galette mince, large & ronde, qu'on appelle cassave. La farine de manioc a, sur elle, l'avantage de s'arranger plus aisément dans les magasins, de se transporter plus facilément, de se conserver plus long-tems.

Plusieurs inconvéniens empêchent de faire, de cette nourriture, une subsistance assurée, principalement en tems de guerre : ces inconvéniens sont la lenteur de cette production, la longueur de sa préparation, la difficulté de la tenir seche, soit en cassave, soit en farine ; la répugnance qu'ont pour elle les Européens, & enfin sa qualité, qui étant froide par sa nature, relâche nécessairement l'estomac.

J'ai dit que le suc de manioc est un poison : voici des faits que je tiens d'un médecin de Surinam. Il en a mis dans un vase ; & à peine un chat l'eut-il avalé, qu'il fit des efforts considérables, mais inutiles, pour vomir. Deux minutes après, il ne fit que tourner de côté & d'autre, avec des anxiétés suivies de convulsions ; & il expira au bout de vingt-deux minutes. Le même médecin donna à un chien de boucher, une once & demie de ce même suc : l'animal fit d'abord des hurlemens terribles, & mourut une demi-heure après, avec des mouvemens convulsifs.

A l'ouverture de chaque corps, on

trouva, dans les deux estomacs, la même quantité de liqueur que ces animaux avoient avalée, sans aucun changement de couleur, sans la moindre altération dans les viscères, sans nulle inflammation, ni coagulation dans la masse du sang: d'où le docteur conclut, que le poison n'avoit agi que sur le genre nerveux; & qu'étant une fois dans l'estomac, la mort est inévitable, à moins d'avoir recours à un remede constaté par l'épreuve suivante. Il fit prendre à un chat du jus de manioc; & après les tournoiemens, les convulsions, les efforts pour vomir, il lui fit avaler de l'huile chaude de navette, que l'animal rejetta aussi-tôt avec une partie du poison. Se trouvant un peu soulagé, il reposa deux minutes, recommença à vomir avec une évacuation abondante d'urine & d'excrémens; & quand on l'eut détaché, il se sauva à toutes jambes. Cette expérience montre, qu'on peut également sauver un homme qui auroit mangé de de cette racine.

Mais voici, Madame, une épreuve bien autrement importante que les précédentes, & que je rapporterai de même,

non pour prouver la subtilité de ce poison, elle n'est malheureusement que trop reconnue, mais pour vous apprendre jusqu'où le plaisir de tuer, peut pousser un médecin. « Un de mes amis,
» dit-il, me confia qu'il vouloit punir
» de mort un de ses esclaves très-cou-
» pable. Comme j'étois curieux de con-
» noître toujours mieux l'effet de ce
» poison, je le déterminai à l'employer
» pour se défaire de son negre, avec
» promesse d'une fidélité inviolable à
» garder le secret, d'assister moi-même
» à l'exécution, & de faire ensuite l'ou-
» verture du cadavre. Je lui donnai
» trente-cinq gouttes de cette liqueur ;
» & à peine les eut-il avalées, que ce
» misérable fit des contorsions & des
» hurlemens horribles. Ils furent suivis
» d'évacuations, de mouvemens con-
» vulsifs ; & en six minutes, mon hom-
» me fut expédié. Trois heures après,
» j'en fis l'ouverture, & ne trouvai
» aucune des parties offensées, aucune
» inflammation, excepté l'estomac qui
» s'étoit retiré de plus de moitié. J'ai
» renouvellé depuis toutes ces ex-
» périences ; & elles ont toujours
» réussi au gré de mes désirs.

Pour justifier des homicides si réels, si volontaires, si criminels, le médecin de Surinam ajoute : « aucun pro-
» priétaire ne peut faire mourir son
» esclave, sous quelque prétexte que
» ce soit ; mais comme il se trouve,
» parmi ces malheureux, un grand nom-
» bre d'empoisonneurs, si l'on vient à
» en découvrir quelqu'un, on doit le
» remettre entre les mains de la justice.
» Il arrive souvent, que le coupable
» n'avoue pas son crime, & que les
» preuves ne sont pas suffisantes
» pour prononcer la peine de mort.
» Les juges alors décernent le châti-
» ment ordinaire, qui est le fouet ; &
» après que le maître a payé trois ou
» quatre cens florins, pour toutes ces
» formalités, on lui renvoie son esclave.
» Peut-on supposer qu'un habitant, à
» qui son negre aura coûté douze à
» quinze cent livres, veuille le per-
» dre sans des causes très-graves ?
» Pourquoi donc n'en est-il pas cru
» sur sa parole, quand il l'accuse
» d'un crime capital ? Pour prévenir
» cet abus, continue le docteur, il est
» d'usage qu'un maître, qui a le mal-
» heur d'avoir chez lui un de ces co-

» quins, se rende justice à lui-même,
» & fasse trancher la tête au scélérat. Il
» est vrai, que l'exécution doit être
» secrete, & n'avoir aucun blanc pour
» témoin, sans quoi on encourt le
» bannissement. Aussi ne se fait-elle
» qu'en présence des negres, qui,
» dans aucun cas, ne peuvent déposer
» contre un blanc. Le maître assemble
» ses esclaves; & après avoir convaincu
» le coupable, il ordonne aux premiers
» officiers de la troupe, de lui abattre
» la tête. On l'enterre sur le champ;
» & personne ne prend fait & cause
» pour le criminel. J'ai donc pu, sans
» craindre les recherches de la justice,
» ce qui, comme vous savez, est un
» privilége de notre profession, prêter
» mon ministere pour la destruction de
» ce malheureux ».

Vous remarquerez, Madame, que le suc de manioc, cet instrument de mort dans la main d'un médecin, devient, travaillé par les créoles, une sausse appétissante & salutaire. Après en avoir fait évaporer les parties les plus subtiles par la cuisson, ce qui reste, assaisonné de sel & de piment, forme un coulis agréable, qu'on appelle du cabiou. Ce suc, lorsqu'il est exprimé nouvellement, a la blancheur & l'odeur du lait d'amande. En le laissant reposer, on en obtient une substance nourrissante, qui se trouve au fond du vase; elle a l'apparence de l'amidon; & on l'emploie aux mêmes usages; mais à la longue, cette poudre brûle les cheveux. On en fait aussi des especes d'échaudés, ou de massepains, en y mettant du sucre; & cette préparation se nomme cipipa. Ce qu'on appelle du langou, n'est autre chose que de la cassave détrempée dans de l'eau bouillante: mêlé de sucre ou de syrop, il devient du mateté.

En distillant, à un feu gradué, cinquante livres de suc récent de manioc, la vertu du poison ne passe que dans les trois ou quatre premieres onces de l'esprit qu'on en retire. L'odeur en est insupportable; & c'est de cet élixir terrible, que se servit le médecin de Surinam, pour envoyer le malheureux esclave dans l'autre monde. On prétend que le suc de roucou est un puissant antidote contre celui de manioc; mais il faut le prendre sur le champ; car il n'auroit aucun effet, si on différoit de l'employer.

La patate, dont je vous ai parlé autrefois, est aussi une racine connue dans la Guiane, comme dans les autres contrées de l'Amérique méridionale. On n'en fait aucun amas dans des greniers ; & on ne la fouille qu'à mesure du besoin ; car une fois hors de terre, elle fermente au bout de quelques jours, & se corrompt.

L'igname, autre racine à l'usage des negres, a sur la précédente, l'avantage de se conserver plus long-tems. Elle est même plus légere, & plus facile à digérer, sans être moins nourrissante. Elle ne donne qu'une fois l'an ; & les récoltes n'en sont abondantes, que dans les terreins nouvellement défrichés. Quand on en fait des provisions dans les magasins, il faut empêcher que l'humidité ne la gagne ; car elle fermente alors, & végete, comme les oignons. L'igname est une espece de betterave, dont la peau est épaisse, rude, inégale, & couverte de beaucoup de filamens. Le dedans, soit qu'elle soit cuite ou crue, tire sur la couleur de chair. On la mange, ou avec de la viande, ou rôtie sous la braise. Avec cette plante & des patates, on peut absolument se passer de pain.

SUITE DE LA GUIANE. 403

On cultive peu de grains à Cayenne, ainsi que dans le reste de la Guiane. Les riches y consomment des farines du dehors; les pauvres & les esclaves se nourrissent de racines, de légumes & de fruits du pays. L'entretien des colombiers & des basses-cours, est le seul objet qui exige essentiellement le secours des grains. Ceux qui viendroient le mieux dans cette colonie, sont le ris, le maïs, les pois & le mil. Il est inutile de rechercher si nos différentes espèces de froment réussiroient également ; la difficulté de ce travail doit dispenser de cet examen. On ne laboure point les terres ; on ne les fume point ; on ne les laisse point reposer. On n'y apporte d'autre préparation, que de les sarcler ; on prend même la précaution de le faire avec un gratoir, pour n'emporter que les herbes légérement. Les pluies abondantes entraîneroient toute la terre qu'un labour plus profond auroit détachée ; & les campagnes se trouveroient bientôt épuisées. On ne se sert jamais ici du mot de semer : en effet, on n'y seme, à proprement parler, que des graines potageres. Pour toutes les autres, on fait un trou en terre ; &

l'on y met des pois, du caffé, du maïs, du mil, &c.

On diſtingue le mil ordinaire, & le petit mil. Ce dernier differe de celui d'Europe, par la forme de ſon épi, par la petiteſſe de ſon grain, & par ſa qualité, qui eſt plus agréable au goût. Le grand inconvénient de ce grain, eſt ſa culture & ſa préparation. Il lui faut un tems favorable ; la fleur eſt ſujette à couler ; & les oiſeaux ravagent les épis, lorſqu'ils mûriſſent. Pour le préparer, faute de moulin, on l'écraſe entre deux pierres ; ce travail, comme vous voyez, ne peut ſe faire pour un grand nombre de bouches. Avec cette méthode, il faudroit la moitié du monde, pour apprêter à l'autre ſa nourriture.

La banane eſt le principal fruit, dont ſe nourriſſent les habitans de Cayenne. L'arbre qui le porte, eſt de la groſſeur de la cuiſſe, & couvert de pluſieurs écorces écailleuſes. La tige monte à la hauteur de dix à douze pieds, & meurt après avoir donné ſon fruit. Ses feuilles ſont plus longues qu'aucune de celles que nous connoiſſons ; & l'on croit, pour cette raiſon, qu'elles couvrirent la nudité de nos premiers peres. Du ſommet

SUITE DE LA GUIANE. 405
de la plante, s'éleve un seul & grand rameau, qui porte des fleurs rougeâtres, auxquelles succedent des fruits de la grandeur de nos concombres. La chair en est moëlleuse, pleine d'un suc humectant, & d'un goût agréable. A Cayenne, on les mange cruds à l'eau, au vin, ou au sel ; ou cuits au four, dans une poële, sous la cendre, sur le gril, ou au soleil. D'autres en font de la bouillie, qu'on appelle ici de l'embagnon.

Ce qu'on nomme la figue banane, est une espece particuliere, dont les fruits sont plus petits & plus délicats. Les sauvages, pour en avancer la maturité, les enveloppent dans des feuilles prises de la plante même, & les mettent dans un coin de leurs cases ; quelques jours après, ils les retirent mûrs, & d'un beau jaune. Les Cayennois en servent sur leurs tables, en entremets, & au dessert.

Le bananier se multiplie comme l'ananas, par des rejettons qui naissent au pied. On le plante en tout tems & en toute terre, mais principalement le long des ravines & des ruisseaux, parce qu'il se plaît dans les lieux humides. Il rapporte au bout d'un an, & exige peu de culture : il ne faut d'autre soin, que de farcler la terre, & d'empêcher les lianes de l'entourer. La lenteur de cette production, & l'impoffibilité de la conferver, empêchent qu'on ne puiffe en faire un objet de fubfiftance affurée en cas de guerre.

D'après cela, comment fe paffer des fecours d'Europe, pour la nourriture des troupes & des habitans de la colonie, puifque fes propres denrées ne fuffifent pas même pour celle des efclaves ? Ils confomment annuellement une grande quantité de groffe farine, & prefque toutes les falaifons en bœuf, en morue, en poiffon, qu'apportent les vaiffeaux. L'ufage de ces falaifons eft même néceffaire pour leur fanté ; il corrige les mauvaifes qualités des vivres du pays.

Comme la caffave eft leur pain ordinaire, leur boiffon la plus commune eft l'ouycou, dont ils ont appris l'ufage & la compofition des Indiens. On y emploie de grands vafes de terre, appellés canaris, qu'on remplit d'eau, jufqu'à cinq ou fix pouces du bord. On y jette deux groffes caffaves rompues, avec une douzaine de patates coupées par quartiers, autant de bananes écrasées, & trois ou quatre pots de sirop de cannes. On bouche avec soin l'ouverture du canaris, pour laisser fermenter ce mélange pendant deux ou trois jours ; ensuite on enleve, avec une écumoire, le marc qui a formé une croûte au-dessus. La liqueur qui reste dans le vase, ressemble à de la bierre forte. Elle est rougeâtre, rafraîchissante, & enyvre aisément. C'est dans l'yvresse de ce breuvage, fort commun dans les isles, que les Caraïbes se souvenant des moindres offenses qu'ils ont reçues, massacrent leurs ennemis sans pitié.

Le maby est une autre boisson, qui n'est guere moins en usage. On met dans un canaris, vingt ou trente pots d'eau, deux pots de sirop clarifié, & douze patates rouges, avec autant d'oranges aigres, coupées par quartiers. Cette liqueur fermente en moins de trente heures, & fait un vin clairet aussi fin, que le meilleur cidre de Normandie.

En approchant de Surinam par une route nouvelle, je ne pouvois me lasser d'admirer avec quel travail, quelle industrie les Hollandois ont sçu rendre habitables & fertiles, des lieux autrefois si marécageux & couverts de forêts inaccessibles. Pour vous donner une idée de la maniere dont s'est fait ce changement, je vais entrer dans les détails d'une nouvelle habitation, expliquer comment on la défriche, & parler de tout ce qui sert à la former.

Dès qu'on a obtenu la concession d'un terrein, on commence par y bâtir la maison du maître. On choisit un endroit élevé, afin qu'elle ait de l'air, & qu'on puisse voir plus aisément le travail des esclaves. On la place à une petite distance de la riviere, pour être à portée d'avoir de l'eau. On construit ensuite quelques barraques pour les negres, avec une partie du bois qu'ils ont abattu; on en réserve pour d'autres bâtimens; on fait sécher le reste, pour y mettre le feu & le consumer. Par-là, le terrein se nettoie; & lorsque les pluies sont arrivées, on plante les bananiers, les ignames, les patates, le maïs, & tout ce qui fait la principale nourriture des esclaves. C'est
toujours

SUITE DE LA GUIANE. 409
toujours par-là qu'il faut commencer ; autrement on court risque de les perdre, ou par la mort, ou par la défertion ; car vous ne fçauriez croire combien ces travaux les rendent affamés ; & il est important de ne les laisser manquer de rien, jusqu'à la récolte des nouveaux fruits.

Après les denrées de premiere nécessité, on doit songer à celles qui font l'objet du commerce de la colonie, telles que le sucre, le caffé, le tabac, l'indigo, le cacao & le coton. Je vous ai parlé de toutes ces productions, pour lesquelles il faut choisir des terreins propres, & s'attacher à la culture la plus convenable. Mais ces travaux ne font encore que les premiers préparatifs, pour fonder une riche habitation : elle exige bien d'autres bâtimens ; car jusqu'à préfent, le maître est mal logé ; il lui faut une plus belle maifon avec un jardin, des offices, & mille autres commodités. Elle doit être tournée de façon que les vents ordinaires n'y entrent que de biais ; car ils font infupportables, lorfqu'ils battent à plomb contre les fenêtres, qu'ils obligent de tenir toujours fermées. On prétend que les maisons de bois sont plus saines que les édifices de pierre; mais ces derniers sont plus sûrs, durent plus longtems, demandent moins de réparations, & sont moins sujets aux incendies; les ouragans n'y causent pas tant de dommages; & enfin, l'épaisseur des murs est plus capable de résister au froid piquant, qui se fait sentir vers la fin de la nuit. Il est vrai que dans un tremblement de terre, ils sont plus exposés que les bâtimens de charpente. Au reste, je les vois ici presque tous élevés sur un fond de brique de deux ou trois pieds de hauteur, afin que les poteaux ne se pourrissent pas en terre.

A quinze ou vingt pas de la maison, on place la cuisine. Elle doit être munie d'un four, pour y cuire le pain de ménage. Les magasins sont vis-à-vis, tant pour les provisions du maître & des esclaves, que pour les instrumens nécessaires à l'agriculture. A quelque distance, se trouvent les écuries pour le gros & le menu bétail, les basses cours pour la volaille, l'infirmerie pour les malades, le moulin, l'étuve & la purgerie pour la fabrication du sucre. Plus loin, on place les cases des negres, qui doivent toujours être sous le vent des principaux édifices, par précaution contre les accidens du feu. Quoique composées des plus vils matériaux, il ne faut pas négliger de les bâtir avec ordre, séparées les unes des autres, dans un lieu sec, avec un soin extrême d'y faire regner la propreté. Elles forment quelquefois une file de quatre-vingt à cent pieds de longueur ; & quand le nombre des esclaves est au-delà de quatre cent, on en construit une semblable vis-à-vis de la premiere ; mais il n'y a que les gens très-riches, qui possedent de pareils établissemens.

Le parc où l'on enferme les bestiaux pendant la nuit, est à côté de cette longue suite de bâtimens ; tous les esclaves en ont la garde, & en sont responsables. Moins on éloigne le moulin des champs de cannes, plus on diminue le travail, & l'on facilite le charroi. A mesure que l'on coupe du bois pour brûler, on tire parti du terrain, pour une nouvelle plantation. Si le pays est propre au cacao, il ne faut pas négliger cette production : c'est une marchandise également précieuse, & par la facilité de la cultiver, & par le profit qu'on en retire. Un propriétaire, fans autres frais qu'une augmentation de quinze à vingt negres, entretient cent mille cacaotiers, & groffit fon revenu de trente mille francs de plus.

Le terrein qui n'eft pas employé en plantations, peut être mis en favanes. On n'a jamais trop de pâturages dans une grande habitation, où les bœufs font néceffaires pour les voitures, & les vaches pour avoir des veaux qui remplacent les bœufs qui meurent. Si l'on a des moulins à chevaux, c'eft un nouveau nombre de bêtes à nourrir. On ne peut fe difpenfer d'entretenir un troupeau de moutons & de chevres; fans quoi la dépenfe de la table augmente; & l'on eft toujours mal fervi.

Comme toutes les habitations de ce pays font fituées fur des rivieres, il convient d'avoir un bateau, mené à la rame par cinq ou fix negres, pour tranfporter le maître, de fa plantation à la ville, & de la ville à la campagne, quand il ne peut s'y rendre par terre. Il en faut un autre pour les provifions; fans compter quelques petites pirogues pour les efclaves qui vont à la pêche, ou qu'on envoie en commiffion.

Vous voyez, Madame, que ce n'est pas peu de chose, que de former de pareils établissemens; mais lorsqu'on a le bonheur de réussir, il est aisé de tirer quinze à dix-huit pour cent d'intérêt, du fonds qu'on y a mis. Cependant je ne conseillerois à personne d'en commencer un soi-même, par les risques qu'y court la santé, & les dommages que cause la perte des negres Je préférerai toujours d'acheter une habitation toute faite, qui mette l'acquéreur à portée de percevoir tranquillement ses revenus, sans essuyer les dangers & les chagrins auxquels on est continuellement exposé, avant que les plantations soient en état de rendre l'intérêt du capital.

Le café est aujourd'hui une des principales richesses des colonies de la Guiane. Dans les premieres années de celle de Surinam, on a commencé par semer les graines, pour en former des pépinieres. On faisoit d'abord tremper les feves dans l'eau pendant vingt-quatre heures; ensuite on les plantoit dans des caisses remplies de bonne terre; on les plaçoit à deux pouces de distance les unes des autres; & l'on avoit soin de les arroser, au défaut de pluie. Au bout de quinze jours, les germes produisoient de petites tiges; & quand elles commençoient à avoir des feuilles, on choisissoit un tems pluvieux, pour les transporter dans un terrein préparé. On suivroit, sans doute, encore aujourd'hui cette même méthode, s'il en étoit besoin; mais les vieux arbres fournissent assez de rejettons, pour entretenir ou renouveller les plantations.

On n'a commencé cette culture, à Cayenne, qu'en 1721. Plusieurs déserteurs François, qui étoient à Surinam, se flatterent d'obtenir leur amnistie, en apportant des feves de café. Elles furent mises en terre; quelques tiges, qui leverent bientôt, furent distribuées entre les habitans; & dans peu de tems, toute l'isle en fut pourvue. Cet arbre croît fort vîte; mais ce n'est que la troisieme année, qu'il produit assez de fruits, pour dédommager des frais annuels de sa culture. L'extrême sécheresse le fait périr; les pluies excessives empêchent que les feves ne mûrissent; on a d'ailleurs beaucoup de peine à garantir les nouveaux plants, des fourmis & autres insectes qui les dévorent.

Aux dépenses qu'exigent tous ces soins, ajoutez encore celles du bâtiment où le café doit se préparer, pour être mis en barriques, & envoyé en Europe. C'est une grande loge de quatre-vingt pieds de long, sur trente ou quarante de large, surmontée d'un grenier de la même étendue. De chaque côté, sont des especes de tiroirs posés sur des coulisses, pour les tirer de la loge quand il fait beau, & les y faire rentrer quand il pleut. Ces tiroirs sont remplis de café; & il y a dans le grenier, de côté & d'autre, de grandes fenêtres qui donnent de l'air, & empêchent que les feves ne germent ou ne s'échauffent. On les pile dans des pieces de bois, creusées en forme d'auges; on les vanne ensuite, comme le bled; on les remue souvent avec la pelle; on les met dans des paniers pour les transporter; on les étend devant la loge, dans un quarré revêtu de brique, & exposé au soleil pour les sécher. On a des balances & différens poids, pour prendre la tare des barriques, & les peser quand elles sont pleines. Il n'est permis, à aucun propriétaire de Surinam, de vendre son café en Amérique. Cette marchandise doit être livrée en nature aux correspondans de Hollande.

Comme chaque pays a ses productions particulieres, si l'on ne trouve pas ici les mêmes fruits qu'en Europe, on en a d'autres à qui vous donneriez la préférence. Tels sont en particulier, l'ananas, les mamis, &c. L'arbre qui produit ces derniers, est assez grand ; & ses branches, garnies de feuilles longues & épaisses, fournissent beaucoup d'ombre. Le fruit ressemble à un boulet de canon, & a depuis six, jusqu'à huit pouces de diametre. Il est couvert d'une écorce rousseâtre, de l'épaisseur d'un demi doigt, souple comme du cuir, & qu'on leve comme la pelure d'une pêche. On le coupe par tranches; & il satisfait également le goût & l'odorat. On en fait des marmelades, des confitures, des tourtes qui surpassent tout ce que vous connoissez de plus exquis en ce genre. Les différentes especes de melons qu'on mange dans la Guiane, l'emportent encore sur les nôtres, par la grosseur, le goût & le parfum.

Le calebassier est un arbre dont on

ne sçauroit se passer dans une plantation. Il ressemble à nos plus grands pommiers; & le fuit qu'il porte, a la figure de nos citrouilles. On le creuse en y versant de l'eau bouillante, pour faire macérer la moëlle ; & on l'en tire avec un bâton. Les negres, après l'avoir ainsi vuidé, en font des bouteilles, des plats, des écuelles, & toutes sortes d'ustensiles pour les usages domestiques. Quelques-uns y gravent des compartimens & des grotesques à leur maniere ; & quoiqu'ils n'emploient ni la regle, ni le compas, leurs desseins se trouvent quelquefois assez justes.

J'ai dit ailleurs, que la liane étoit une plante commune dans la Guiane. On en distingue de plusieurs sortes; les unes servent aux habitans à faire des cordages, les autres à désaltérer les voyageurs & les chasseurs. Les premieres montent, en serpentant, autour des arbres ; & après être parvenues jusqu'aux branches les plus hautes, elles jettent des filets qui retombent perpendiculairement, s'enfoncent dans la terre, y prennent racine, s'élevent de nouveau, montent & redescendent alternativement. D'autres filamens, portés obliquement par le vent, ou par quelque hasard, s'attachent aux plantes voisines, & forment une confusion de cordages, qui offrent le même aspect que les manœuvres d'un vaisseau. Il y a de ces lianes aussi grosses que le bras, qui étouffent l'arbre qu'elles embrassent, à force de le serrer. Il arrive quelquefois que cet arbre seche sur pied, se pourrit & se consume. Il ne reste alors que les spires de la liane, qui présentent une espece de colone torse, isolée & à jour, que l'art auroit peine à imiter.

Il est une autre sorte de liane, qui étant coupée, rend une eau claire & pure, dont on use dans le besoin. Ce qu'il y a d'admirable, c'est qu'en quelque exposition que soit la branche, au soleil ou à l'ombre, en quelque tems qu'on la coupe, le jour ou la nuit, l'eau est toujours également fraîche & limpide. Les voyageurs altérés se servent de leur chapeau, pour la recevoir. Ils trouvent, dans une seule tige, de quoi éteindre la soif d'un grand nombre de personnes. J'ai eu souvent recours à cet expédient dans mes longues courses; & j'espere que ce même secours ne me manquera pas, dans celles qui me restent encore à faire, pour me rendre, de Surinam, dans la province de Terre-Ferme. Je compte partir avec deux Hollandois, que le gouverneur envoie à Carthagene. Je devrai à son amitié les moyens de voyager avec agrément. En traversant cette extrémité de la Guiane, jusqu'à l'embouchure de l'Orénoque, je m'attacherai principalement à vous faire connoître les différentes nations qui habitent les bords de ce fleuve. En attendant, je vous parlerai d'une chasse aux perroquets, que je fis hier avec une nombreuse compagnie. Nous tuâmes plus de deux cens de ces animaux, qui se mangent ici, comme des perdrix. On agita, pendant le souper, de quelle maniere on les apprêteroit pour le lendemain. On décida qu'on commenceroit par en prendre toutes les langues, pour en faire un pâté. Il se trouva fort mauvais à la vérité ; mais du moins nous pûmes nous vanter d'avoir goûté d'un mets qu'on n'auroit en Europe, que pour des sommes exorbitantes. On mit vingt de ces oiseaux dans une marmite ; & l'on en fit une assez bonne soupe. D'autres, cuits en fricassée, se trouverent tendres & délicats ; mais ceux qu'on fit rôtir, devinrent si secs, qu'ils n'avoient plus de goût. N'importe, je puis dire avoir mangé, une fois dans ma vie, d'un pâté de langues de perroquets, & le corps même de l'animal, accommodé de trois ou quatre façons différentes.

Je suis, &c.

A Surinam, ce 9 janvier 1751.

LETTRE CXXXV.

SUITE DE LA GUIANE.

Le peu de raison, d'esprit, de lumieres que l'on rencontre de Surinam à Carthagene, ne se trouve que dans la tête de quelques missionnaires. Ce sont les seuls hommes, avec lesquels on puisse parler, les seuls du moins, dont on tire des connoissances du pays & de ceux qui l'habitent. Ils ont toujours été ma ressource chez les sauvages; comme, dans nos villages d'Europe, on ne consulte, on n'écoute guere que les curés.

Aujourd'hui, Madame, je ne vous écris que d'après le témoignage d'un jésuite Espagnol, dont vous allez lire mot à mot la relation. Il dirige, depuis quinze ans, une peuplade d'Indiens, sur la rive droite de l'Orénoque; & il a fait, sur le cours de ce fleuve, des recherches particulieres, qu'il a bien voulu me communiquer. Il y a joint des détails curieux sur différens peuples qu'il a éclairés des lumieres de la foi, & sur d'autres qu'il n'a pas encore pu convertir. Je me suis attaché aux objets les plus intéressans, ou les plus singuliers, que je traduis en les copiant.

Le pere Mugilla, c'est le nom de ce missionnaire, commence son récit par la découverte de l'Orénoque, qu'il attribue à Christophe Colomb; mais ce navigateur ne fit, pour ainsi dire, que l'appercevoir. Trente-six ans après, Diego de Ordaz approcha de son embouchure, & y perdit une partie de son monde & de ses vaisseaux. Cet accident ne le découragea point; il revint avec de nouveaux secours, & fonda une ville, connue aujourd'hui sous le nom de Saint-Thomas de la Guiane. Des navigateurs François, Anglois, Hollandois essayerent de s'y établir; mais l'Espagne est toujours restée maîtresse de cette contrée. Elle envoya des religieux pour y prêcher l'évangile; les missions furent partagées entre les capucins, les cordeliers & les jésuites; mais ces derniers occupent une plus grande étendue de terrein.

L'Orénoque se jette dans la mer par

plusieurs embouchures, & forme un tel labyrinthe de petites isles, qu'il n'est pas possible d'en déterminer le nombre. Les habitans se perdent quelquefois eux-mêmes dans ce dédale aquatique, & sont obligés de gagner le golphe, pour redresser leur route. En mêlant ses eaux avec celles de l'océan, il les adoucit pendant l'espace de plusieurs lieues, s'étend le long des côtes, & oblige la mer à les abandonner. Voici encore une autre singularité : il croît pendant cinq mois, se maintient trente jours dans son plus grand accroissement, diminue pendant cinq autres mois, & reste trente autres jours dans ce dernier degré. Il emploie ainsi le cours d'un an à s'élever & à descendre, marquant ses diverses hauteurs, par les traces qu'il laisse sur les rochers ou sur les arbres qui bordent le rivage.

En remontant l'Orénoque, depuis son embouchure, on trouve d'abord la riviere de Caroni, qui s'y précipite avec tant de violence, que le courant du fleuve remonte plus de trois cens pas vers sa source. On distingue très-long-tems leurs eaux : celles de la riviere paroiſſent noires, parce qu'elles coulent ſur un ſable de cette couleur; mais lorſqu'on en met dans un vaſe, on la voit claire & brillante comme du cryſtal : celles de l'Orénoque au contraire ſont toujours troubles. Il a plus de 60 braſſes de fond, dans quelques endroits, & près de quatre-vingt, lorſque les eaux ſont dans leur plus grande élévation. Ce que j'ai vu de ſon étendue, de ſa largeur, de ſa profondeur, me le fait regarder comme un des plus grands fleuves du monde. Il parcourt neuf cens lieues de pays, & reçoit le tribut d'une infinité d'autres rivieres, dont les bords ſont occupés par des Indiens de différentes nations.

On appelle Guarauniens, ceux qui habitent les petites iſles, formées par les bouches de l'Orénoque. Il eſt d'autant plus ſurprenant qu'ils puiſſent y vivre, que ce fleuve inonde leur pays, ſans interruption, pendant ſix mois conſécutifs, & deux fois par jour, le reſte de l'année. Leur langage n'a rien de dur ; & les étrangers l'apprennent avec facilité. Ils ſont doux, affables, & très-attachés aux Eſpagnols. Dès qu'ils apperçoivent un de leurs vaiſſeaux, ils accourent ſur le

Suite de la Guiane. 425
rivage avec les plus vives démonstrations de joie ; & dès cet inftant, tous les jours font marqués, chez eux, par quelque nouveau divertiffement. Les Européens ne peuvent vivre dans leurs ifles, à caufe d'une quantité incroyable de moucherons, qui rendent ce féjour infupportable. De leur côté, les habitans ne veulent point en fortir, quelques inftances qu'on leur faffe. Leurs maifons font élevées au-deffus du fol, affez haut, pour que le fleuve ne puiffe pas les inonder dans fes plus grandes crûes. L'architecture en eft affez folide, pour réfifter aux courans. Après avoir planté des pilotis, foutenus les uns fur les autres, par de longues & fortes traverfes, ils y conftruifent un théâtre de bois de palmier, fur lequel chacun bâtit fa cabane.

Ce même arbre, le feul qui croiffe dans ces ifles, leur fournit abondamment tout ce qui eft néceffaire à la vie. Rappellez-vous ce que je difois autrefois du cocotier de la côte de Malabar. Le palmier eft, pour cette partie de l'Amérique, ce que l'autre eft pour les Indes orientales. Le tronc fert à faire des planchers ; les branches, des mutailles ; les feuilles, des cordes, des lits, des voiles, des filets, des habits, & des éventails pour chasser les moucherons. Les Guarauniens ne dépouillent le palmier, qu'après en avoir tiré du pain, du vin, de la viande. Lorsque l'arbre est à son point de maturité, on le saigne à coups de haches. La liqueur qui coule avec abondance, est épaisse & douce comme du sirop. Elle acquiert ensuite la même force que le vin ; & quelque tems après, elle devient aussi piquante que le vinaigre. On s'en sert alors, pour faire cuire des especes de vers qui naissent dans le palmier, lorsqu'il ne reste plus de liqueur. Cette nourriture est excellente, quoiqu'elle inspire d'abord un peu de dégoût. Le pain se fait avec une pâte qui se trouve dans le cœur de l'arbre : lavée & séchée au soleil, elle produit une très-belle farine. Enfin les Indiens cueillent le fruit, qui consiste en de belles grappes de dattes rondes, de la grosseur d'un œuf, & d'un jaune tirant sur le rouge. Ils les pilent, en expriment le jus, & en font une boisson très-saine & très-agréable. Enfin, pour ne rien perdre de cet arbre merveilleux, ils cassent les noyaux, & en tirent une espece d'amande à peu près semblable à celle de la noisette.

Outre les Guarauniens, qui habitent près de l'embouchure de l'Orénoque, on trouve, en remontant le fleuve, les Mapuyes, les Guamos, les Salivas, les Othomacos, les Achaguas, les Caribes, les Araucas, &c. « Il est » difficile de connoître l'origine de » toutes ces nations, dit le pere Mugilla, qui va désormais vous parler seul. » Il y en a parmi elles, qui se » croient fort au-dessus des autres, & » qui ont, en effet, l'avantage sur » le plus grand nombre, par la figure, » l'air, la taille, & la douceur du lan- » gage. Les Caribes, par exemple, » sont tous bien faits, grands & de » bonne mine. Ils parlent aussi libre- » ment à un étranger, la premiere fois » qu'ils le voient, que s'ils l'avoient » connu toute leur vie. On ne trouve, » chez eux, ni peintures, ni hiérogly- » phes, ni aucune autre espece de monu- » mens, qui puisse répandre le moin- » dre jour sur leur histoire. Lorsqu'on » veut s'en instruire, en leur faisant des

» queſtions, ils répondent avec hau-
» teur : nous ſeuls ſommes des hom-
» mes ; les autres ne ſont que des eſcla-
» ves. Leur fierté ne leur permet pas de
donner d'autres éclairciſſemens. Leur
» tradition porte, que l'être ſuprême
» fit deſcendre ſon fils du ciel, pour
» tuer un ſerpent horrible ; & que
» l'ayant vaincu, il ſe forma, dans les
» entrailles de l'animal, des vers qui
» produiſirent chacun un Caribe avec
» ſa femme. Comme ce monſtre avoit
» fait une guerre cruelle aux nations
» voiſines, les Caribes, qui lui doivent
» le jour, les regardent toutes comme
» des peuples ennemis.

» Les Salivas ſe donnent une origine qui
» n'eſt guère moins abſurde. Ils croient
» que la terre engendra autrefois des
» hommes & des femmes, comme elle
» produit aujourd'hui des plantes & des
» fleurs, & que certains arbres por-
» toient pour fruits, des créatures hu-
» maines. Leurs penſées ne s'élevent ja-
» mais plus haut que la terre qu'ils
» habitent ; & ils n'ont d'autres idées,
» que celles qui leur ſont communes
» avec les animaux. Ils n'apprennent

» qu'il y a des hommes vêtus, que
» lorsqu'un missionnaire arrive chez
» eux pour la premiere fois. Ils en sont
» effrayés, & courent se cacher dans
» les bois, en poussant des hurlemens
» horribles. Nos peres, continue le jé-
» suite, sont sur-tout effarouchés de
» l'entiere nudité des femmes & des
» filles, qui ne voilent aucun de leurs
» attraits. Elles n'en rougissent point ;
» & lorsqu'on leur distribue des mou-
» choirs pour qu'elles se couvrent,
» elles les jettent dans la riviere, pour
» n'être point obligées de s'en servir.
» Si on leur en demande la raison, elles
» répondent que ces vêtemens leur
» causent de la honte ; comme si elles
» sentoient qu'effectivement, des appas
» voilés sont plus capables d'irriter les
» desirs, qu'un corps absolument nud.
» C'est par ce même sentiment de pu-
» deur, que chez d'autres nations In-
» diennes, nul ne porte des habits que
» les courtisanes, dont l'état est de
» manquer de pudeur, & d'irriter les
» desirs. Les femmes de l'Orénoque,
» quand elles sont instruites des mys-
» teres de notre religion, devenues
» plus éclairées, reconnoissent leur

» nudité, & reçoivent tous les vête-
» mens que nous pouvons leur donner.
» Elles en demandent même plus qu'il
» ne leur en faut ; & nous avons de la
» peine à nous en débarrasser.

» La parure de ces peuples, pour
» les jours ordinaires, consiste en plu-
» sieurs colliers de dents de morts,
» qu'on regarde ici comme la marque
» d'un très-grand courage. Les jours
» de fêtes, ils enduisent d'une espece
» de colle ou de résine, de petites nat-
» tes minces, de différentes couleurs,
» qu'ils s'appliquent sur le corps avec
» symmétrie ; de maniere qu'étant pla-
» cés dans un certain éloignement, un
» étranger qui ne seroit pas prévenu,
» les croiroit vêtus d'une étoffe brillan-
» te. D'autres s'attachent des plumes de
» toutes les nuances, & s'en font des
» perruques qu'ils portent dans les tra-
» vaux même de la campagne ; parce
» qu'outre qu'elles leur servent d'orne-
» ment, elles les garantissent encore du
» soleil & de la pluie. Rien n'est plus plai-
» sant, que de voir ces sauvages nuds,
» tous fiers de leur parure, labourer la
» terre avec une grande perruque.

» Dès qu'une fille vient au monde,
» on lui met au-deſſous des genoux,
» & un peu au-deſſus de la cheville
» du pied, des bandes larges & épaiſ-
» ſes, qui font groſſir extraordinaire-
» ment leurs gras de jambe; & ce que
» nous regardons comme un énorme
» défaut dans une femme, eſt à leurs
» yeux d'une beauté ſans égale.

» Il n'y a point de fourmilliere qui
» ne ſe gouverne avec plus d'ordre,
» que ces peuples : ils obſervent ce-
» pendant certaines loix, & ſpéciale-
» ment au ſujet de l'adultere; les uns
» font mourir les coupables au milieu
» de la place publique : chez d'autres, le
» mari offenſé ſe contente, pour toute
» réparation, de coucher autant de fois
» avec la femme de l'époux adultere,
» que celui-ci a eu commerce avec la
» ſienne. Par cette loi du talion, les
» parties ſe trouvent ſatisfaites. D'au-
» tres, par un troc mutuel, changent
» de femmes pour un tems; le terme
» expiré, chaque épouſe revient à
» ſon mari, & n'en eſt que plus aimée,
» & même plus aimable. Quelquefois,
» par un conſentement réciproque,
» les troqueurs rompent le bail,

» avant l'expiration du terme.

» Les peres ne donnent aucune inf-
» truction à leurs enfans ; & ceux ci
» ne sont tenus à aucune obéissance.
» Tant qu'ils sont petits, ils sont aimés
» avec une tendresse excessive ; mais,
» dans un âge plus avancé, les uns &
» les autres semblent ne s'être jamais
» connus ; il n'est pas même sans exem-
» ple, de voir des fils porter les mains sur
» les auteurs de leur vie. Un jour que
» plusieurs de ces Indiens étoient occu-
» pés à élever la charpente d'une égli-
» se, un jeune homme dit à son pere:
» l'endroit où tu travailles, m'appar-
» tient ; c'est la tâche qui m'a été mar-
» quée. Tu te trompes, dit le pere;
» c'est moi qui suis chargé de cette be-
» sogne. Le fils se mit en colere, &
» donna au vieillard un soufflet qui fut
» entendu de tous les ouvriers. Il en
» fut quitte pour quelques coups de
» discipline, ordonnés par le mission-
» naire.

» Ces peuples, avant que de ma-
» rier leurs filles, les assujétissent,
» pendant six semaines, à un jeûne
» si rigoureux, que le jour de leur
» noce, elles ressemblent plutôt à des
squelettes,

SUITE DE LA GUIANE. 433
» squelettes, qu'à de jeunes mariées.
» Ils difent, pour raifon, que, lorf-
» qu'elles étoient dans leurs jours cri-
» tiques, elles corrompoient tout ce
» qu'elles touchoient ; que fi un hom-
» me pofoit fes pieds dans un endroit
» où elles avoient marché, fes jambes
» devenoient d'une groffeur monf-
» trueufe, & que fouvent il en mou-
» roit. Pour éviter un pareil danger,
» & remettre ces filles bien pures en-
» tre les mains de leurs futurs maris,
» on les renferme ; & on ne leur donne
» que trois dattes par jour, trois onces
» de caffave, & de l'eau.

» La nuit qui précede le mariage,
» eft employée toute entiere à pein-
» dre & à emplumer le corps de ces
» momies. Dès que le foleil paroît,
» une troupe de muficiens & de dan-
» feurs, au fon des inftrumens, font
» plufieurs fois le tour de la maifon. On
» leur préfente un plat de viande ; ils
» le prennent, s'enfuyent dans le bois,
» & le jettent à terre en criant : tiens,
» prends cela, chien de démon ; &
» laiffe-nous tranquilles pour aujour-
» d'hui. Ils reviennent enfuite couron-
» nés de fleurs, tenant un bouquet

Tom. XI.   T

» d'une main, & de l'autre des son-
» nettes.

» Alors la mariée paroît, mais dans
» un état à faire compassion, après
» quarante jours d'abstinence, & une
» nuit passée sans avoir fermé l'œil. A
» côté d'elle, marchent deux vieilles
» femmes qui pleurent & rient, en
» chantant alternativement ces cou-
» plets. Hélas! ma fille, dit celle qui
» pleure, si tu connoissois les douleurs
» de l'enfantement, tu ne te marierois
» certainement pas. Ah! reprend l'au-
» tre, que tu auras de joie d'être ma-
» riée, quand tu goûteras le plaisir qui
» précede les douleurs de l'enfante-
» ment !

» Que les mauvais traitemens d'un
» mari, continue la pleureuse, cau-
» sent, hélas! d'amertume & de cha-
» grin à une malheureuse femme ! Que
» les caresses, que les embrassemens
» d'un jeune époux, répond la rieuse,
» font oublier de chagrins & de mau-
» vais traitemens !

» Hélas, ma fille, reprend la pre-
» miere, que les jours vont te paroî-
» tre longs, sous le poids des fardeaux
» qu'on t'obligera de porter ! Va, mon

» enfant, dit la seconde, les nuits te
» sembleront bien courtes, avec un
» jeune mari qui couchera à côté de
» toi.

» C'est ainsi que les uns pleurant,
» les autres riant, les musiciens faisant
» un vacarme affreux, les enfans criant
» de toutes leurs forces, & les nou-
» veaux mariés ne sachant quelle con-
» tenance tenir au milieu de cette or-
» gie, on se met autour d'une table
» chargée de poissons & de tortues;
» on mange, on s'enivre, on chante,
» on danse, on fait un bruit épouvan-
» table jusqu'au lendemain.

» Quoiqu'habitans des mêmes con-
» trées, tous ces peuples n'ont pas les
» mêmes usages. Un des plus singuliers
» est celui qui oblige les garçons d'épou-
» ser les veuves les plus âgées; & les
» filles, les vieillards les plus décrépits.
» Par-là, disent-ils, chacun remplit les
» devoirs du mariage. Les jeunes gens
» y sont excités par leur tempérament;
» les vieillards, par les attraits des jeu-
» nes filles. Ils trouvent les plaisirs de
» l'amour si doux, qu'ils veulent en
» jouir jusqu'au bord du tombeau. Une
» autre raison qu'ils apportent de cette

» pratique, c'est qu'en mariant un jeune
» garçon avec une jeune fille, on unit
» deux fous ensemble, qui ne savent
» comment ils doivent se gouverner ;
» au lieu qu'une femme âgée met son
» jeune mari au fait du ménage, & lui
» donne de bonnes instructions, fon-
» dées sur une longue expérience. Cette
» coutume déplaît fort aux jeunes gens ;
» mais ils trouvent moyen de se ven-
» ger, & de chagriner à leur tour les
» vieillards. Ceux-ci se rendent odieux
» par leur jalousie ; & leurs jeunes
» épouses en deviennent plus dispo-
» sées à les tromper. La polygamie
» occasionne quelquefois, parmi eux,
» des guerres sanglantes. La querelle
» commence entre des femmes qui,
» forcées de vivre ensemble, se dé-
» testent aussi cordialement que les
» nôtres. Bientôt les hommes s'en
» mêlent ; & ce qui n'étoit d'abord
» qu'une tracasserie domestique, met
» les armes à la main à plusieurs na-
» tions : elles ne les quittent, qu'après
» la destruction totale de l'un des deux
» partis.

» Plusieurs de ces Indiens regardent
» comme un très-grand déshonneur

SUITE DE LA GUIANE. 437
» pour les maris, que leurs épouses
» mettent au monde deux enfans à la
» fois. Cette folie va si loin, que les
» autres femmes, sans penser qu'il peut
» leur en arriver autant à elles-mêmes,
» se rendent chez l'accouchée, pour
» se moquer d'elle. Elles lui disent
» qu'elle est parente des souris, qui font
» leurs petits quatre à quatre. Ce qu'il
» y a d'affreux, c'est qu'une mere qui
» vient d'être délivrée d'un enfant,
» & qui en attend un second, enterre
» au plutôt le premier, pour ne point
» être exposée à la raillerie de ses voi-
» sines, & aux reproches de son mari
» qui ne peut pas croire que ces deux
» enfans soient de lui. Il en reconnoît
» un pour le sien, & regarde l'autre
» comme le fruit de l'infidélité de sa
» femme. Aussi, dès qu'elle est relevée,
» il la fait venir devant la porte de sa
» cabane; & après l'avoir blâmée pu-
» bliquement de sa mauvaise conduite,
» il prend un faisceau de verges, &
» la fouette jusqu'au sang, exhortant
» tous les maris à suivre son exemple
» en pareils cas.
 » Chez ces mêmes Indiens, dès que
» la saison des labours est arrivée, on

T iij

» range, par file, les jeunes gens;
» & des vieillards armés de fouets,
» font tomber fur leurs épaules nues,
» une grêle de coups qui souvent leur
» enlevent la peau. La premiere fois
» que je fus témoin de cette terrible
» exécution, je demandai quelle faute
» avoient commise les coupables. Au-
» cune, me répondit un vieillard; mais
» comme le tems eſt venu d'arroſer &
» de nettoyer la terre pour y ſemer du
» maïs, nous ôtons, avec ces fouets,
» la pareſſe à cette jeuneſſe qui, ſans
» cela, reſteroit dans l'indolence.

» L'amour que ces peuples ont pour
» leurs enfans, leur perſuade que le
» plus grand bien qu'une mere puiſſe
» procurer à ſa fille, eſt de la faire mourir
» dès l'inſtant qu'elle voit le jour. Ecou-
» tez la réponſe que me fit une In-
» dienne, à qui je reprochois cette in-
» humanité. Elle m'écouta d'abord ſans
» lever les yeux; &, lorſque j'eus ceſſé
» de parler, elle me dit : pere, ſi tu veux
» le permettre, je t'a vouerai ce que
» j'ai dans le cœur. Plût à dieu que ma
» mere, en me mettant au monde, eût
» eu aſſez de compaſſion & d'amour

» pour moi, pour m'épargner les pei-
» nes que j'ai endurées jusqu'à présent,
» & que j'aurai encore à souffrir juf-
» qu'à la fin de mes jours ! Si elle m'eût
» enterrée en naissant, je n'aurois
» point senti la mort ; & elle m'auroit
» exemptée de celle, à laquelle je suis
» indispensablement assujettie, ainsi que
» des travaux qui me sont aussi amers
» que la mort même. Ah ! qui sait le nom-
» bre des peines qui m'attendent encore
» avant qu'elle arrive ! Représente-toi
» bien, pere, les maux auxquels une
» femme est sujette parmi nous ; nos ma-
» ris vont à la chasse avec leurs arcs &
» leurs flêches ; & c'est à quoi se borne
» toute leur fatigue : nous, au contraire,
» nous y allons chargées d'une cor-
» beille, d'un enfant qui pend à nos
» mamelles, & d'un autre que nous
» portons dans ce panier. Nos hommes
» vont tuer un oiseau ou un poisson ;
» & nous, nous bêchons la terre, &
» supportons tous les travaux du mé-
» nage. Ils reviennent le soir sans au-
» cun fardeau ; & nous, outre celui de
» nos enfans, nous leur apportons des
» racines & du maïs. En arrivant chez
» eux, ils vont s'entretenir avec leurs

» amis ; & nous allons chercher du bois
» & de l'eau, pour leur préparer à
» souper. Ont-ils mangé ? ils se mettent
» à dormir ; au lieu que nous passons
» presque toute la nuit à faire leur
» boisson : & à quoi aboutissent toutes
» nos veilles ? Ils boivent & s'enivrent;
» & tout hors d'eux-mêmes, ils nous
» rouent de coups de bâton, nous
» traînent par les cheveux, & nous
» foulent aux pieds.

» Ah ! pere, plût à dieu que ma mere
» m'eût enterrée dès l'instant qu'elle
» m'a mise au monde ! Tu sais toi-même,
» que nous nous plaignons avec raison,
» puisque tu vois, tous les jours, la
» vérité de ce que je viens de te dire ;
» mais tu ne connois pas encore notre
» plus grande peine ! Qu'il est triste de
» voir une pauvre Indienne servir son
» époux comme une esclave, aux
» champs accablée de sueur, & au
» logis privée de sommeil, tandis que
» ce mari, dédaignant sa premiere
» femme, prend, au bout de vingt
» ans de mariage, une épouse plus
» jeune, qui bat nos enfans, qui nous
» maltraite nous-mêmes ! Et si nous
» osons nous plaindre, on nous impose

» silence avec un fouet. Une mere peut-
» elle procurer un plus grand bien à
» sa fille, que de l'exempter de toutes
» ces peines, & de la tirer d'une servi-
» tude pire que la mort? Plût à dieu,
» pere, je le répete, plût à dieu, que
» celle qui m'a donné la vie, m'eût
» témoigné son amour, en me l'ôtant
» dès ma naissance ! Mon cœur auroit
» moins à souffrir, & mes yeux moins
» à pleurer.

» Lorsque les enfans sont malades,
» leurs meres se percent la langue avec
» des os de poissons. Du sang que ces
» blessures leur font perdre, elles arro-
» sent le corps de ces enfans tous les
» matins, jusqu'à ce qu'ils meurent ou
» qu'ils guérissent. S'il arrive qu'une
» maladie épidémique afflige toute une
» peuplade, celui qui en est le chef,
» est obligé de procurer le même sou-
» lagement à chaque habitant. Il leur
» frotte l'estomac, après s'être percé
» les chairs avec des lancettes. Je
» rencontrai un jour un de ces capi-
» taines ; & le voyant pâle, maigre
» & défait, je lui demandai des nou-
» velles de sa santé : je me porterois
» assez bien, me répondit-il ; mais mes

» malades me font périr. Ce devoir,
» qui souvent cause la mort, n'empê-
» che pas de briguer le funeste honneur
» d'être à la tête de la nation.

» Le chef de chaque bourgade distri-
» bue au peuple ses occupations. Dès
» le matin, il en envoie une partie à
» la pêche, une autre à la chasse, une
» autre aux champs, pour labourer la
» terre ; car tous les biens sont com-
» muns. Les femmes travaillent à plu-
» sieurs ouvrages domestiques ; & sur
» le midi, elles vont jouer à la paume.
» Elles tiennent le batoir à deux mains,
» & poussent la balle avec tant de
» force & de roideur, qu'il n'y a point
» d'Indien qui ose la parer, sans s'ex-
» poser à avoir l'épaule démise. Cet
» accident arrive quelquefois, & di-
» vertit fort les joueuses. Les parties
» sont de douze ou de vingt-quatre,
» contre un pareil nombre. Les maris,
» simples spectateurs, parient pour
» leurs femmes. Quand ils jouent eux-
» mêmes, ils ne se servent point de
» batoirs : ce n'est qu'avec l'épaule
» droite, qu'ils doivent renvoyer la
» balle ; & si elle vient à toucher quel-
» que autre partie du corps, on perd

» un point, ou une raie. On ne peut
» s'empêcher d'admirer l'adresse, avec
» laquelle ils la rechassent dix à douze
» fois de suite, sans la laisser tomber
» à terre; mais ce qui étonne le plus,
» c'est que la balle venant à raser le
» sable, ils se jettent ventre à terre,
» & la relevent de l'épaule, avec
» une agilité surprenante. Echauffés par
» cet exercice & par l'ardeur du soleil,
» les joueurs se font des incisions aux
» cuisses, aux jambes, aux bras; &
» lorsqu'ils ont répandu assez de sang,
» ils entrent dans la riviere, ou se
» roulent sur le sable. Pendant ce tems-
» là, ils tiennent une poignée de
» terre, qu'ils lechent & savourent,
» hommes & femmes, avec un plaisir
» infini, parce qu'elle est impregnée
» de graisse de tortue ou de caïman,
» qui les nourrit, & dont ils sont très-
» avides. Aussi les meres qui veulent
» appaiser leurs enfans, leur donnent-
» elles un morceau de cette terre,
» qu'ils sucent comme une dragée.

» A quatre heures, les pêcheurs ar-
» rivent; & chacun rentre dans sa ca-
» bane. Les femmes & les enfans vont
» prendre le poisson ou le gibier, & le

T vj

» portent au capitaine, qui le partage
» également entre toutes les familles.
» On soupe; on va se baigner de nou-
» veau; & l'on danse jusqu'à ce qu'on
» se couche. Les hommes se tiennent
» par la main, & forment un rond.
» Les femmes en font un second; &
» les enfans renferment les deux pre-
» miers, dans un troisieme cercle.

» Le lit de quelques-uns de ces peu-
» ples ne consiste qu'en un monceau
» de sable, qu'ils vont chercher sur le
» rivage, & dans lequel ils s'enterrent,
» mari, femme, enfans, jusqu'à la
» moitié du corps, comme des pour-
» ceaux. Leur coutume est de pleu-
» rer dès la pointe du jour, jus-
» qu'au lever du soleil, l'absence des
» parens que la mort leur a ravis. Si-tôt
» que le coq commence à chanter, on
» entend un murmure confus de sou-
» pirs & de gémissemens, accompagnés
» de larmes & de marques de douleur.

» Les Indiens de l'Orénoque regar-
» dent comme un très-grand mal-
» heur les éclypses de lune. Les uns
» croient que cet astre est à l'agonie &
» prêt à mourir; d'autres, qu'il est irrité
» contre eux; qu'il se retire pour ne

» les plus éclairer ; & tous, dans cette
» occasion, se livrent à mille extrava-
» gances. Ceux-ci sortent de leurs ca-
» banes, & poussent des cris effroya-
» bles. Ceux-là courent, éplorés,
» tenant chacun un tison à la main,
» qu'ils vont cacher dans la terre ou
» dans le sable ; persuadés que si la
» lune mouroit, il ne resteroit de feu,
» que celui qu'on auroit dérobé à sa
» vue. Les uns s'assemblent au bruit d'un
» tambour, ou d'autres instrumens de
» guerre, se rangent en file, présen-
» tent leurs armes à l'astre malade, &
» offrent de le défendre contre ses en-
» nemis, tandis que leurs enfans se
» mettent sur deux lignes, & que les
» vieillards les fouettent avec des cour-
» roies. Les autres prennent les outils
» du labourage, & vont défricher un
» terrein, pour semer du maïs à l'usage
» de la lune, afin de l'engager à ne
» point les abandonner. Voyant que
» tous leurs efforts sont inutiles, &
» qu'elle perd peu à peu sa lumiere,
» ils rentrent dans les cabanes, & gron-
» dent leurs femmes, de ce qu'elles se
» montrent si peu sensibles à sa maladie.
» Celles-ci font semblant de ne pas les

» entendre, & ne leur répondent rien.
» Alors ils adouciffent leur ton, les
» fupplient de pleurer & de prier, pour
» qu'elle reprenne fes forces, & ne fe
» laiffe point mourir. Leurs prieres ne
» font pas plus d'effet, que leurs me-
» naces. Les maris, pour vaincre cette
» inflexibilité, les comblent de careffes
» & de préfens. Lorfque les femmes
» ont tiré d'eux tout ce qu'elles fou-
» haitent, elles offrent, à la lune, des
» bracelets de verre, des colliers de
» dents de finges, &c. Elles fortent
» enfuite pour la faluer, & lui adreffent,
» d'une voix plaintive, un grand nom-
» bre de prieres. Comme cette cérémo-
» nie commence dans le tems que l'aftre
» éclipfé reprend fa lumiere, & qu'il
» reparoît bientôt dans tout fon éclat,
» les maris font mille remerciemens à
» leurs femmes, d'avoir touché la lune,
» & de l'avoir engagée à conferver fa
» vie.

» Les cérémonies funéraires ne font
» pas les mêmes chez tous les peuples
» de l'Orénoque ; en voici une de celles
» qui paffent pour les plus honorables.
» Dès que le chef eft mort, on met
» fon corps dans un hamac de coton,

» suspendu par les deux extrêmités.
» Les femmes du défunt se placent au-
» tour, & se relevent alternativement.
» Comme il fait extrêmement chaud,
» le cadavre n'est pas vingt-quatre
» heures dans cet état, sans se corrom-
» pre, ni attirer une quantité prodi-
» gieuse de mouches. Ces malheureuses
» femmes sont obligées de les chasser
» pendant quarante jours, sans souf-
» frir qu'aucune s'arrête sur le corps.
» Le fils aîné du défunt se met en pos-
» session de l'héritage de son pere, &
» épouse toutes ses femmes, excepté
» sa propre mere, qui, par un pri-
» vilege spécial, est inhumée avec son
» mari.

» En rapportant les usages de ces diffé-
» rentes nations, je n'ai voulu parler
» que de celles qui n'ont point em-
» brassé le christianisme; car il ne faut
» pas croire qu'après avoir été instruites
» & baptisées, elles persistent dans leurs
» anciennes coutumes. Il est vrai qu'il
» faut observer ces peuples avec soin;
» car il est difficile de leur faire perdre en-
» tierement leurs premieres habitudes.
» Un missionnaire ayant converti un de
» ces sauvages, qui étoit à l'agonie, le

» nomma Ignace, & lui dit, pour le
» confoler : courage, mon ami, tu iras
» bientôt te repofer dans le ciel. Sur
» cela, les parens creuferent la foffe
» au pied de fon lit, & alloient l'en-
» terrer, du confentement du malade.
» Le jéfuite rentra. Que faites-vous-là,
» leur dit-il ? Tu as dit, répondi-
» rent les fauvages, qu'Ignace alloit
» au ciel; nous allons l'enterrer pour
» qu'il y aille plus vîte. Doucement, re-
» prit le religieux; quand il fera mort,
» nous l'enfevelirons au pied de la
» croix, avec les autres chrétiens. Cela
» ne fera pas, reprirent les parens; car
» fi nous le mettions où tu dis, comme
» ce lieu n'eft pas encore bien couvert,
» le pauvre Ignace feroit mouillé.

» Un vieillard qui étoit au lit depuis
» long-tems, pria fes fils de le porter à
» la campagne, pour y prendre l'air.
» Dès qu'il y fut arrivé, mes enfans,
» leur dit, je ne fais que vous embar-
» raffer dans ce monde; j'ai vécu en
» bon chrétien, & je veux aller me
» repofer dans le ciel : creufez moi ma
» fépulture. Ses fils obéirent, firent
» une foffe, & y placerent le malade,
» qui leur ordonna de le couvrir de

» terre, excepté le visage. Ils en avoient
» déja jetté une grande quantité, lors-
» qu'il leur dit : attendez un peu ; cette
» terre est pesante ; laissez-moi respirer
» un moment. Il se tranquillisa pen-
» dant quelque tems, & dit ensuite à
» ses fils : adieu mes enfans ; soyez
» aussi bons chrétiens, que l'a été votre
» pere ; & achevez de me couvrir. Ses
» ordres furent exécutés ; & malheu-
» reusement le jésuite n'arriva pas assez
» tôt, pour empêcher ce pieux parricide.

» Un missionnaire qui veut appri-
» voiser & convertir les sauvages, doit
» bien s'instruire des mœurs & du génie
» de ceux, chez lesquels il a dessein de
» voyager. Il leur envoie d'abord des
» présens par des néophites ; mais il
» faut bien se garder de dire que le pere
» noir viendra les voir : on les assure
» seulement, qu'il est leur ami. On re-
» nouvelle plusieurs fois cette même
» ambassade ; on leur dit que si le jé-
» suite avoit le tems, il les visiteroit.
» Alors ils témoignent une grande envie
» de le recevoir, & marquent à quelle
» lune ils souhaitent qu'il vienne. Le
» missionnaire, qui n'attendoit que ce
» moment, se met en chemin, em-

» porte avec lui quelques bagatelles
» pour des préfens, & fe fait efcorter
» de plufieurs foldats. La veille de fon
» arrivée, on en donne avis au chef
» de la nation, qui lui fait préparer un
» logement. C'eft une cabane ouverte
» de tous côtés. Le pere y tend fon ha-
» mac en l'air, entre deux pieux, &
» s'y couche. Quelque tems après, le
» cacique paroît & lui crie : te voilà
» donc, pere ; te voilà arrivé. Oui,
» répond le jéfuite, je fuis venu pour
» te voir, comme tu l'as defiré. Le
» chef fe retire, & s'affied. Les autres
» habitans fe préfentent tour à tour,
» lui font la même demande, reçoivent
» la même réponfe, & vont s'affeoir
» de même. Les femmes arrivent en-
» fuite, portant chacun un plat de
» viande, un pain, & une bouteille
» de chica, efpèce de bierre du pays,
» qu'elles mettent auprès du miffion-
» naire, fans dire un feul mot. Celui-
» ci demande le plat qu'il aime le
,, mieux, en mange, & goûte à toutes
,, les bouteilles. Les hommes qui l'ont
,, accompagné, fe faififfent des autres
,, mets qu'ils dévorent dans un inftant,
,, & boivent des liqueurs jufqu'à ce
,, qu'ils foient ivres,

,, Lorsque tout a disparu, le caci-
,, que se leve & fait sa harangue. Il y
,, mêle plusieurs aventures arrivées à
,, ses ancêtres, les raconte d'un ton
,, lamentable ; & tous les capitaines
,, l'interrompant, répetent deux fois
,, de suite: cela est vrai, cousin, cela
,, est vrai. Le discours fini, l'orateur
,, s'assied ; le missionnaire s'accroupit
,, dans son hamac, & pérore à son
,, tour. Il parle de tout ce qui lui est
,, arrivé dans la route, du gibier qu'il
,, a tué, des bêtes qu'il a attaquées,
,, des dangers qu'il a courus. Il leur dit
,, qu'il a quitté une patrie éloignée de
,, quatre ou cinq mille lieues, pour venir
,, les tirer de l'esclavage du démon. Ce
,, trait de générosité les frappe, & les
,, prévient singuliérement en sa faveur.
,, Ensuite il distribue ses présens ; &
,, c'est ainsi que se passe la premiere
,, entrevue.

,, Lorsque tout le monde est sorti,
,, le pere va voir les malades ; & dans
,, ces visites, il baptise toujours, en
,, passant, quelque moribond. Pour s'at-
,, tirer l'amitié des sauvages, il doit
,, caresser les enfans qui le suivent, les

„ prendre entre ses bras, leur donner
„ quelques morceaux de verre, &c. Les
„ femmes s'empressent de lui pré-
„ senter ceux qu'elles portent. Mais
„ une circonstance critique pour le
„ missionnaire, est l'usage où sont ces
„ peuples, de lui offrir des femmes. Ils
„ croient lui faire plaisir ; & il ne doit
„ pas rejetter cette offre brusquement,
„ de peur de les offenser, mais se défen-
„ dre d'une maniere honnête & modeste.

„ Le travail le plus rude de ces hom-
„ mes apostoliques, est, sans contredit
„ d'apprendre les différentes langues
„ des Indiens, dont les uns prononcent
„ absolument de la gorge, les autres
„ du nez, quelques-uns du bout des
„ levres ; d'autres enfin parlent avec
„ une volubilité si extraordinaire, qu'ils
„ articulent un mot de neuf ou dix
„ syllabes, en moins de tems, que
„ nous n'en prononçons un de trois ou
„ quatre lettres. On est cependant
„ obligé de s'attacher à la prononcia-
„ tion, pour se faire entendre de ces
„ sauvages

„ Quand on considere la variété,
„ l'énergie & la régularité de ces diffé-
„ rentes langues, on est tenté de re-

„ monter à la confusion de la tour de
„ Babel, pour en trouver l'origine ; car
„ comment croire que des gens si gros-
„ siers, si stupides, si barbares, aient
„ été capables de les inventer ? Je ne
„ suis pas moins surpris de voir ces
„ mêmes peuples composer des poi-
„ sons, dont la subtilité, la force & la
„ durée étonneroient le plus habile
„ chymiste. La nation des Caverres, la
„ plus inhumaine, la plus féroce, la plus
„ cruelle de toutes celles de l'Oréno-
„ que, en possede un terrible, dont
„ elle se réserve le secret. Elle le vend
„ aux autres sauvages, & s'en fait
„ un bénéfice considérable. Ce poison,
„ qu'on appelle *curare*, se distribue
„ dans de petits pots de terre, & res-
„ semble, par sa couleur, à du syrop.
„ Il n'a aucune acrimonie particuliere :
„ on peut le mettre dans la bouche, &
„ même l'avaler, sans nul danger, pour-
„ vu qu'il n'y ait aucune plaie, ni
„ au palais, ni aux gencives ; car il
„ n'exerce son pouvoir que sur le sang.
„ Mais il suffit qu'il en touche une
„ goutte, pour qu'il en fige, sur le
„ champ, toute la masse. Qu'un homme
„ soit blessé avec une flêche frottée de

„ curare, quand même la plaie n'excé-
„ deroit pas la piqûure d'une épingle,
„ tout son sang se glace dans le moment;
„ & l'homme meurt sans avoir eu le
„ tems de prononcer quatre paroles.

„ Le premier usage que je vis faire
„ de ce poison, fut contre un singe.
„ Il étoit debout sur une branche de
„ palmier, & empoignoit de la main
„ gauche, une feuille qui étoit au-
„ dessus. La flêche l'atteignit au milieu
„ de l'estomac; il leva le bras droit
„ qu'il tenoit pendant, & essaya d'ar-
„ racher la flêche; mais à peine y eut-
„ il porté la main, qu'il tomba mort
„ au pied de l'arbre. Je courus
„ aussi-tot pour le prendre; & ne lui
„ trouvant aucune chaleur dans les
„ extrêmités du corps, je le fis ouvrir,
„ & vis avec étonnement, que l'inté-
„ rieur étoit froid, & le cœur envi-
„ ronné de sang figé.

„ Le curare agit avec la même ac-
„ tivité sur les tigres, les buffles, les
„ lions, & les autres animaux féroces.
„ Un Indien est sûr de leur mort: il
„ suffit qu'il en tire quelques gouttes de
„ sang, pour qu'ils expirent dans le
„ moment même. On a découvert que

SUITE DE LA GUIANE. 455

„ ce poison ne cause aucun mal à ceux
„ qui ont du sel dans la bouche. Mais
„ il a presque toujours produit son
„ effet, avant qu'on ait le tems de faire
„ usage de ce remede.

„ Le curare se tire d'une racine
„ qui, comme la truffle, ne pousse ni
„ feuilles, ni rejettons. Elle se tient
„ toujours cachée, comme si elle crai-
„ gnoit de manifester sa malignité. Elle
„ ne croît point, comme les autres
„ plantes, dans la terre ordinaire,
„ mais dans la vase corrompue des
„ lacs & des étangs. Les Indiens la ra-
„ massent, la lavent, la coupent par
„ morceaux, & la font cuire dans de
„ grandes marmites. Mais comme cette
„ opération est infiniment dangereuse,
„ mortelle même, ils en chargent
„ de vieilles femmes, qui ne peu-
„ vent être d'aucune autre utilité dans
„ le monde. Il est rare qu'elles sur-
„ vivent à ce travail, plus rare en-
„ core qu'elles refusent cet emploi,
„ quoiqu'elles sachent qu'elles doivent
„ y perdre la vie. Ils n'en mettent ja-
„ mais qu'une à la fois auprès de la
„ chaudiere ; & lorsque la premiere
„ périt par la violence des vapeurs,

» ils la remplacent par une autre qui
» subit ordinairement le même sort,
» sans qu'aucune d'elles s'en formalise,
» sans que ni les parens, ni les voisins y
» trouvent à redire : ils sçavent que
» c'est la destinée des femmes de cet
» âge ; & celles-ci se croient honorées
» de pouvoir, en mourant, servir en-
» core la nation.

» Après que l'eau s'est refroidie,
» elles expriment tout le suc de la ra-
» cine ; & elles le font bouillir de nou-
» veau, jusqu'à ce qu'il ait pris la con-
» sistance & la couleur du syrop. Pen-
» dant la premiere opération, le cœur
» commence à leur manquer ; & la
» seconde les tue, avant qu'elles en
» voient la fin. Il ne faut pas moins
» que le sacrifice successif de trois ou
» quatre de ces infortunées cuisinie-
» res, pour donner au curare le degré
» de cuisson nécessaire à sa perfection.
» La liqueur étant diminuée d'un tiers,
» la vieille, en expirant, crie pour en
» donner avis. Aussi-tôt les principaux
» chefs viennent faire l'épreuve du
» poison. Ils y trempent le bout d'une
» baguette ; un enfant se fait une petite
» blessure au bras ou à la jambe ; & à

mesure

SUITE DE LA GUIANE. 457
» mesure que le sang se présente à l'ou-
» verture de la plaie, on y approche
» la baguette sans le toucher. Si ce
» sang, qui étoit sur le point de sortir,
» rentre dans la chair, on juge que le
» curare a toute la perfection requise;
» mais s'il coule, comme il doit le
» faire naturellement, la liqueur a en-
» core besoin de cuisson; & l'on donne
» ordre à une autre infortunée, d'y
» procéder, au péril de sa vie. Si d'ha-
» biles chymistes, à force de raisonne-
» mens & d'expériences, avoient trouvé
» cette étonnante & funeste composi-
» tion, on seroit moins étonné; mais
» qui pourra s'imaginer qu'elle soit
» l'ouvrage de la nation la plus aveu-
» gle, la plus grossiere de l'Orénoque?

» Un jour que je m'entretenois sur
» cette matiere avec un de nos mis-
» sionnaires, qui arrivoit des isles Mo-
» luques, il me parla d'un arbre de
» macassar, dont il sort des vapeurs si
» malignes, que quiconque a le malheur
» de le toucher, tombe mort dans l'ins-
» tant. Les insulaires en expriment un
» suc venimeux, dont ils frottent les
» pointes de leurs armes. On n'emploie,
» pour le tirer de la plante, que des

Tome XI. V

» criminels condamnés à mort ; &, s'ils
» en réchappent, ils obtiennent la vie &
» la liberté. Aussi mettent-ils tous leurs
» soins, usent-ils de tous les préservatifs
» imaginables, pour se garantir de ces
» vapeurs pestilentielles. Ils se couvrent
» de plusieurs habits, se bouchent les
» yeux & les narines ; & quoique tout
» leur travail se réduise uniquement à
» percer le trou de l'arbre avec une
» vrille, à y introduire un tuyau, & à
» placer dessous un vaisseau pour rece-
» voir la liqueur, il est cependant très-
» rare qu'ils en reviennent. Ce poison
» ne perd jamais rien de son activité ; &
» au bout de vingt ans, les armes qu'on
» y a trempées, conservent encore
» toute la force & la subtilité de ce
» suc venimeux.

» Ce n'étoit pas assez aux peuples de
» l'Orénoque, d'avoir trouvé le curare
» pour se détruire ; ils ont cherché, jus-
» ques dans les animaux, d'autres poi-
» sons que la nature avoit pris soin
» de leur cacher. Le hasard m'en a fait
» apprendre un qui, étant pris en pe-
» tite quantité, ôte infailliblement la
» vie à ceux à qui on le donne. Voici
» à quelle occasion j'en eus connois-

» sance. Me promenant au bord d'une
» riviere, j'allai m'asseoir sur un tronc
» d'arbre, en m'amusant à voir pêcher
» des tortues. Je vis venir à moi plu-
» sieurs fourmis d'une grosseur extraor-
» dinaire, que j'écartai avec mon bâ-
» ton, pour n'être point obligé de
» quitter ma place. Dans ce moment
» il arriva un Indien qui jetta un cri
» effrayant, & me dit : que fais-tu,
» pere ? Ces petites bêtes sont rem-
» plies de venin. Si une seule vient à
» te piquer, elle te causera une fievre
» d'un jour. Si deux te mordent à la
» fois, tu souffriras davantage. Mais,
» si le nombre en est plus grand, tu
» mourras immanquablement. Quoi-
» que ces fourmillieres soient peu nom-
» breuses, comme tu le vois, car elles
» ne contiennent guere plus de trente
» ou de quarante de ces animaux,
» cependant elles fournissent assez de
» poison, pour tuer beaucoup de mon-
» de. Quant à la maniere de le pré-
» parer, ajouta le sauvage, on prend
» ces fourmis, les unes après les au-
» tres, avec du coton ; on les pose sur
» le bord d'un vase où il y a de l'eau ;
» on les coupe par la moitié du corps ;

» & l'on y fait tomber la partie infé-
» rieure de l'insecte. Après que toutes
» ces moitiés ont bouilli pendant quel-
» que tems, à petit feu, on les retire;
» & il s'amasse au-dessus de l'eau, lors-
» qu'elle est refroidie, une graisse figée,
» qui forme le poison.

» Et sais-tu, dis-je à l'Indien, la
» façon de s'en servir ? Oui, pere,
» repliqua-t-il; mais je te prie de m'en
» garder le secret : mes camarades me
» tueroient, s'ils savoient que je te
» l'eusse révélé. Ne crains rien, lui
» dis-je ; & parle-moi sans défiance.
» Tu sais, continua-t-il, que, lorsque
» nous nous réunissons pour boire en-
» semble, l'usage veut que nous nous
» présentions le verre les uns aux au-
» tres. Un homme, qui veut perdre
» son ennemi, met, sous l'ongle du
» pouce, un peu de cette graisse ; &,
» lorsque son tour est venu de donner
» le verre, il trempe, sans faire sem-
» blant de rien, son pouce dans la
» liqueur. Comme il présente à boire
» à tout le monde, & que les autres
» en font de même, le coupable reste
» inconnu ; & son ennemi meurt em-
» poisonné.

„ Tandis que je suis sur cette ma-
„ tiere, je parlerai d'un serpent re-
„ marquable par la variété de ses cou-
„ leurs, & la vîtesse de sa marche,
„ mais qui se distingue encore plus par
„ une touffe de poils déliés, qui lui
„ croît sur la tête, lorsqu'il est parvenu
„ à une extrême vieillesse. Qui peut
„ avoir appris aux peuples de l'Oré-
„ noque, que ces poils sont un poison
„ cruel & sanglant, dont aucun re-
„ mede ne peut arrêter la violence ?
„ A peine en a-t-on avalé un, ou entier,
„ ou coupé par morceaux, dans la
„ boisson, ou avec les alimens, qu'on
„ commence à vomir le sang à pleine
„ gorge ; & l'hémorragie ne finit qu'a-
„ vec la vie.

„ Il est un autre serpent plus extraor-
„ dinaire, nommé le buio, animal
„ monstrueux, qui ressemble à un vieux
„ tronc d'arbre. Il a autour de lui une
„ espece de mousse. Sa longueur est de
„ huit aunes, & son mouvement pres-
„ que imperceptible. Son corps fait, sur
„ la terre, la même impression qu'un
„ mât de vaisseau, ou un gros arbre
„ qu'on y traîneroit. Lorsqu'il entend
„ du bruit, il leve la tête, l'allonge de

» trois ou quatre pieds, se tourne vers
» le lion, le tigre, ou l'homme dont il
» veut se saisir ; & ouvrant sa gueule,
» il pousse un souffle venimeux, qui
» étourdit la personne ou l'animal, les
» force de s'avancer à lui, & de ve-
» nir se présenter à sa gueule. Le moyen
» de détourner l'effet de ce poison,
» c'est de rompre avec un chapeau, ou
» autrement, la colonne d'air, empestée
» par le souffle de ce monstre veni-
» meux. Alors cette espece d'enchante-
» ment est détruit ; & l'on devient libre.
» Pour se garantir de ce reptile dange-
» reux, les Indiens ne voyagent jamais
» seuls.

» Les plaies de l'Egypte furent moins
» nombreuses, que les fléaux terribles
» qui affligent les pauvres habitans des
» rives de l'Orénoque. Ce qu'on appelle
» le mosquite verd, est une espece de
» mouche, qui dépose, dans les chairs,
» un œuf imperceptible. Cet œuf pro-
» duit un insecte velu, qui enflamme,
» tuméfie l'endroit où il est, & occa-
» sionne une fievre violente. Les poils
» dont il est couvert, sont si roides,
» que toutes les fois qu'il fait un mou-
» vement, il cause une douleur exces-
» sive. Au bout de huit jours, il en-

» gendre dix ou douze mofquites, qui,
» en peu de tems, dépofent d'autres
» effains. Une infinité de perfonnes en
» perdent la vie.

» Les chauves-fouris font encore
» un fléau bien cruel. Il y en a de
» deux efpeces; les unes font de la
» groffeur de celles d'Europe; les
» autres ont, d'une aîle à l'autre, près
» d'une aune de long. Elles rodent la
» nuit, pour boire le fang des hommes
» & des animaux. Si l'on n'a pas eu la
» précaution de fe couvrir de la tête aux
» pieds, on en eft fûrement piqué; &
» fi, par hafard, elles touchent à une
» veine, ce qui eft affez ordinaire, on
» paffe, des bras du fommeil, dans ceux
» de la mort. Cette piqûure eft imper-
» ceptible; j'ai vu plufieurs perfonnes,
» à qui cet accident eft arrivé, & qui
» m'ont affuré, que pour peu qu'elles
» euffent tardé à s'éveiller, elles au-
» roient dormi pour toujours. Elles
» avoient déja perdu tant de fang, qu'il
» ne leur feroit pas refté affez de force,
» pour arrêter celui qui continuoit
» à fortir par l'ouvertute. Il n'eft pas
» étonnant qu'on ne fente point la pi-
» qûure; car, outre la fubtilité du coup,

» l'air agité par les ailes de l'oiseau,
» rafraichit le dormeur, & rend son
» assoupissement plus profond. On dit
» qu'un Espagnol, à qui l'on n'avoit pu
» trouver la veine pour le saigner,
» fut piqué pendant la nuit par une de
» ces chauves souris. Le sang sortit
» avec tant d'abondance, qu'il fut
» guéri d'un mal de côté, qui mettoit
» sa vie dans le plus grand danger.

» Il y a, dans l'Orénoque, certains
» gros poissons, avides de chair hu-
» maine, qui n'attaquent que les per-
» sonnes blessées. Un homme qui a le
» corps sain, & sans aucune plaie,
» peut nager librement au milieu de ces
» animaux, pourvu qu'il ait la précau-
» tion d'écarter les sardines. Ce petit
» poisson suit les nageurs ; & dès qu'il
» a pu les piquer, & leur tirer une
» seule goutte de sang, ces malheureux
» sont à l'instant dévorés.

» Les singes sont d'autres ennemis,
» contre lesquels il faut toujours être
» en garde. Ils viennent, en grand nom-
» bre & en silence, dans les campa-
» gnes semées de maïs. Ils examinent
» du haut des arbres, s'il n'y a personne
» dans les environs. Ils laissent un de

» leurs camarades en sentinelle dans un
» lieu élevé, se répandent dans les
» champs, & emportent chacun cinq
» épis, un dans la bouche, deux sous
» les bras, & un à chaque main. Si,
» dans ce moment, un homme paroît,
» celui qui fait le guet crie; & tous les
» autres se sauvent, mais sans jamais
» lâcher ce qu'ils ont volé : ils se laisse-
» roient plutôt assommer, que de s'en
» dessaisir. Cette opiniâtreté a fait ima-
» giner un moyen singulier de les pren-
» dre. On met, dans la campagne, des
» bouteilles de terre, dont le col est
» étroit; & on les remplit de maïs. Les
» singes arrivent, les examinent, en-
» foncent le bras pour prendre ce qu'il
» y a dedans, & remplissent leur main,
» qu'ils ne peuvent plus retirer. Ils font
» des efforts inutiles, & jettent des cris
» de désespoir, mais sans vouloir lâ-
» cher prise. Ces cris avertissent les In-
» diens, qui viennent avec des bâtons;
» & ces animaux avides se laissent tuer,
» plutôt que d'abandonner leur proie
» en ouvrant la main.

» Je ne dois pas oublier de parler d'un
» autre quadrupede fort mal-honnête.
» C'est une espece de petit chien, vif,

» méchant, hardi, & qui ne craint au-
» cune bête, quelque grande & féroce
» qu'elle soit. Elle se fie sur ses armes,
» dont j'ai moi-même éprouvé l'effet, au
» point d'en être suffoqué, & d'en perdre
» le jugement. Dès qu'il voit approcher
» un homme, un tigre, un lion, &c,
» il l'attend de pied ferme ; & lorsque
» son ennemi est à une portée conve-
» nable, il lui tourne le dos, & lâche
» un vent si empesté, qu'il est impossi-
» ble d'y résister. Il continue ensuite
» tranquillement son chemin, persuadé
» qu'on ne sera pas tenté de le suivre.

» Parmi d'autres animaux extraor-
» dinaires de l'Orénoque, on distingue
» le cusicusi, espece de chat qui n'a
» point de queue, & dont la laine
» ressemble à celle du castor. Il dort
» tout le jour ; & la nuit il va à la
» chasse des oiseaux & des serpens. Il
» est fort doux ; & lorsqu'on le porte
» dans les maisons, il ne quitte point
» sa place pendant toute la journée ;
» mais dès que le soir arrive, il recom-
» mence ses courses nocturnes. Il fourre
» sa langue, qui est longue & mince,
» dans tous les trous ; & s'il entre dans
» un lit, où quelqu'un dorme la bouche

» ouverte, il ne manque pas de la
» visiter.

» L'ante, que l'on appelle la grande
» bête, & qui n'a aucune ressemblance
» avec les quadrupedes que nous con-
» noissons en Europe, est de la grosseur
» d'un mulet. Ses pieds sont fort courts,
» & terminés par quatre ongles. Il a,
» entre les deux sourcils, un os, avec
» lequel il brise tout ce qu'il rencontre
» dans les forêts. Il est toujours en
» guerre avec le tigre, qui l'attend en
» embuscade, pour lui sauter à la tête
» ou sur le dos. Si le combat se livre
» dans la plaine, ou dans un espace
» libre, le tigre est victorieux; mais si
» le pays est couvert d'arbres ou de
» buissons, l'ante court avec tant de
» furie dans l'endroit le plus touffu,
» que son ennemi est déchiré dans le
» moment par les broussailles.

» On peut juger de la quantité in-
» nombrable de tortues que produit
» l'Orénoque, par la consommation
» extraordinaire qui s'en fait dans le
» pays. Toutes les nations voisines de
» ce fleuve, & même celles qui en sont
» éloignées, s'y rendent, avec leurs
» familles, pour en faire la récolte.

» Non-seulement elles s'en nourris-
» sent tout le tems que dure cette
» pêche ; mais elles en font sécher pour
» les emporter. Elles y joignent une in-
» finité de corbeilles qu'elles remplissent
» d'œufs, après avoir pris la précau-
» tion de les faire cuire. Aussi-tôt
» que le fleuve commence à baisser,
» les tortues vont pondre dans les
» plages qu'il laisse à découvert. Leurs
» œufs n'ont point de coque ; mais
» ils sont revêtus de deux membranes,
» dont l'une est mince, & l'autre un
» peu plus forte.

» Les grosses tortues pesent cin-
» quante livres à l'âge de trois ans, &
» font, pour l'ordinaire, jusqu'à soi-
» xante-quatre œufs. Une seule suffit,
» pour nourrir toute une famille, quel-
» que nombreuse qu'elle soit; & sa chair
» est préférable à celle du veau. Il
» y en a d'une espece plus petite,
» qui ne déposent que vingt, ou vingt-
» quatre œufs dans chaque nichée ; il
» s'en trouve toujours un plus gros que
» les autres ; c'est celui d'où sort le
» mâle ; les petits ne renferment que
» des femelles. Comme la chaleur du
» soleil fait mourir les tortues, elles

» profitent de l'arrivée de la nuit, pour
» déposer leurs œufs ; mais elles se pré-
» sentent quelquefois en si grand nom-
» bre, qu'elles s'empêchent les unes
» les autres d'avancer : de sorte qu'on
» en voit une infinité, la tête hors de
» l'eau, qui attendent que les premieres
» leur fassent place.

» Après que les Indiens ont recueilli
» une grande quantité de ces œufs, ils
» les lavent, jusqu'à ce qu'il n'y reste
» plus de sable, ni de terre, les jettent
» dans des barques, où il y a de l'eau ;
» les foulent avec les pieds, comme
» nous foulons le raisin ; & lorsque le
» soleil a donné dessus pendant quelque
» tems, il s'éleve sur la surface, une li-
» queur légere, qui est l'huile qu'on veut
» en tirer. A mesure que la chaleur la
» fait monter, les Indiens la versent
» avec des coquilles fort minces, dans
» des chaudieres qui sont sur le feu. Elle
» s'y purifie en bouillant, & devient
» plus belle, plus claire & plus fine,
» que l'huile d'olive.

» Les tortues creusent, avec beau-
» coup de travail, le trou dans lequel
» elles veulent pondre ; & elles ont
» soin de le boucher de façon, qu'on

» ne puisse le reconnoître. Pour cet
» effet, elles unissent la place, & la
» mettent de niveau avec le reste du
» terrein, de peur que les traces qu'elles
» laissent sur le sable, ne les fassent
» couvrir. Mais cette précaution est
» inutile; car ce même sable n'étant
» point affermi, il cède sous les pieds
» des passans, & décele toute la ponte.

» Les jeunes tortues, après être sor-
» ties de leurs œufs, attendent la nuit
« pour quitter leurs trous, & se rendre
» à la riviere. Elles y vont par la voie
» la plus courte; & il ne leur arrive
» jamais de s'en écarter. J'en ai quel-
» quefois porté à une grande distance
» de l'eau, dans un panier couvert; &
» après leur avoir fait faire plusieurs
» tours, elles ont toujours pris le che-
» min de la riviere, sans s'égarer. Rien
» ne m'a tant surpris, que la multitude
» d'œufs que les tortues ont dans le
» corps; car outre ceux qu'elles doi-
» vent pondre dans l'année, elles en
» ont d'autres dont la grosseur va tou-
» jours en diminuant; les plus petits
» sont comme des grains de millet:
» d'où l'on peut juger que ces animaux
» ont, en eux-mêmes, les semences de

» toutes les tortues qui doivent naître
» dans une longue suite d'années ».

Le Pere Mugilla, dont jusqu'à présent j'ai répété les paroles, pouvoit ajouter à sa relation, ce que le hasard m'a fait découvrir au sujet de certaines fourmis de l'Orénoque. Lorsqu'elles veulent aller dans quelque lieu, dont le passage est interrompu par une riviere, elles sçavent se faire des ponts de leur propre corps. La premiere se met au bord de l'eau sur un petit morceau de bois, qu'elle tient serré dans ses dents. Une seconde s'attache à la premiere, une troisieme à la seconde, une quatrieme à la troisieme, & ainsi successivement, jusqu'à ce que la derniere soit portée à l'autre bord, où elle trouve aussi moyen de s'attacher ; & cette chaîne sert de pont à toutes les autres.

Je finis cette lettre par certains gros rats de bois, fort communs dans la Guiane, & que je n'avois point vus ailleurs. Lorsqu'ils vont chercher leur nourriture, ils sont suivis de leurs petits ; mais au moindre bruit qui les effraie, ceux-ci sautent sur le dos de la mere, s'attachent à sa queue par la leur, & sont ainsi portés jusqu'à leur retraite.

Je suis, &c.

A Saint-Thomas de la Guiane, ce 10 *Janvier 1751.*

Fin du Tome XL

Fautes à corriger dans ce volume.

Page 236, derniere ligne, *Guadeloupe*, lisez *Surinam*.

Page 248, ligne 13, une partie l'une sur l'autre, *lisez*, une piece sur une autre.

TABLE
DES
MATIERES
Contenues dans ce Volume.

LETTRE CXXII.

L'ISLE DE SAINT-DOMINGUE.

Abrégé de l'histoire de cette isle, page 5.
Histoire de Christophe Colomb, à qui l'on doit la découverte de Saint-Domingue. 6
Les anciens avoient-ils eu, avant Christophe Colomb, quelque connoissance d'un nouvel hémisphere ? 7
Ce qu'en ont pensé quelques auteurs. 8
Ce qui fait naître à Colomb l'envie de découvrir un monde nouveau. 9
Il communique ses vues aux Génois. ibid.
Il s'adresse au roi de Portugal, ensuite à Isabelle, reine de Castille. 10

Obstacles qui s'opposent à son projet. 11
Il s'embarque avec trois navires. 12
Murmure de ses gens, lorsqu'ils ne découvrent point la terre. ibid.
Comment il les appaise. 13
Colomb apperçoit la terre le premier ; quelle en est la récompense. 14
Etonnement des sauvages à l'arrivée des Espagnols. 15
Colomb prend possession de l'isle de San-Salvador. 16
Il va à la découverte d'autres isles, & découvre Saint-Domingue. 17
Description de cette isle, portrait des insulaires. 18
Vie de ces Indiens. 19
Leurs débauches. 20
Ce sont eux qui ont communiqué aux Espagnols le mal vénérien. 21
Ce mal n'étoit pas connu en Europe, avant l'expédition de Christophe Colomb. 22
Avec quelle facilité il se communiquoit dans les commencemens. 23
Il a dédommagé les médecins de la perte de la lepre. 24
Les anciens habitans de Saint-Domingue alloient à la recherche de l'or. 25
Religion de ces anciens peuples, leurs prêtres. 26
Prédictions qui leur annoncent leur destruction. 27
Ces idées de prophétie étoient répandues chez tous les peuples de l'Amérique. 28
Quelle est l'origine de cette opinion. 29

LETTRE CXXIII.
SUITE DE SAINT-DOMINGUE.

Les anciens habitans de Saint-Domingue fuient à l'approche des Espagnols. 31
Peu à peu ils s'apprivoisent avec eux. 32
Ils apportent de l'or, qu'ils échangent pour des bagatelles. 33
Colomb bâtit un fort dans cette isle, & y établit une colonie de Castillans. 34
Il part pour l'Amérique ; il est assailli d'une tempête. 35
Précaution qu'il prend, en cas que son vaisseau périsse, pour faire connoître au roi d'Espagne ses découvertes. *ibid.*
Colomb aborde à Lisbonne, où on lui fait une réception honorable. 36
Comment il est reçu en Espagne de leurs majestés catholiques, Ferdinand & Isabelle. 37
Honneurs que lui rendent les grands d'Espagne. 38
Fameux partage fait par le pape, entre les rois d'Espagne & de Portugal, nommé ligne de démarquation. 39
Second voyage de Christophe Colomb ; combien de gens veulent le suivre. 40
Il trouve la colonie de Saint-Domingue dans un état lamentable. 41
Il bâtit une ville dans un autre lieu de l'isle. 42
Il cherche des terres où il y ait de l'or. 43
Il soumet toute l'isle de Saint-Domingue, & lui impose un tribut. 44
Il va en Espagne rendre compte de ce qu'il a fait. 45

Dans un troisieme voyage, Colomb découvre le continent de l'Amérique, découverte fauſſement attribuée à Americ Veſpuce. 46
Fondation de ſa ville de Saint-Domingue dûe à une aventure amoureuſe. 47
Colomb trouve les Caſtillans diviſés à Saint-Domingue, & la plupart révoltés. 48
Ses ennemis ſuſcitent contre lui un parti en Eſpagne. 49
La Cour d'Eſpagne envoie en Amérique un homme chargé du gouvernement de l'iſle, pour faire des informations ſur ſa conduite. 50
Le nouveau gouverneur écoute les plaintes, & fait mettre ſon prédéceſſeur dans les fers. 51
Colomb arrive en Eſpagne les fers aux pieds & aux mains. 52
Comment il eſt reçu à la Cour, & ſpécialement de la reine. 53
Diſcours de la reine Iſabelle à Chriſtophe Colomb. 54
On nomme un autre gouverneur de Saint-Domingue, qui a ordre de réparer le tort fait à Colomb. 55
Ils partent tous deux, l'un pour ſon gouvernement, l'autre pour de nouvelles découvertes. 56
Ouragan terrible, qui fait périr la flotte Eſpagnole, allant de Saint-Domingue en Europe. 57
Hiſtoire d'un morceau d'or d'une grandeur prodigieuſe, qui périt dans cet ouragan. 58
Lettre chagrine, écrite au roi Ferdinand, par Chriſtophe Colomb. 59
Nouveaux dégoûts qu'il reçoit dans l'iſle de Saint-Domingue. 63

Sa mort, ses obseques, son épitaphe. 62

LETTRE CXXIV.
SUITE DE SAINT-DOMINGUE.

La mort d'Isabelle, reine de Castille, met le comble à l'infortune des habitans de l'isle de Saint-Domingue, maltraités par les Espagnols. 64

Le gouverneur propose à la cour d'Espagne, de réduire tous les Indiens à l'esclavage. 65

Peinture des traitemens affreux qu'ils ont essuyés de la part des Espagnols. 66

Quand la force manque à leurs persécuteurs, ceux-ci ont recours à la perfidie. 67

Histoire de la reine Anacoana, trahie par les Espagnols, & condamnée par eux à mourir sur un gibet. 68

Par quel motif les Espagnols se portent à toutes ces fureurs. 70

Comparaison des Espagnols avec les croisés. 71

Tous les Indiens de l'isle de Saint-Domingue périssent par la main des Castillans. 72

Les religieux dominicains veulent s'opposer à cette cruelle dévastation. 73

Les enfans de saint-François prennent parti contre eux. *ibid.*

Barthelemi de Las-Casas, depuis évêque de Chiapa, fait le voyage d'Espagne, pour plaider la cause des Indiens. 74

L'évêque de Darien est son principal adversaire. *ibid.*

Substance du plaidoyer que fait l'évêque de Darien en présence de Charles-Quint. 75

478   TABLE

Réponse de Las-Casas, au plaidoyer de l'évêque.   76
Charles-Quint ne prend aucun parti ; & les Espagnols continuent à persécuter les Indiens.   79
Il n'en reste plus dans l'isle de Saint-Domingue.   *ibid.*
Nouvelle ville bâtie dans cette isle.   80
Description de la capitale.   82
Maladie particuliere à laquelle les Espagnols sont sujets.   83
Gouvernement ecclésiastique de la ville de San-Domingo.   *ibid.*
Son gouvernement civil & militaire.   84
La ville de San'Yago.   85
La ville de la Conception.   86
Maniere de vivre des Espagnols qui habitent aujourd'hui l'isle de Saint-Domingue.   87
Caractere de ces mêmes Espagnols.   88
La nature du terrein de cette isle dans la partie soumise aux Espagnols.   89
Ses rivieres & ses lacs.   90
Vue de cette isle, apperçue de loin.   91

LETTRE CXXV.
SUITE DE SAINT-DOMINGUE.

La partie françoise de l'isle de Saint-Domingue forme une des plus florissantes colonies du nouveau monde.   93
L'origine de cette colonie.   *ibid.*
Les Normands & les Flibustiers en furent les premiers fondateurs.   94
Histoire des Boucaniers.   95
Leur religion.   96

Leur habillement. *ibid.*
Leurs chasses, leur nourriture. 97
Les aventuriers se choisissent un chef nommé
le Vasseur ; son caractere. 98
Ses cruautés & sa mort. 99
La Cour de France envoie Fontenai, Chevalier de Malthe, pour gouverner la colonie
françoise de Saint-Domingue. 100
D'Ogeron qui lui succéde, augmente ce nouvel établissemement. *idid.*
On y envoie des filles qui s'y marient, & inspirent à leurs maris les vertus de leur sexe. 101
Une partie des habitans François de l'isle de Saint Christophe, se retirent dans celle de Saint-Domingue. 102
Administration civile & spirituelle de la colonie. 103
Elle est érigée en gouvernement général. On lui donne un Intendant ; on y crée des tribunaux de justice. 104
Description de la ville du Cap, capitale de la partie septentrionale de l'isle de Saint-Domingue. 105
Division des possessions Françoises dans cette isle. 106
Le quartier du Cap est un des plus anciennement habités. 107
Sa fertilité, beauté des campagnes, ses productions. 108
La ville de Léogane, capitale de la partie méridionale de l'isle. 109
Conseil supérieur de Léogane. 110
Réflexions sur la milice du pays. 111
Les terres, où est située Léogane, furent au-

trefois érigées en principauté, pour une fille
naturelle d'un roi d'Espagne. 112
Autres villes & places Françoises dans l'isle de
Saint-Domingue. 113
L'isle de la Tortue, située au nord de Saint-
Domingue; sa description. 114
Caractéres des habitans françois de Saint-Do-
mingue. 115
Leur bienfaisance. 116
Caractére des femmes. 117
Richesses de cette colonie, son commerce. 118
Productions de l'isle dans la partie Françoise.
119
Les caïmans & les lamantins. 120
Singularité de ce dernier animal. 121
Les oiseaux. 122
Les quadrupedes. 123
L'extrême chaleur du climat rend le séjour
de Saint Dominique très-désagréable. 124
Incommodité des moucherons. 125
Abondance de pluie depuis le mois de novem-
bre, jusqu'au mois de février. 126
Le printems succede à cette saison. 127
De quelle maniere on donne les terreins
propres aux nouvelles plantations. 128
A quelle condition on les accorde. 129

LETTRE CXXVI.

SUITE DE SAINT-DOMINGUE.

Les sucreries de Saint-Domingue. 131
Les cannes de sucre; maniere de les cultiver.
132
Comment se fait la récolte. 133
Description

DES MATIERES

Description d'un moulin à sucre. 134
Comment se fait le sucre. 135
De la mélasse ou miel de sucre. 136
Comment on raffine le sucre. 137
Combien la vie d'un propriétaire à Saint-Domingue est fatiguante. 138
Des negres de nos colonies ; combien leur condition est affreuse. 139
Leur nourriture, leur habillement, leur logement. 140
Les François les traitent en général, avec plus d'humanité, que les autres Européens. 141
Précautions qu'emploient les Hollandois & les Anglois, quand ils achetent des negres. 142
Comment se fait le commerce des noirs. 143
Comment se font les esclaves. 144
Cas de conscience proposé en Sorbonne, au sujet des negres esclaves. 145
Réponse des docteurs, peu favorable aux maîtres des habitations. 146
Comment on entreprend de justifier l'esclavage des negres. 147
Quel parti on pourroit tirer des negres pour la milice du pays. *ibid.*
Quelques idées proposées sur ce sujet. 148
Les appréhensions des negres, lorsqu'on les embarque pour les isles. 150
Comment on les traite quand ils y arrivent. 151
Comment on les accoutume au travail. 153
Comment on les dispose à recevoir le baptême. 154
Différentes opinions sur le baptême des negres 155
Qui sont ceux que l'on charge de leur instruction. 156

X

Les Anglois font moins zélés que les Français, pour la converſion de leurs eſclaves 157
Les idées des negres, ſur la religion, varient ſuivant les pays où ils ſont nés. 158
La crainte qu'ils ont de n'être pas aimés de leurs maîtreſſes leur fait redouter les maléfices. 159
Ils ont l'eſprit très borné, mais ſont fort diſcrets. 160
Ils ſont même ruſés dans les choſes qui les intéreſſent. 161

LETTRE CXXVII.

SUITE DE SAINT-DOMINGUE.

Bonnes qualités des negres. 163
Loix concernant les mariages des negres, &
Le Concubinage des blancs avec les negreſſes. 164
Conduite des negres envers leurs femmes. 165
Cruauté des Anglois envers leurs eſclaves. 166
Les negres ſont ſenſibles aux bienfaits. 167
Comment il faut ſe conduire à leur égard. 168
Les negres marrons, ou déſerteurs. 169
Moyen d'empêcher cette déſertion. 170
Punition des coupables. 170
Negres marrons ramenés à la colonie par un miſſionnaire. 172
Ce que c'eſt qu'étamper un negre. 173
Punition contre les noirs & les blancs qui favoriſent la déſertion des negres. 174
Pourquoi on vit en ſûreté au milieu des eſclaves negres, malgré la ſupériorité de leur nombre ſur celui des blancs. 175

DES MATIERES. 483
Combien il faut avoir d'attention à veiller à
 la santé des negres. 176
Maladie que leur cause un insecte appellé la
 chique. ibid.
Autres maladies particulieres aux negres. 177
Ils en meurent presque toujours. 178
Les pians sont autre chose que le mal vénérien.
 179
Utilité des negres dans les colonies. 180
Qualités propres d'un commandeur de negres;
 devoir de cette charge. 181
Les negres préferent le travail de la campagne,
 au service intérieur de la maison. 182
On leur fait apprendre toutes sortes de métiers.
 183
Loix qui reglent les devoirs des maîtres envers
 les esclaves. 184
Les negres ont un goût marqué pour les
 animaux qui meurent de maladie. 185
Ils composent différentes sortes de boissons.
 186
Ils se régalent les jours de fêtes. ibid.
Ils aiment la danse, & l'accompagnent de la
 musique de leur pays. 187
Ils font aussi de la poësie; ce que c'est que leur
 versification. 188
Ce que c'est qu'une de leurs danses qu'ils ap-
 pelle la *Calanda*. 189
Les Espagnols l'ont apprise d'eux, & la dansent
 dans les églises. 190
Ordre que les negres doivent observer dans
 leurs cases. 191
Habillement des negres & des négresses. 192
Les esclaves n'ont rien en propre. 193
En quoi consiste la beauté des négresses. 194

X ij

Goût singulier des blancs pour les négresses & quelle en est la cause. 195
L'utilité qu'en retire la colonie. ibid.
Ce qu'on fait pour détourner les negres du suicide, auquel ils sont fort enclins. 196
Exemple d'un Anglois de l'isle de Saint-Christophe à ce sujet. 197
Autre stratagême pour empêcher les negres de se tuer. 198
Les negres sont exercés à composer des poisons. 199
Sur qui ils exercent les poisons, & pourquoi? 200
Il est difficile de définir le génie, & de tracer le caractere des negres. 201

LETTRE CXXVIII.

LES ANTILLES.

Route du voyageur d'une Antille à l'autre. 203
Ce qu'on voit dans les Antilles en général. 204
L'isle de Portorico, dont San-Juan est la capitale. ibid.
Histoire de sa découverte, & de l'établissement qu'y firent les Espagnols. 205
Comment ils furent massacrés par les Indiens. 206
Histoire singuliere d'un chien, ennemi redoutable des insulaires. 207
Des productions naturelles de cette isle. 208
Description de la capitale. 209
Difficulté du commerce dans l'isle de Portorico. ibid.

DES MATIERES 485

Usages singuliers qui s'observent à cet égard. 210
Il faut être bien sur ses gardes en traitant avec
    les Espagnols. 212
L'isle de Saint-Thomas, une des Antilles, ap-
    partenant au roi de Danemarck. 213
Description de cette isle. 214
Description de la ville. 215
Commerce qui s'y fait & par qui. 216
Eloge du roi de dannemarck, dernier mort. 217
Ce que ce prince a fait pour le bonheur de ses
    peuples. 218
De la petite isle qu'on nomme les Vierges, 219
L'isle Noyé, ou l'Anégada. ibid.
Les isles de Sombrera, de Sainte-Croix, d'An-
    guilla. 220
L'isle de Saint-Martin, gouvernée par un chi-
    rurgien qui faisoit aussi l'office de prêtre. 221
L'isle de Saint-Barthelemi. 222
L'isle de Saba, fameuse pour les souliers, qui
    font son principal commerce. 223
L'isle de Saint-Eustache. 224
L'isle de Saint-Christophe, occupée le même
    jour par les François & les Anglois. ibid.
Les deux nations partagent l'isle entr'elles. 225
L'isle de Saint-Christophe a été le berceau des
    colonies Angloise & Françoises dans les An-
    tilles. 226
Description des ouragans, le fléau le plus re-
    doutable de ces isles. 227
Les Anglois aiment à vivre dans leurs planta-
    tions, & fuient le séjour des villes. 229
Les Caraïbes, anciens habitans de Saint-Chris-
    tophe, détestent autant les Anglois, qu'ils
    aiment les François. 230
Description de l'isle de Saint-Christophe. 231

X iij

Politesse des femmes de cette isle. 232
Beauté des maisons, soit à la ville, soit à la campagne. ibid.
Les isles de la Barboude & de Nevis. 233
Les isles d'Antigoa & de Montserrat. 235
Les isles de la Désirade, de Marie-Galante, des Saints. 236

LETTRE CXXIX.
SUITE DES ANTILLES.

La Guadeloupe. 237
La Dominique appartenant aux Caraïbes. 238
Différens sentimens sur l'origine de ce peuple. 239
Portrait des Caraïbes. 240
Combien leur esprit est borné. 241
Ils ne firent aucune difficulté de céder leurs possessions aux Européens. 242
La vengeance est la passion favorite des Caraïbes. 243
Maniere de vivre de ces peuples. 244
Les armes des Caraïbes. 245
Maniere dont ils prennent les perroquets. 246
Quelle sorte de commerce ils font dans nos isles. 247
Comment il faut commercer avec eux. 248
Leur maniere de voyager dans des pirogues. 249
Les meubles dont ils se servent. 250
Leur habillement. ibid.
Ce que c'est que l'amour dans un Caraïbe. 251
Comment les Caraïbes se marient. 252
Leur religion, en quoi elle consiste. 253
Pouvoir que s'arrogent leurs médecins. 254

DES MATIERES 487

Eloignement des Caraïbes pour la religion chrétienne. 255
Ils ont de la vénération pour les Capucins. *ibid.*
Leur peu d'intelligence est un obstacle à leur conversion. 256
Langage de ces peuples, & leur aversion pour la langue Angloise. 257
Cérémonies observées à leur mort. 258
Gouvernement militaire des Caraïbes. 259
Leur maniere de traiter les prisonniers. 260
Description de l'isle de Saint-Dominique, ses productions. 261
Précautions des Caraïbes pour garder leur isle. 262
Les Caraïbes negres, leur origine. 263
L'isle de Saint Vincent, sa description, ses productions, son tabac. 264
L'isle de la Martinique acquise à la France. 265
Sa description, ses montagnes. 266
Ses rivieres. 267
Description de la ville de Saint-Pierre. 268
Le fort Royal, où résident le gouverneur général de l'isle, & le conseil supérieur. 269
Le fort de la Trinité. 270
Administration ecclésiastique & civile de la Martinique. 271
Caract. des habitans, hommes & femmes. 272
Les hommes n'aspirent qu'après le séjour de la France; c'est tout le contraire dans les femmes. 273
Maladies communes à la Martinique. 274
La population y est nombreuse. 275
Ses productions naturelles, & en particulier le tabac, nommé macouba, & le caffé dont les premieres plantes ont été apportées de Paris à la Martinique. 276

X iv

LETTRE CXXX.

SUITE DES ANTILLES.

L'ISLE de Sainte-Lucie est le sujet d'un long différend entre les François & les Anglois. 278
Plusieurs Européens y ont abordé, avant que les Anglois en prissent possession. 279
Les Anglois, avant cette époque, y ont essuyé bien des malheurs. 280
Ils sont obligés d'abandonner cette isle. 281
Les François s'en rendent maîtres. ibid.
Traité entre les François, les Anglois & les Caraïbes, par lequel les François demeurent maîtres de Sainte-Lucie. 282
Les Anglois, malgré ce traité, s'en emparent. 283
Les François la reprennent. 284
Les Anglois en demandent l'évacuation. 285
Preuves en faveur des François. 286
Description de Sainte-Lucie. 287
La Barbade enlevée aux Portugais par les Anglois. 288
Progrès étonnant de la colonie Angloise dans l'isle de Barbade. 289
Richesse de cette isle. 290
Bridge-Town, capitale de l'isle. 291
Autres villes. 292
Le commerce de la Barbade consiste principalement en liqueurs, en confitures & en sucre. 293
Ce que l'isle de Barbade produit aux Anglois. 294
Agens de cette isle à Londres. 295

DES MATIERES.

Il est faux que les terres des isles soient usées. 296
Pourquoi la Barbade fait aujourd'hui moins de commerce qu'autrefois. 297
L'isle de Grenade acquise à la France. 298
Histoire du premier commandant de cette isle, mis à mort par les habitans. 299
Sa mort reste impunie. 300
Pauvreté de l'isle de Grenade, quoique fertile ; rusticité de ses habitans. 301
Description du port. *ibid.*
Les Grenadins, petites isles dans le voisinage de la Grenade. 302

LETTRE CXXXI.
SUITE DES ANTILLES.

Le tabac, ses différentes especes ; description de la premiere espece. 304
Moyenne & petite espece. 306
Comment on travaille le tabac. 307
Comment on le cultive. 308
Histoire de la découverte du tabac. 310
Il a eu ses partisans & ses adversaires. 311
De la vigne & des raisins des isles Antilles. 312
On n'y fait point de vin, & pourquoi. 313
Les légumes, les fruits, & les fleurs des Antilles. 314
Autres productions, telles que le bois, les oiseaux, les serpens. 315
Amours des serpens. 316
Quadrupedes des Antilles, rats, souris, grenouilles, poissons. 317
Les crabes, dont les negres des isles se nourrissent. 318

Elles font tous les ans un voyage à la mer, ordre de leur marche. 319
Comment elles déposent leurs œufs. 320
Combat des crabes, leur accouplement, leur industrie. 323
Comment les negres les prennent & les apprêtent. 324

LETTRE CXXXII.
LA GUIANE.

Idées magnifiques que les Espagnols s'étoient formées de ce pays. 326
Elisabeth, reine d'Angleterre, y envoie une flotte sous le commandement de Raleigh. *ibid.*
Histoire de Raleigh. 327
Ce navigateur débarque dans l'isle de la Trinité. 329
Comment il indispose les habitans contre les Espagnols, & les prévient pour les Anglois. 330
L'expédition de Raleigh n'est point heureuse; il revient en Angleterre, où il est exécuté à mort. 331
Les François, sous le commandement de Villegagnon, font aussi des voyages dans la Guiane. 332
Ils y fondent des établissemens. 333
Les Hollandois fondent une colonie dans la Guiane, sur la riviere de Surinam. 334
Leur industrie à dessécher les marais, & à y construire des canaux. 336
Succès de leurs travaux. 337

DES MATIERES

A quels propriétaires appartient la colonie Hollandoise de Surinam.	338
Forts construits sur la riviere de ce nom.	ibid.
Ce qu'il faut observer avant que d'arriver à ces forts.	339
Beauté de la campagne & des plantations sur les bords de la riviere.	ibid.
Description de la ville de Paramaribo, capitale de la colonie de Surinam.	340
Raisons qui rendent ce séjour dangereux pour la santé.	341
Caractere des naturels du pays.	343
Les negres de Surinam, semblables à ceux des autres colonies.	344
Difficulté de les affranchir, & de les rendre chrétiens.	ibid.
Premiers sentimens qu'ils inspirent à leurs enfans.	345
Avec quelle facilité les négresses deviennent meres.	ibid.
Les negres marrons forment une nation redoutable à Surinam.	346
Traité qu'ils font avec la colonie.	347
Peinture des Européens établies à Surinam.	348
Leurs habits, leur luxe.	ibid.
Leurs tables.	349
Leurs occupations.	350
Leur commerce.	351
Gouvernement militaire.	352
Divers tribunaux de justice, civile & crim.	353
Monnoie de Surinam.	355
Gouvernement ecclésiastique.	356
Revenus de la colonie, en quoi ils consistent.	ibid
Entretien des chemins, des troupes & des ministres de la religion.	357

LETTRE CXXXIII.
SUITE DE LA GUIANE.

L'INTERIEUR de la Guiane est encore un pays inconnu. 359
Sauts des rivieres qui en interrompent le cours. ibid.
Ce que les sauvages de la Guiane pensent de la nation Françoise. 360
Ce qu'on doit penser du célébre royaume d'El-Dorado, qu'on dit être dans la Guiane. 361
Portraits des peuples de ce royaume prétendu. 362
Voyage des Espagnols dans cette contrée. 363
On leur présente une grande quantité d'or. 364
Crédulité des Espagnols, & même des Anglois. 366
Maniere dont les sauvages de la Guiane font leurs capitaines. 367
De quelle maniere ils font leurs médecins. 369
Le langage de ces peuples. 370
Leurs cérémonies funéraires. 371
Grande quantité de gibier dans l'intérieur de la Guiane. 372
Les rivieres fournissent beaucoup de poisson. 373
Peuples appellés les *longues oreilles*. ibid.
Brevet d'officier, donné à un sauvage, au nom du roi de France. 374
Importunité des moucherons ; comment les sauvages cherchent à s'en garantir. 375
La nation des Palicours, est dans l'usage de se tracer des raies sur le visage. 376

Epreuves auxquelles leurs enfans sont assujettis, avant que de recevoir la camisa. 376
Les femmes mariées sont nues, & pourquoi. 377
Pourquoi on ne connoît point les peuples de l'intérieur de la Guiane. 378
Ce que c'est que d'enyvrer une riviere. 379
Le fort d'Ouy-à-Pok, surpris par les Anglois. ibid.
Relation de cet événement. 380
Les missions établies à Ouy-à-Pok sont sous la direction des jésuites. 382
Le gouvernement de Cayenne. 383
L'isle de Cayenne; sa description. 384
L'air, le climat, & le commerce de Cayenne. 385
Combien les tigres nuisent aux bestiaux. 386
Incommodités que causent à Cayenne les pluies & les insectes. 387
La fourmi coureuse. ibid.
Situation de l'isle de Cayenne. 388
Productions naturelles de cette isle. 389
Révolutions arrivées dans cette isle. ibid.
Projet de relever cette colonie. 390
Ce qui peut empêcher l'exécution de ce projet. 391

LETTRE CXXXIV.

SUITE DE LA GUIANE.

Poste de Courou dans la Cayenne, à qui est dû cet établissement. 392

Caractere des habitans, & spécialement celui
 des femmes. 393
De quelle ressource peuvent être à la colonie
 les vivres du pays. 394
Le manioc blanc & le manioc rouge. ibid.
Comment on prépare la racine du manioc. 395
Inconvéniens de cette nourriture. 396
Le sucre de manioc est un poison; différentes
 épreuves qui en ont été faites sur des ani-
 maux. 397
Autre épreuve de ce poison, faite sur un negre.
 398
Comment un médecin justifie cet empoisonne-
 ment. 399
Comment on se défait des negres empoison-
 neurs dans nos colonies. 400
La racine de manioc sert à faire une sausse
 saine & appétissante. 401
Le suc de roucou est un antidote contre le suc
 de manioc. ibid.
La patate, autre racine de la Guiane. 402
L'igname autre racine du pays. ibid.
Diverses sortes de grains de la Guiane. 403
Le mil ordinaire & le petit mil. 404
La banane, espece de figue de la Guiane. ibid.
Le bananier, la maniere de le cultiver & de
 cueillir son fruit. 405
L'ouycou, boisson des negres de la Guiane. 406
Maniere dont se fait cette liqueur. 407
Le maby, autre boisson. ibid.
Comment on forme une habitation dans la
 Guiane, & en général dans toutes nos colo-
 nies. 408
Quels sont les bâtimens nécessaires. 409
Quelle doit en être la distribution. 410

DES MATIERES. 495

Les cafes des negres. *ibid.*
Le parc qui renferme les bestiaux. 411
Les favanes pour les bestiaux. 412
Bâteaux nécessaires dans une habitation. *ibid.*
Dangers qui se rencontrent dans les travaux d'un établissement. 413
Le caffé est une des principales richesses des colonies de la Guiane. *ibid.*
Depuis quel tems on le cultive à Cayenne. 414
Bâtiment qu'exige la culture du caffé. 415
Comment on le prépare pour l'envoyer en Europe. *ibid.*
Les mamis, fruits de la Guiane. 416
Le calebassier, usage qu'en font les negres. 417
La liane, plante commune dans la Guiane. *ibid.*
Autre sorte de liane, qui fournit de l'eau propre à défaltérer les chasseurs & les voyageurs. 418
Chasse aux perroquets, qui se fait dans la Guiane. 419
Pâté de langues de perroquets. 420

LETTRE CXXXV.
SUITE DE LA GUIANE.

De qui on peut tirer des éclaircissemens sur ce qui concerne le pays & les habitans de l'Amérique. 421
Du fleuve de l'Orénoque, de son embouchure. 422
Les diverses embouchures de ce fleuve forment une espece de labyrinthe aquatique. 423
La riviere de Coroni. 423
Les Guaraniens, peuples qui habitent près de

l'embouchure de l'Orénoque. 424
Singulieres propriétés de l'arbre appellé le palmier ; utilité qu'on en retire. 425
Habitans des bords de l'Orénoque, & en particulier, les Caribes. 427
Origine de ce peuple, & celle des Salivas. 428
Nudité des femmes & des filles du pays de l'Orénoque. 429
Parure des habitans du bord de ce fleuve. 430
Loix de ces peuples au sujet de l'adultere. 431
Les peres ne donnent aucune instruction à leurs enfans, & en sont souvent maltraités. 432
A quoi ils assujettissent leurs filles avant que de les marier. ibid.
Cérémonies nuptiales chez les peuples de l'Orénoque. 433
Couplets qui se chantent par de vieilles femmes à une jeune mariée. 434
Coutume singuliere qui oblige les jeunes garçons à épouser des femmes âgées, & les jeunes filles, des vieillards. 435
Querelles sanglantes qu'occasionne la polygamie. 436
Préjugé singulier de ces peuples, au sujet des Femmes qui accouchent de plusieurs enfans à la fois. 437
Autre usage très-particulier, qu'ils observent au tems des labours. 438
Effet extraordinaire de l'amour des meres pour leurs filles. ibid.
Plainte d'une femme à un missionnaire, sur la triste destinée des personnes de son sexe. 439
Remede que les meres emploient dans la maladie de leurs enfans. 441

DES MATIERES. 497

Le même remede s'emploie par les capitaines ou chefs de chaque bourgade. 441
Occupation & amusement des peuples de l'Orénoque. 442
Leur adresse à un certain jeu de paulme. 443
Autres usages particuliers de ces mêmes peuples. 444
Ce qui se passe chez eux pendant les éclypses de lune. 445
Cérémonies funéraires, en usage dans quelques cantons de la Guiane. 446
Ces coutumes n'ont lieu que chez les nations qui n'ont point embrassé le christianisme. 447
Combien il est difficile de les en détacher. 448
Ce que doit faire un missionnaire, pour amener les sauvages à la religion chrétienne. 449
Comment il est reçu, lorsqu'il arrive chez eux pour la premiere fois. 450
Comment il gagne leur amitié. 451
Difficulté qu'a un missionnaire à apprendre leur langue. 452
Habileté de ces peuples à composer des poisons. 453
Ce que c'est que le poison appellé *curare*. ibid.
Activité & propriété de ce poison. 454
Comment ils le font faire par de vieilles femmes. 455
Arbre de Macassar dans les Moluques, dont il sort des vapeurs empoisonnées. 457
Fourmis venimeuses de la Guiane. 458
Comment on en tire du poison. 459
Comment les Indiens s'en servent pour perdre leur ennemi. 460
Serpent de la Guiane, extrêmement venimeux;

comment les Indiens en tirent un poison.
461

Autre serpent plus extraordinaire, dont le souffle empoisonné fait mourir les hommes & les animaux. *ibid.*

Mosquite verd, espece de moucheron, qui dépose dans la chair un œuf qui produit un insecte dangereux. 462

Les chauves-souris piquent la veine des personnes endormies, & en sucent le sang. 463

Leur piqûure est souvent mortelle. *ibid.*

Poissons qui dévorent les hommes, lorsque ceux ci ont été piqués par des sardines. 464

Espece particuliere de singes, qui ruinent les moissons de maïs; comment on les prend. *ibid.*

Petit animal mal-honnête, qui se fait craindre des bêtes les plus féroces. 465

La cusi-cusi, espece de chat, qui ne sort que la nuit.

L'ante, appellé la grande bête, toujours en guerre avec le tigre. 466

Quantité innombrable de tortues qui se trouve dans le fleuve de l'Orénoque. 467

Les Indiens font une huile excellente avec des œufs de tortue. 468

Maniere dont les tortues pondent leurs œufs.
469

Fourmi singuliere des environs de l'Orénoque.
470

Espéce particuliere de rats fort communs dans la Guiane. 471

Errata. 472

Fin de la Table des Matieres.

CATALOGUE

Des livres qui se trouvent chez le même Libraire.

INSTITUTES au Droit Criminel, ou principes généraux sur ces matieres, suivant le Droit Civil, Canonique & la Jurisprudence du royaume, avec un Traité particulier des Crimes, par M. *Muyard de Vouglans*, Avocat au Parlement, *in-4°*. 12 l.

Suite. Instruction criminelle, suivant les Loix & Ordonnances du royaume, par le même, *in-4°*, de 1300 p. 14 l.

Le Voyageur François, 12 vol. 36 l.

La suite *sous presse.*

Nouvelle Encyclopédie portative, ou Tableau général des connoissances humaines, par M. *Roux*, *in-8°*, 2 vol. 1766. 12 l.

La même, *in-8°*, petit format, 2 vol. 1766. 9 l.

Le tome III *sous presse.*

Abrégé chronol. de l'Histoire Ottomane, par M. *de la Croix*, *in-8°*, petit format, 2 vol. 1768. 10 l.

Dictionnaire des faits & dits mémorables de l'Histoire ancienne & moderne, par le même, *in-8°*, petit format, 2 vol. 1768. 10 l.
• Dictionnaire historique des mœurs, usages & coutumes des François, *in-8°*, 3 vol. 1767. 15
Dict. des femmes célebres, *in-8°*, 2 vol. 10. l.
Lettre sur le nouveau Tacite de M. de la Blettterie, par M. *Linguet*, *in-*12, broché, 1768. 1 l. 4 f.
La Pierre Philosophale, *in-*12, 10 f.
Théorie des Loix civ. *in-*12, 2 vol. 6 l.
Hist. des révol. de l'Emp. Romain, par M. *Linguet*, 2 vol. 6 l.
Hist. du Siecle d'Alexandre le Grand, nouv. édit. revue, corrigée, & entierement changée, 1 vol. 3 l.
Canaux navigables, *in-*12, 1 vol. 3 l.
La Cacomonade, *in-*12, br. 1 l. 4 f.
L'Aveu Sincere, *in-*12, br. 1 l. 4 f.
Hist. des Variations, par M. *Bossuet*, 5 vol. *in-*12, nouv. édit. 15 l.
Œuvres spir. de Fénelon, *in-*12, 4 vol. nouv. édit. 10 l.
Hist. Univ. de M. *Hardion*, 18 vol. 54 l.
Suite. Tom. XIX & XX. 6 l.
Le Passe-tems, ou Recueil de Contes,

par M. *Brunet*, 2 vol. br. 1769. 4 l.
Maria, traduit de l'Anglois, nouv. édit. *in*-12, 2 vol. br. 4 l.
Dictionnaire de Droit & de Pratique, par M. *de Ferriere*, 2 vol. *in*-4°. 20 l.
Elémens de la Jeunesse, par M. *de Blégny*, *in*-8°. 6 l.
Hist. Poétique, avec un Traité de la Poésie & de l'Eloquence, par M. *Hardion*, 3 vol. *in*-12. 7 l. 10 f.
Hist. de France, de l'*Abbé Vely*, continuée par MM. *Villaret* & *Garnier*, 20 vol. *in*-12. 60 l.
Institutes de Justinien, par *Ferriere*, 7 vol. *in*-12. 18 l.
Institution au Droit François, par *Argou*, nouv. édit. revue par M. *Boucher d'Argis*, 2 vol. *in*-12. 6 l.
Instruction Militaire du Roi de Prusse à ses Généraux, *in*-12. *fig.* 3 l.
Journal du Palais, 2 vol. *in-fol.* 45 l.
Loix Civiles, par M. *Domat*, *in-fol.* 24 l.
Notionnaire, *ou* Mémorial raisonné de ce qu'il y a de plus intéressant dans les connoissances acquises depuis la création du monde jusqu'à présent, *in*-8°., 40 planches, par M. *de Garsault*. 9 l.

Traité des Matieres Criminelles, par *Lacombe*, *in-4°*, nouv. édit.   12 l.

Recueil de Jurisp. civile, par *Lacombe*, *in-4°*, nouv. édit. augm. & cor. 12 l.

Architec. de *Bullet*, *in-8°*, n. éd. 6 l.

Arrêts & Réglemens notables du Parlement de Paris, par *Lacombe*, *in-4°*.   9 l.

Arrêts d'Augeard, 2 vol *in-fol.*   42 l.

Collection de Jurisprudence, par M. *Denisart*, 3 vol. *in-4°*.   42 l.

Commentaire sur la Coutume de Paris, par *Ferriere*, 2 vol. *in-12*.   5 l.

Conférences des Ordonnances de Louis XIV, par *Bornier*, 2 vol. *in-4°*. 20 l.

Coutume de Paris, par *Tournet*, *Joly*, *l'Abbé*, 2 vol. *in-12*.   5 l.

Coutume de Paris, par *le Maître*, *in-fol.*   15 l.

Coutumier Général de *Richebourg*, 4 vol. *in-fol.*   110 l.

Contes de M. *de Bastide*, 4 part. 6 l.

Dictionnaire raisonné d'Anatomie & de Physiologie, par M. *Dufieu*, 2 vol. *in-8°*.   10 l.

Pensées de l'Empereur Marc-Aurele-Antonin, traduct. nouv. par M. de Joly, *in-8°*.   6 l.

www.ingramcontent.com/pod-product-compliance
Lightning Source LLC
Chambersburg PA
CBHW050611230426
43670CB00009B/1357